Revolutionäre Zeiten
zwischen Saale und Elbe

REIHE
QUELLEN UND FORSCHUNGEN
ZUR GESCHICHTE SACHSEN-ANHALTS

BAND 18

herausgegeben von der Historischen Kommission für Sachsen-Anhalt

Die Reihe Quellen und Forschungen zur Geschichte Sachsen-Anhalts
wird gefördert durch das Land Sachsen-Anhalt.

Patrick Wagner und
Manfred Hettling (Hg.)

Revolutionäre Zeiten zwischen Saale und Elbe

Das heutige Sachsen-Anhalt in den Anfangsjahren der Weimarer Republik

mitteldeutscher verlag

BIBLIOGRAFISCHE INFORMATION DER DEUTSCHEN NATIONALBIBLIOTHEK
Die Deutsche Nationalbibliothek registriert diese Publikation in der Deutschen National-
bibliografie; detaillierte bibliografische Daten im Internet unter http://d-nb.de.

© 2019 mdv Mitteldeutscher Verlag GmbH, Halle (Saale)
www.mitteldeutscherverlag.de

GESAMTHERSTELLUNG Mitteldeutscher Verlag, Halle (Saale)

ISBN 978-3-96311-203-4

PRINTED in the EU

Inhalt

Einleitung

Patrick Wagner und Manfred Hettling

Das Schicksal französischer Revolutionen entschied sich für gewöhnlich in Paris. In Deutschland dagegen begannen sie in Städten wie Kiel oder Leipzig, und was aus ihnen wurde, entschied sich in der Provinz, die keine Peripherie war, mindestens so stark wie in Berlin, das nicht das *eine* Zentrum bildete. Gerade die turbulenten Jahre der politischen Neuordnung und gesellschaftlichen Neuorientierung, die auf die Novemberrevolution von 1918 folgten, waren von einer Vielfalt jeweils regionaler und lokaler Entwicklungen geprägt. Die Prozesse in den revolutionären Hotspots, in Berlin, in München, im Ruhr- sowie im mitteldeutschen Industriegebiet, wiesen nicht nur im Vergleich miteinander markante Unterschiede in ihren strukturellen Bedingtheiten, in Konstellationen und Zeittakten auf, sondern sie waren zugleich grundverschieden von jenen im ländlichen Hinterpommern, im liberalen Südwestdeutschland oder in den Hochburgen des politischen Katholizismus. Dies lag an den sozialstrukturellen Unterschieden, die sich durch den Industrialisierungsprozess zwischen den Regionen entwickelt hatten, aber auch an den viel älteren, jeweils spezifischen politischen Traditionen und Kulturen, die auf viele Jahrhunderte föderaler Ordnung zurückgingen.

Diese Diversität politischer, sozialer wie kultureller Strukturen und Prozesse ist zwar in Lokal- und Regionalstudien immer wieder herausgearbeitet worden, doch für die Gesamtinterpretationen der Novemberrevolution und der ihr folgenden Gründungsphase der Weimarer Republik spielt dieser Befund bislang kaum eine Rolle. Häufig kann man den Eindruck gewinnen, eine Geschichte dieser Jahre könne ganz aus der Perspektive der politischen Bühnen in Berlin und Weimar sowie der kulturellen Nische in München-Schwabing geschrieben und vor allem *erklärt* werden. Diese reduktionistische Perspektive führt notwendigerweise in die Irre.

Die Deutschland insgesamt kennzeichnende regionale Diversität fand sich um 1918 im Gebiet des heutigen Sachsen-Anhalt in einzigartiger Weise auf engstem

Raum konzentriert. Im industrialisierten Süden des Landes um die Stadt Halle herum polarisierte sich die politische Landschaft rasch gewaltsam; ein zunächst in der USPD, dann in der KPD organisierter radikaler Sozialismus wusste die Mehrheit der regionalen Arbeiterschaft hinter sich und versuchte zwischen 1919 und 1921 in mehreren Anläufen, die Revolution in Richtung Rätedemokratie und Sozialisierung voranzutreiben. Dagegen spielte diese Strömung ab dem Frühjahr 1919 in Magdeburg und von Anfang an in Dessau kaum eine Rolle; hier dominierte die Mehrheitssozialdemokratie unangefochten, in Anhalt im Bündnis mit den Liberalen.

Vor diesem Hintergrund machen die Beiträge dieses Sammelbandes die regionale Vielfalt der Geschehnisse in der preußischen Provinz Sachsen und im Freistaat Anhalt sichtbar. Der Band bildet allerdings bei weitem nicht die Breite der Phänomene ab, dies gilt thematisch wie geografisch. Abgesehen davon, dass ein zugesagter Beitrag zur Entwicklung der Revolution in Magdeburg am Ende leider nicht zustande gekommen ist, entsprechen sowohl die markanten Lücken (wo bleibt die Altmark?) als auch der Umstand, dass Untersuchungen zur Stadt Halle überproportional vertreten sind, der derzeitigen Forschungslage. Insofern können die Beiträge hoffentlich auch Anregungen liefern zu weiteren lokalen und regionalen Studien.

Die Aufsätze des Bandes beruhen auf Vorträgen des 8. Tages der sachsen-anhaltischen Landesgeschichte, den die Historische Kommission für Sachsen-Anhalt am 27. Oktober 2018 im hallischen Volkspark – und damit an einem der authentischen Orte der Revolution – durchgeführt hat. Die Beiträge stellen die Dynamik der politischen Umbrüche in Halle und seinem Umland, in Anhalt und in der Ackerbürgerstadt Zörbig dar, beschäftigen sich in biografischen Skizzen mit zentralen Protagonisten der Linken, thematisieren die kulturelle Verarbeitung des Geschehens und fragen nach den Folgen der Gewalterfahrungen aus der Anfangsphase der Weimarer Republik für deren weitere Geschichte.

Die im nationalen Rahmen vorhandene Heterogenität der politischen Landschaft konnte sich auch im Lokalen wiederfinden – hierfür ist Halle das paradigmatische Beispiel, wie der Aufsatz von *Patrick Wagner* zeigt. Zum einen waren hier die radikalen Sozialisten der USPD über einen längeren Zeitraum stark wie sonst nirgends. Das ermöglicht eine genaue Analyse, welche Politik die radikalen Sozialisten denn „wirklich" verfolgten, wenn sie die Chance dazu hatten (und es zeigt sich, dass sie dann kaum weniger pragmatisch agierten als ihre mehrheitssozialdemokratischen Rivalen andernorts). Zum anderen vollzog sich in Reaktion auf die Stärke der linken Arbeiterbewegung eine teils organisatorische, teils aktionistische Formierung des „bürgerlichen Lagers", die sich in der Stadt Halle ebenfalls exemplarisch verfolgen lässt. Die Dynamik der lokalen Revolution ergab sich aus der Interaktion mehrerer Protestbewegungen und brachte neuartige Aktionsformen wie einen „Bürgerstreik", aber auch eskalierende Gewalt hervor. Halle versammelt dadurch in seinem Mikrokosmos eine Reihe von allgemeinen Bedingungen des revolutionären Geschehens von 1918/19, wie sie in dieser Konstellation sonst kaum zu finden sind. Es kann deshalb als Beispiel stehen nicht für *die* Revolution von 1918, aber für die besonders prägnante Ausbildung einzelner Aspekte.

Dagegen weckt *Ralf Regeners* Aufsatz zum Verlauf der Revolution in Anhalt zunächst Zweifel, ob in und um Dessau und Bernburg 1918/19 überhaupt eine Revolution stattgefunden hat. Unter den Bedingungen eines in seiner Existenz seit langem bedrohten, vom großen Preußen umschlossenen Kleinstaates war hier in den Jahrzehnten zuvor eine politische Kultur des Kompromisses und der Integration gewachsen, an der die Akteure auch nach November 1918 festhielten. Selbst als sie die Landtagswahlen vom Dezember 1918 mit einer absoluten Mehrheit ausstatteten, suchten die anhaltischen Sozialdemokraten die Koalition mit den Liberalen, und sogar in den Verhandlungen mit dem gerade gestürzten Fürstenhaus einigte man sich relativ geräuschlos auf eine die Interessen beider Seiten wahrende Regelung der offenen Eigentumsfragen. Diese besondere politische Kultur Anhalts führte zu einer hohen personellen Kontinuität in der politischen Funktionselite vom Ende des 19. Jahrhunderts bis zum Jahr 1932. In der politischen Krise am Ende der Weimarer Republik trug dann, so argumentiert Regener, gerade diese Kontinuität dazu bei, dass Anhalt einem Großteil seiner Bewohner als Beleg für Joseph Goebbels' Behauptung, die Demokratie sei eine „Republik der Greise", erschien. So kam 1932 ausgerechnet in Anhalt die erste von der NSDAP geführte Landesregierung ins Amt.

Der Beitrag von *Brigitta Weber* setzt gleich in zweierlei Hinsicht einen bewussten Kontrapunkt zu den vorangestellten Beiträgen. Zum einen wählt die Autorin eine andere Darstellungsform als diese, indem sie die Ereignisse in Zörbig im Stil einer Chronik detailliert dokumentiert. Zum anderen handelt es sich beim Gegenstand ihrer Darstellung um eine nur etwa 4.000 Einwohner zählende Ackerbürgerstadt. Dennoch finden sich hier alle Phänomene der „großen Politik", vom revolutionären Arbeiterrat über die miteinander konkurrierenden Parteien der Linken bis hin zur Konstituierung eines bürgerlichen Lagers. Dass all dies in einer Stadt geschah, in der sich alle Akteure persönlich gut gekannt haben dürften und die Wahlen zum Schulelternbeirat einen Brennpunkt des politischen Lebens bildeten, sorgt dafür, dass am Beispiel Zörbig teilweise plastischer als an jenem der Großstädte erfahrbar wird, welche Tiefenwirkung „revolutionäre Zeiten" entfalten konnten.

Mit dem Aufsatz von *Vincent Streichhahn* über Wilhelm Koenen beginnt die Reihe der biografischen Beiträge. Koenen war, wie der Autor nachweist, ein in der Historiografie zu Unrecht wenig beachteter Protagonist der Rätebewegung am Beginn der Weimarer Republik. Seine Bedeutung für die Entwicklung der Revolution lag vor allem darin, dass er während des Ersten Weltkrieges für die SPD bzw. dann die USPD in den Betrieben des mitteldeutschen Industriegebiets ein dichtes Netz von Vertrauensleuten aufbaute, durch das die Rätesozialisten 1918/19 zu regional koordinierten Aktionen fähig wurden. Zugleich entwickelte Koenen als Schüler Rosa Luxemburgs ein Konzept des Massenstreiks und als Praktiker der Betriebsarbeit eine im Vergleich mit anderen Theoretikern dieser Zeit relativ konkrete Vorstellung von den Konturen einer künftigen Rätedemokratie. Die bundesdeutsche Gedenkkultur der Gegenwart reduziert das 1918/19 breit gespannte Spektrum demokratischen Denkens gern auf das in der Weimarer (wie der Bonner) Verfassung realisierte Modell der parlamentarischen Demokratie. Streichhahns Aufsatz betont demgegenüber zu Recht, dass zeitgenössisch viel breiter und widersprüchlicher über Varianten demokratischer Ordnung gedacht und gestritten wurde.

Dass „Revolution" 1918/19 in Mitteldeutschland sehr Unterschiedliches bedeuten konnte, verdeutlicht der im Rahmen dieses Sammelbandes zweite Blick auf Anhalt, den *Sebastian Elsbach* mit seinem Beitrag über Wolfgang Heine unternimmt. Heine, aus bürgerlicher Familie stammend und zum reformerischen Flügel der SPD gehörend, wurde im Herbst 1918 zuerst Ministerpräsident im Freistaat Anhalt (bis Juli 1919), seit Dezember 1918 zugleich Justizminister in Preußen, schließlich vom März 1919 bis zum März 1920 dort Innenminister. Innerhalb der regionalen Arbeiterbewegung ist schwerlich ein größerer Kontrast denkbar als der zwischen dem Räterevolutionär Koenen und dem linksbürgerlichen Reformer Heine. Dessen Politik integrierte die reformorientierte Arbeiterbewegung in den neuen anhaltischen Staat und trug dazu bei, dass in Anhalt revolutionäre Straßenaktionen nahezu vollständig ausblieben. Dass Heine auf nationaler Ebene mit seinem sozialreformerischen, den Grundprinzipien des bürgerlich-liberalen Rechtsstaats verpflichteten Handeln nur partiell Erfolge vorweisen konnte und in der SPD bald an den Rand gedrängt wurde, belegt noch einmal die Heterogenität der politisch-sozialen Landschaft in Deutschland nach dem Kriegsende.

Mit der Biografie Otto Kilians führt uns *Christine von Bose* zurück nach Halle. In der Wahrnehmung des dortigen Bürgertums verkörperte der gelernte Schriftsetzer und Redakteur des sozialistischen *Volksblattes*, dann Kopf des lokalen Arbeiterrates Otto Kilian einen vermeintlich illegitimen Machtanspruch der radikalsozialistischen USPD, die 1919 allerdings mehr als 40 Prozent der hallischen Wählerinnen und Wähler hinter sich wusste. Indem der konservative Oberbürgermeister Richard Robert Rive sein revolutionäres Gegenüber Kilian als „König von Halle" verspottete, formulierte er sowohl das allgemeine bürgerliche Ressentiment gegenüber der lokalen Arbeiterschaft als auch die bürgerliche Angst vor deren Machtpotenzial. Nach der militärischen Unterdrückung der hallischen Linken exekutierte die neue Ordnung an Kilian ein Exempel, das Landgericht Halle verurteilte ihn zu einer mehrjährigen Haftstrafe. Anklageschrift und Urteil platzierten Kilian ins Zentrum einer imaginierten Verschwörung zur gewaltsamen Errichtung einer kommunistischen Diktatur. Mit dem eher pragmatischen, in Konfliktsituationen auf Gewaltvermeidung und Verhandlungslösungen bedachten Radikalsozialisten Kilian hatte dieses Narrativ, so zeigt von Bose, wenig zu tun, es stand aber repräsentativ für die das hallische Bürgertum politisierende Deutung der lokalen Revolution.

Diese Deutung entstand und reproduzierte sich nicht zuletzt in der zeitgenössischen medialen Vermittlung der Ereignisse – denn bei weitem nicht alle Hallenserinnen und Hallenser waren damals „live" mittendrin – durch die Zeitungen, aber auch bereits durch Fotografien. Aus Halle sind Serien von Bildpostkarten des Fotografen Richard Leiter erhalten, welche das politische Geschehen zeitaktuell visualisierten und zugleich so aufbereiteten, dass diese „Ansichten" des Geschehens leicht als Medien seiner politischen Deutung genutzt werden konnten. Wie *Susanne Feldmann* und *Daniel Watermann* in ihrer Analyse der Postkartenbilder zeigen, konzentrierten sie sich einerseits auf die Visualisierung der Schrecken der Revolution, der Gewalt und der Plünderungen, andererseits auf die Bewältigung dieser „gestörten Ordnung" durch die Truppen der Republik oder die justizielle Aufarbeitung der Plünderungen. Der ambivalente Reiz dieser Art von Bildern lag zeitgenössisch darin, dass sie die Schrecken der Revolution sichtbar machten, zugleich aber auch den Schrecken bändigten, indem sie die Wiederherstellung der Ordnung ebenfalls in Szene setzten. Das erinnert dann schon fast an Goethes Szene aus dem Osterspaziergang im „Faust", in der sich die Bürger versichern, wie wohl es tue, aus der Sicherheit die Unsicherheit zu betrachten:

„Nichts Bessers weiß ich mir an Sonn- und Feiertagen
Als ein Gespräch von Krieg und Kriegsgeschrei,
Wenn hinten, weit, in der Türkei,
Die Völker auf einander schlagen.
Man steht am Fenster, trinkt sein Gläschen aus
Und sieht den Fluß hinab die bunten Schiffe gleiten;
Dann kehrt man Abends froh nach Haus,
Und segnet Fried' und Friedenszeiten."[1]

Ein Teil des Bürgertums fand sich aber in Reaktion auf Plünderungen, Gewalt und die von Koenen und Kilian repräsentierte proletarische Massenbewegung bereit, das Geschehen nicht mehr länger aus sicherem Abstand zu betrachten, sondern sich aktiv an seiner Bändigung zu beteiligen. Ein in der Forschung bisher eher vernachlässigtes Beispiel hierfür stellen die sogenannten Einwohnerwehren dar, deren hallische Ausformung *Kai Böckelmann* untersucht. Die Einwohnerwehren sind nicht als Sonderform der Freikorps zu verstehen (wie sie oft wahrgenommen wurden), sondern treffender als lokale, situativ entstandene Selbstschutzorganisationen, mit Nähe zur Polizei und den republikanischen Militärorganisationen. Wie Böckelmann in der detaillierten sozialgeschichtlichen Analyse der hallischen Einwohnerwehr zeigt, sammelten sich in ihr keineswegs überwiegend die jüngeren Jahrgänge (wie in den Freikorps), sondern deutlich überdurchschnittlich besitzende, etablierte, in mehr oder weniger geordneten bürgerlichen Verhältnissen lebende Bewohner der Stadt. Sie traten nach den Unruhen und innerstädtischen Plünderungen zu Jahresbeginn 1919 in die neu gebildete Einwohnerwehr ein, nur ein kleiner Teil verband mit ihr weitergehende politische, wenn man so will „gegenrevolutionäre" Ziele.

Dass jedoch das Geschehen von 1918/19 nicht in einer simplen Gegenüberstellung von bürgerlicher versus proletarischer Klasse aufgeht, zeigt die Analyse der durchaus revolutionären Absichten und Vorhaben eines Teils der bürgerlichen Künstlerschaft, der „Hallischen Künstlergruppe" durch *Isabell Schmock-Wieczorek*. Das Programm der Künstlergruppe zielte zum einen auf eine Art berufsständische Absicherung der Künstler. Sie sprachen dem Künstler einen politischen und ästhetischen Erziehungsauftrag in einer nachrevolutionären Gesellschaft zu. Dieser Auftrag sollte die Rolle der Kunst aufwerten und zugleich eine materielle Absicherung des Künstlers rechtfertigen. Der politisch-

---

1 Zitiert nach Goethes Werke, hg. v. Karl Goedecke, Bd. 5, Stuttgart 1867, S. 36.

moralische Anspruch an die Kunst und den Künstler sollte zum anderen jener bürgerlichen Distanziertheit zum politischen Gegenwartsgeschehen entgegentreten, die Goethe im Bild des behaglichen Kriegsräsonneurs verdichtet hat. Erfolgreich war die volkspädagogische Selbstermächtigung der Hallischen Künstlergruppe damals nicht – aber vermutlich waren den meisten Bürgern die Zeiten doch zu unruhig, zu „revolutionär", als dass sie noch eine zusätzliche Stimulierung hätten wertschätzen können.

Den Schlusspunkt des Bandes setzt *Dirk Schumann* als vielfach ausgewiesener Kenner der Gewaltgeschichte der Weimarer Republik. Er setzt bei den Gewalterfahrungen der ersten Jahre nach 1918 an, die in mehreren der vorherigen Beiträge bereits angeklungen sind, öffnet die Perspektive aber noch einmal, indem er zum einen systematisch drei verschiedene Formen der „Anfangsgewalten" unterscheidet (Gewalt zur Entscheidung politischer Konflikte, kriminelle Gewalt, in militärischen Formationen institutionalisierte Gewalt) und zum anderen der Frage nachgeht, wie die Gewalterfahrungen am Beginn der Weimarer Republik deren weitere Entwicklung geprägt haben. Schumann macht deutlich, dass die „Anfangsgewalten" der Weimarer Republik, aufsetzend auf den Gewalterfahrungen der Soldaten des Ersten Weltkrieges „militärische Männlichkeit" lagerübergreifend als Wertidee und Habitus etabliert haben.

Als Herausgeber des Bandes wie auch zuvor als Organisatoren des 8. Tages der sachsen-anhaltischen Landesgeschichte danken wir am Ende dieser Einleitung zum einen allen Beiträgerinnen und Beiträgern für ihre Texte und ihren geduldigen Umgang mit unseren Sonderwünschen und dem Stadtarchiv Halle für die Bildquellen in diesem Band. Ein besonderer Dank gilt schließlich Frau Anne Schröder-Kahnt, die Tagung wie Band von Seiten der Historischen Kommission für Sachsen-Anhalt organisierend begleitet hat, und Frau Simone Barth, der gemeinsamen Sekretärin unserer beiden Lehrstühle, die in diesem Fall erneut bewiesen hat, dass sie in einer rationalen Welt (also jenseits des universitären Tarifrechts) eher als „Geschäftsführerin" denn als „Sekretärin" tituliert werden müsste.

„Es ist alles ruhig. Auf dem Rathause eine rote Flagge". Die Revolution von 1918/19 in Halle an der Saale

Patrick Wagner

Als am 19. Januar 1919 die Nationalversammlung gewählt wurde, entschieden sich 40,5 Prozent der hallischen Wählerinnen und Wähler für die Unabhängige Sozialdemokratische Partei Deutschlands (USPD). Im Wahlkreis Halle-Merseburg, der die südliche Hälfte des heutigen Sachsen-Anhalts umfasste, stimmten 44,1 Prozent für die Radikalsozialisten. Diese hatten in den Industriedörfern und kleineren Städten der Region im Schnitt sogar noch besser abgeschnitten als in der Großstadt Halle. In keinem anderen der 37 deutschen Wahlkreise war die äußerste Linke des damaligen Parteienspektrums so stark. Selbst in ihrer zweiten Hochburg, dem nordsächsischen Wahlkreis um Leipzig, kam die USPD „nur" auf 39 Prozent der Stimmen, im drittplatzierten Berlin auf 28 Prozent. Im Reichsdurchschnitt entschieden sich ganze 7,6 Prozent der Wählerinnen und Wähler für diese Partei.[1]

Die hallische USPD vermochte es aber nicht nur, überdurchschnittlich viele Menschen zur Stimmabgabe zu motivieren, sondern sie wusste auch eine aktive Massenbewegung im Rücken: Am 9. November 1918 hatten die USPD und der von ihr dominierte Arbeiterrat in Halle 30.000 Demonstrantinnen und Demonstranten auf die Straße gebracht, in den folgenden Monaten gelang es ihnen mehrfach, zwischen 20.000 (1. Dezember 1918) und fast 50.000 (27. Februar 1919) Menschen zu Demonstrationen für Räteherrschaft und Sozialisierung der Industrie zu mobilisieren. Wenn man bedenkt, dass die Zahl der USPD-Wählerinnen und -Wähler in der Stadt bei den Wahlen des Jahres 1919 zwischen

---

1 Vgl. HANS-WALTER SCHMUHL: Halle in der Weimarer Republik und im Nationalsozialismus (Studien zur Landesgeschichte 15), Halle 2007, S. 27, und die nach Wahlkreisen aufgeschlüsselten Ergebnisse in: Wahlen in Deutschland, URL: https://www.wahlen-in-deutschland.de/awrtw.htm (20.06.2019). Die KPD nahm an der Wahl nicht teil.

33.000 und 39.000 pendelte, kann man einen bemerkenswert hohen Aktivismus ihrer Basis konstatieren, der Ende Februar 1919 in der zugespitzten Situation eines Generalstreiks auch auf andere, bei Wahlen eher der MSPD Friedrich Eberts zuneigende Teile des proletarischen Milieus übergreifen konnte.[2]

Halle und sein Umland waren während der Novemberrevolution folglich alles andere als „Durchschnitt". Vielmehr bestand in der Region eine markant vom übrigen Deutschland abweichende Konstellation, deren Untersuchung aus drei Gründen lohnt: Erstens lässt sich in Halle untersuchen, welche Politik die Radikalsozialisten der USPD und ein von ihr geführter Arbeiterrat dann betrieben, wenn sie während der Revolutionsmonate in einer Großstadt auf Basis einer relativen Mehrheit innerhalb der Bevölkerung die dominante Kraft waren. Die Forschung hat immer wieder abstrakt und im Konjunktiv die Frage erörtert, welches Potenzial zur Demokratisierung der deutschen Gesellschaft Räte und Radikalsozialisten 1918/19 geboten hätten – in Halle lässt es sich konkret (und im Indikativ) vermessen.[3]

Zweitens herrscht in der Forschung zwar Konsens darüber, dass die Dynamik der Revolution nur erklärt werden kann, wenn man den Beitrag proletarischer Protestbewegungen – mal für die Sozialisierung der Wirtschaft, mal für die Auflösung der alten Militärstrukturen, mal auch einfach für höhere Löhne und verbesserte Arbeitsbedingungen – einberechnet und diese Bewegungen nicht einfach als Anhängsel der Arbeiterparteien betrachtet.[4] Abgesehen von einigen meist älteren Untersuchungen, z. B. jener von Erhard Lucas über Remscheid und Hamborn (1976) und jener von Friedhelm Boll über Hannover und Braunschweig (1981), ist aber nur selten der Versuch unternommen worden, die Handlungsmuster, Erfahrungsräume und Erwartungshorizonte oder, mit Alf Lüdtke gesprochen, den „Eigensinn" dieser Protestbewegungen zu vermessen.[5]

---

2 Die „Mehrheits-" oder „Regierungssozialdemokraten" verfügten vor Ort über ein Potenzial von 8.000 bis 15.000 Wählerinnen und Wählern, vgl. SCHMUHL: Halle (wie Anm. 1), S. 27, 38.

3 Vgl. exemplarisch zu dieser Debatte REINHARD RÜRUP: Demokratische Revolution und „dritter Weg". Die deutsche Revolution von 1918/19 in der neueren wissenschaftlichen Diskussion, in: Geschichte und Gesellschaft 9 (1983), S. 278–301; der Forschungsstand im Überblick bei EBERHARD KOLB/DIRK SCHUMANN: Die Weimarer Republik (Oldenbourg Grundriss Geschichte 16), 8. Aufl., München 2013, S. 169–177.

4 Vgl. WOLFGANG J. MOMMSEN: Die deutsche Revolution 1918–1920. Politische Revolution und soziale Protestbewegung, in: Geschichte und Gesellschaft 4 (1978), S. 362–391; GERALD D. FELDMAN/EBERHARD KOLB/REINHARD RÜRUP: Die Massenbewegungen der Arbeiterschaft in Deutschland am Ende des Ersten Weltkriegs (1917–1920), in: Politische Vierteljahresschrift 13 (1972), S. 84–105.

5 Vgl. ERHART LUCAS: Zwei Formen von Radikalismus in der deutschen Arbeiterbewegung, Frankfurt am Main 1976; FRIEDRICH BOLL: Massenbewegungen in Niedersachsen 1906–1920.

Vermutlich ist dies nur im lokalen oder regionalen Rahmen überhaupt zu leisten – und hier bilden Halle und sein Umland eben aufgrund der skizzierten besonderen Konstellation einen lohnenden Gegenstand. Konzeptionell kann sich eine solche Untersuchung an der sozialwissenschaftlichen Forschung zu „sozialen Bewegungen" orientieren. Diese versteht unter einer sozialen Bewegung ein „auf gewisse Dauer gestelltes und durch kollektive Identität abgestütztes Handlungssystem mobilisierter Netzwerke von Gruppen und Organisationen, welche sozialen Wandel mit Mitteln des Protests – notfalls bis hin zur Gewaltanwendung – herbeiführen, verhindern oder rückgängig machen wollen".[6]

Drittens bietet unser lokales Fallbeispiel auch Gelegenheit, die in vielen Studien anzutreffende Fixierung auf die Rolle der Arbeiterbewegung für die Dynamik der Revolution zu überwinden – und dass dies sinnvoll ist, zeigt die 1991 publizierte Untersuchung von Hans-Joachim Bieber, laut der das Bürgertum während der Revolution nicht nur durchaus aktiv Politik mitgestaltete, sondern zudem einen Prozess der Neuformierung und der (im Endeffekt antidemokratischen) Radikalisierung durchlief.[7] Auch in Halle demonstrierte und streikte 1918/19 nicht nur die Arbeiterschaft, sondern das Bürgertum tat es ihr nach und trug damit zur Zuspitzung der Entwicklung bei: Am 10. und 12. Januar 1919 brachten bürgerliche Gruppen 20.000 bzw. 10.000 Demonstrantinnen und Demonstranten auf die Straße; Ende Februar chaotisierte ein bürgerlicher Gegenstreik zum proletarischen Generalstreik die Versorgungslage in der Stadt so sehr, dass die Regierung sich legitimiert sah, die lokale Macht der Radikalsozialisten gewaltsam durch Militär brechen zu lassen. Auch das Bürgertum wurde nicht nur durch Parteien vertreten, sondern mobilisierte sich ebenso in Protestbewegungen und trug das seine zu einer Interaktionskette bei, die im Ergebnis „die Re-

---

Eine sozialgeschichtliche Untersuchung zu den unterschiedlichen Entwicklungstypen Braunschweig und Hannover, Bonn 1981.

6 DIETER RUCHT: Die Ereignisse von 1968 als soziale Bewegung: Methodologische Überlegungen und einige empirische Befunde, in: Ingrid Gilcher-Holtey (Hg.), 1968 – Vom Ereignis zum Gegenstand der Geschichtswissenschaft (Geschichte und Gesellschaft, Sonderheft 17), Göttingen 1998, S. 116–130, hier (sich selbst zitierend) S. 117.

7 Vgl. HANS-JOACHIM BIEBER: Bürgertum in der Revolution. Bürgerräte und Bürgerstreiks in Deutschland 1918–1920 (Hamburger Beiträge zur Sozial- und Zeitgeschichte 28), Hamburg 1992, sowie als Mikrostudien HELGE MATTHIESSEN: Bürgertum und Nationalsozialismus in Thüringen. Das bürgerliche Gotha von 1918 bis 1930 (Veröffentlichungen der Historischen Kommission für Thüringen, Kleine Reihe 2), Jena 1994; JOACHIM F. TORNAU: Gegenrevolution von unten. Bürgerliche Sammlungsbewegungen in Braunschweig, Hannover und Göttingen 1918–1920 (Hannoversche Schriften zur Regional- und Landesgeschichte 16), Bielefeld 2001; STEFFEN RASSLOFF: Flucht in die nationale Volksgemeinschaft. Das Erfurter Bürgertum zwischen Kaiserreich und NS-Diktatur (Veröffentlichungen der Historischen Kommission für Thüringen, Kleine Reihe 8), Köln 2003.

volution" bildete.[8] Damit ist bereits angedeutet, dass die lokale Ausprägung der Revolution von 1918/19 hier in der Weise analysiert werden soll, dass zum einen (in der Regel kollektive) Akteure, zum anderen deren „strategische Handlungen und Gegenhandlungen" identifiziert werden, die in ihrer Summe die für den Verlauf des Geschehens „kumulative Kausalsequenz" ergaben.[9]

Oktober 1918: Vorbedingungen der lokalen Revolution

Am Vorabend der Novemberrevolution war Halle eine seit Jahren hungernde und seit kurzem wild debattierende Großstadt von etwa 180.000 Menschen inmitten eines Industriegebietes, das in den Jahren zuvor aufgrund der Kriegswirtschaft ein explosives Wachstum erlebt hatte. Im Ammoniakwerk der BASF in Leuna, dessen Grundstein im Mai 1916 gelegt worden war, arbeiteten im Herbst 1918 bereits 13.000 Menschen, davon zu mehr als der Hälfte allerdings nicht Chemie-, sondern Bauarbeiter, die noch mit dem Ausbau des Werkes beschäftigt waren. Auch der Bergbau im Umland Halles hatte einen Kriegsboom erlebt; allein im Geiseltal wuchsen die Belegschaften zwischen 1916 und 1918 von 3.000 auf 10.000 Beschäftigte, insgesamt arbeiteten im Regierungsbezirk Merseburg nun über 40.000 Bergleute.[10] In der Stadt Halle und ihrem damaligen Vorort Ammendorf existierten zudem klassische Metall- und Maschinenbaubetriebe, die bereits lange vor dem Krieg ein großes Arbeitermilieu mit den im Kaiserreich typischen Organisationsstrukturen hervorgebracht hatten: Partei, Gewerkschaften, Konsumgenossenschaften, Sport-, Bildungs- und Gesangsvereine, all dies symbolisiert im 1907 eingeweihten „Volkspark" in der Burgstraße und politisch ablesbar daran, dass der Reichstagswahlkreis Halle/Saalkreis

---

8 Diejenigen, die sich detailliert für eine Ereignis-, aber auch Alltagsgeschichte Halles in den Revolutionsmonaten interessieren, sei ein Blick in den von einer studentischen Seminargruppe und mir betriebenen Twitter-Account unter URL: https://twitter.com/Halle191819 empfohlen. Exemplarische Quellen hierzu haben wir eingestellt unter URL: https://revolution1918. geschichte.uni-halle.de/kategorie/revolutionsquellen. Eine gute Orientierung bietet zudem ROLAND KUHNE: Ruhe und Ordnung. Das Ende des Ersten Weltkrieges und die Novemberrevolution in Halle, in: Jahrbuch für hallische Stadtgeschichte 2018, S. 78–115.

9 ROD AYA: Der Dritte Mann, oder: Agency in der Geschichte, oder Rationalität in der Revolution, in: Andreas Suter/Manfred Hettling (Hg.), Struktur und Ereignis, Göttingen 2001, S. 33–45, hier S. 38. Zur Kategorie des sozialen Protestes vgl. den klassisch HEINRICH VOLKMANN: Kategorien des sozialen Protests im Vormärz, in: Geschichte und Gesellschaft 3 (1977), S. 164–189.

10 Vgl. SCHMUHL: Halle (wie Anm. 1), S. 8f.; STEFAN WEBER: Ein kommunistischer Putsch? Märzaktion 1921 in Mitteldeutschland, Berlin 1991, S. 8–15.

bereits seit 1890 mit nur kurzen Unterbrechungen (1893 bis 1896 und 1907 bis 1909) von dem Sozialdemokraten Fritz Kunert vertreten wurde.[11]

Als sich im Jahr 1917 reichsweit jene Teile der SPD, die sich gegen den Burgfriedenskurs der Parteiführung wandten, als USPD neu formierten, traten in der Stadt Halle etwa 7.200 Parteimitglieder zur neuen Formation über, weniger als 100 zählten sich zur „alten" SPD, die in den meisten Teilen Deutschlands Mehrheitsströmung blieb.[12] Es wäre nun aber falsch, sich dieses massenhafte Optieren für die USPD in Halle als Summe von individuellen Richtungsentscheidungen nach Lektüre programmatischer Texte vorzustellen – wäre es so gewesen, wäre ein Größenverhältnis von 7.200 zu 100 kaum erklärlich. Vielmehr dürfte hier jener Faktor wirksam gewesen sein, den der Historiker Dieter Groh in anderem Zusammenhang als den „Organisationspatriotismus" der Sozialdemokraten bezeichnet hat.[13] Der idealtypische sozialistische Industriearbeiter des Kaiserreichs lebte im dichten Gewebe eines lokalen Arbeitermilieus: Im Betrieb vertrat die Gewerkschaft seine Interessen, die Kaufkraft seines Lohnes konnte er durch Mitgliedschaft und Kauf bei der Konsumgenossenschaft erhöhen, in der Freizeit sang er im Arbeitersängerchor und für eine würdige Beerdigung würde dereinst die Arbeitersterbekasse sorgen. Für Arbeiter, deren Leben durch existenzielle Risiken überschattet wurde, die dem Bürgertum weitgehend fremd waren, nämlich Invalidität durch Arbeitsunfälle, konjunkturelle Arbeitslosigkeit ohne jede soziale Absicherung und schließlich Altersarmut, wurden die Milieuorganisationen zur immerhin ein Minimum an Sicherheit bietenden eigentlichen Heimat – basierend auf der Norm wechselseitiger Solidarität. Wenn nun die lokalen Organisationen des Milieus einen bestimmten politischen Weg einschlugen, so folgte ihnen jeweils die große Mehrheit der Arbeiter auf diesem Weg, schon aus besagter Solidaritätsverpflichtung und ohne sich notwendig jeweils individuell für ein Programm zu entscheiden. Dies konnte 1917 in Bochum bedeuten, loyal zur SPD zu stehen, während die hallischen Arbeiterinnen und Arbeiter in überwältigender Mehrheit zur USPD übertraten, vermutlich nicht,

---

11 Vgl. TOBIAS KÜGLER: Der Volkspark – Kultur, Geselligkeit, Politik, in: Werner Freitag/Katrin Minner (Hg.), Geschichte der Stadt Halle, Bd. 2: Halle im 19. und 20. Jahrhundert, Halle 2006, S. 224–234.

12 Vgl. HANS-DIETER KLEIN: Zwischen Burgfrieden und Komintern. Die Unabhängige Sozialdemokratie in Halle-Merseburg 1917–1920, in: Helga Grebing/Hans Mommsen/Karen Rudolph (Hg.), Demokratie und Emanzipation zwischen Saale und Elbe. Beiträge zur Geschichte der sozialdemokratischen Arbeiterbewegung bis 1933 (Veröffentlichungen des Instituts zur Erforschung der europäischen Arbeiterbewegung 4), Essen 1993, S. 181–195.

13 DIETER GROH: Negative Integration und revolutionärer Attentismus. Die deutsche Sozialdemokratie am Vorabend des Ersten Weltkrieges, Frankfurt am Main 1973, S. 59.

weil sie grundsätzlich anders gedacht hätten als jene in Bochum, sondern weil die hallischen Organisationen des Milieus hier bereits seit langem von Funktionären geleitet wurden, die auf dem linken Flügel der Sozialdemokratie standen. Entscheidend für die Orientierung der Basis dürfte also gewesen sein, wohin sich die Milieumanager orientierten und welcher Option sie die Infrastruktur des Milieus (z. B. den Volkspark als Begegnungsort oder die Zeitung *Volksblatt* als Informationsmedium) zur Verfügung stellten. Bezeichnenderweise verstand sich die hallische USPD 1917 gar nicht als Neugründung, sondern als die legitime Fortführung der bisherigen Lokalpartei und nannte sich weiterhin „Sozialdemokratischer Verein für Halle und den Saalkreis". Das zentrale Anliegen der hallischen USPD bestand bis zur Revolution im Ausbau jener Strukturen, über welche sie das Arbeitermilieu auf ihrem Kurs halten konnte. Am Kriegsende verfügte die Partei in der Stadt und im Umland über ein dichtes Netzwerk an Vertrauensleuten in den Industriebetrieben, und auf dieser Basis konnte sie sich im November 1918 die Dominanz in den lokalen und regionalen Arbeiterräten sichern. Zugleich sorgte dieses Netzwerk aber dafür, dass sich die Partei sowohl an den konkreten Bedürfnissen als auch den (Protest-)Stimmungen im Arbeitermilieu orientieren musste.[14]

Im Oktober 1918 hungerten die Menschen in Halle (wie in den anderen Städten Deutschlands), und die Ernährungslage verschlechterte sich weiter; Mitte August war erstmals eine „fleischlose Woche" proklamiert worden, d. h. statt einer jämmerlich geringen Fleischration hatte es eine Woche lang überhaupt keine gegeben.[15] Die Spanische Grippe forderte auch in Halle Hunderte Tote. Zugleich warteten die Hallenserinnen und Hallenser bang auf Nachrichten von ihren an der Front stehenden Angehörigen; 5.500 Gefallene sollte die Stadt letztlich verzeichnen, und die Todesnachrichten bzw. die Ungewissheit zogen sich, wie die Gefallenenanzeigen in den Zeitungen belegen, bis weit ins Jahr 1919 hinein. Vor diesem Hintergrund lösten der Regierungswechsel vom 3. Oktober 1918, das folgende Waffenstillstandsgesuch und die innenpolitischen Reformen (samt einer Lockerung der Zensur) in Halle eine Welle von Versammlungen aus, in der sich drei politische Strömungen artikulierten.

Erstens riefen die Konservativen und diverse „vaterländische" Vereine zur Eskalation des Krieges in Form einer Levée en masse auf. So agitierte der Roma-

---

14 Siehe den Beitrag von Vincent Streichhahn in diesem Band.
15 Vgl. Tagebuch des hallischen Notars Adolf Weissler, Eintragung vom 19.08.1918. Transkript des Tagebuchs im Besitz des Verfassers; das Original befindet sich im Universitätsarchiv der Martin-Luther-Universität Halle-Wittenberg.

nistikprofessor Karl Voretzsch, der 1917 nach mehreren Jahren Kriegsdienst hochdekoriert nach Halle zurückgekehrt war, am 9. Oktober 1918 in einer Versammlung des Alldeutschen Verbandes gegen den „Unterwerfungsfrieden", den eine „Zufallsmehrheit" im Reichstag anstrebe; nur der weiterhin „opferwillige Teil" der Bevölkerung könne überhaupt ein Recht zu politischer Mitsprache beanspruchen.[16] Eine Woche später löste derselbe Redner bei einer Versammlung „nationaler Vereine" angeblich großen Beifall aus mit der Forderung: „Lieber in Ehren untergehen, als in Schande leben!"[17] Noch am 30. Oktober beschloss eine weitere Versammlung, dem Kaiser ihre „unerschütterliche Zuversicht" zu versichern, dass Deutschland „den Kampf um unser Dasein" im „Geist von 1914" bestehen werde.[18] Zweitens diskutierten die innerhalb des lokalen Bürgertums tonangebenden Linksliberalen die Chancen eines Kompromissfriedens einerseits und einer Parlamentarisierung des Reiches andererseits. Was „der Liberalismus seit sieben Jahrzehnten erstrebt" habe, werde nun immerhin innenpolitisch Wirklichkeit, frohlockte am 9. Oktober der Vorsitzende der hallischen Fortschrittlichen Volkspartei Justizrat Wolfgang Herzfeld bei einer Kundgebung seiner Partei.[19] Drittens schließlich forderten USPD und Gewerkschaften mehrfach in großen „Volksversammlungen" einen bedingungslosen Friedensschluss nach außen sowie die radikale Umorientierung der Wirtschaftspolitik auf eine egalitäre Versorgung aller, inklusive einer scharfen Bekämpfung des Schwarzmarktes.

Dass eine sozialistische Revolution kommen werde, wurde in den Versammlungen mitunter als Erwartung angedeutet, aber in einen mittelfristigen Zeithorizont gerückt. Nach einem Friedensvertrag, so prophezeite der USPD-Reichstagsabgeordnete Fritz Kunert am 17. Oktober 1918 vor mehreren Tausend Zuhörerinnen und Zuhörern im Volkspark, müsse die Demobilisierung von Millionen Soldaten zu einer Massenarbeitslosigkeit führen – und erst dann werde „das Proletariat seine Mission erfüllen […] und auf den Trümmern des kapitalistischen Deutschland den freien Staat aufrichten, in dem jeder glücklich werden" könne.[20] Glaubt man den damaligen Zeitungsberichten, so unterschieden sich die sozialistischen von den bürgerlichen Versammlungen des Okto-

---

16 Vgl. Alldeutscher Verband, in: Hallesche Zeitung, 11.10.1918 (Abendausgabe).
17 Vaterländische Kundgebung, in: Hallesche Zeitung, 19.10.1918 (Abendausgabe).
18 Vgl. Der Friede und des deutschen Volkes Zukunft. Vaterländische Kundgebung, in: Hallesche Zeitung, 31.10.1918 (Abendausgabe).
19 Versammlung der Fortschrittlichen Volkspartei, in: Saalezeitung 10.10.1918 (Abendausgabe).
20 Die Friedenskundgebungen der Partei. Zwei überfüllte Volksversammlungen, in: Volksblatt 18.10.1918.

bers 1918 darin, dass in ersteren nicht nur über die großen Linien der Politik gesprochen wurde (was zumeist die Aufgabe prominenter Redner wie Kunert war), sondern auch über konkrete Erfahrungen und Erwartungen „einfacher Leute", repräsentiert durch Diskussionsredner aus der Mitte der jeweiligen Versammlung. In einer Versammlung des Gewerkschaftskartells im Volkspark am 16. Oktober 1918 beispielsweise berichteten Handwerker, sie hätten bei Arbeiten in bürgerlichen Haushalten große Mengen gehamsterter Lebensmittel entdeckt.[21]

Hieran schließt eine letzte Beobachtung zur hallischen Konstellation am Vorabend der Revolution an: In Bürgertum wie Arbeiterschaft kursierte eine Fülle von Gerüchten darüber, dass umstürzende Ereignisse unmittelbar bevorstünden und dass jeweils die andere Klasse es in dieser Krisensituation an nationaler Solidarität mangeln lasse. Arbeiterinnen und Arbeiter erzählten einander vom üppigen Schlemmen der „Herrschaften" und werteten dieses Verhalten vor dem normativen Hintergrund einer *moral economy* der nationalen Kriegsgemeinschaft als Verrat – zumal es ja Agitatoren aus den Kreisen der vermeintlich Schlemmenden waren, welche die Arbeiterschaft zu Verzicht und Durchhalten aufriefen. Gleichzeitig notierte der hallische Notar Adolf Weissler im Oktober 1918 mehrfach Erzählungen, am Bahnhof sei es bei Truppentransporten zu Widersetzlichkeiten kriegsmüder Soldaten gekommen. Man könne, so notierte Weissler am 18. Oktober, „die bodenlosesten Aeußerungen von Vaterlandslosigkeit vernehmen, und zwar vor allem aus der Arbeiterschaft. Die Arbeiterschaft hat sich zwar gut benommen, aber die Vaterlandsliebe sitzt ihr nicht so fest im Gemüth wie uns", dem Bürgertum.[22] „Das Gerücht", so hat der Historiker Alain Corbin festgehalten, „erzählt von sozialen Spannungen innerhalb der Population, die es verbreitet"; es artikuliere „Wünsche und Ängste", und zugleich knüpfe das Weitererzählen von Gerüchten soziale Beziehungen.[23] In diesem Sinne zeugen die Gerüchte unmittelbar vor der Revolution davon, wie sehr sich viele Hallenserinnen und Hallenser als Angehörige einer Klasse sahen, die vom Verhalten und den Aspirationen der jeweils anderen Klasse akut bedroht sei.

---

21 Die Gewerkschaften zur Lebensmittelversorgung, in: Volksblatt, 17.10.1918; vgl. auch: Die hallleschen Gewerkschaften für bessere Lebensmittelversorgung, in: Volksblatt, 03.10.1918.

22 Weisslers Tagebuch (wie Anm. 15), Eintragung vom 18.10.1918. Vgl. die Eintragungen vom 20. und 24.10.1918.

23 Alain Corbin: Das Dorf der Kannibalen, Stuttgart 1992, S. 15. Zur Rolle von Gerüchten in der Berliner Novemberrevolution vgl. Florian Altenhöner: Kommunikation und Kontrolle. Gerüchte und städtische Öffentlichkeiten in Berlin und London 1914/1918, München 2008, S. 291–301.

November 1918: Protestbewegungen, revolutionäre Kader und die Apathie der alten Ordnung

Den Startschuss zur lokalen Revolution gaben nicht die Arbeiter oder die Funktionäre der USPD, sondern am Morgen des 7. November 1918 – einen Tag nachdem die Lokalzeitungen erstmals vom Kieler Matrosenaufstand berichtet hatten – die Soldaten der Fliegerersatzabteilung 14.[24] Vermutlich angestoßen vom Vorbild der Matrosen rebellierten die Mannschaften dieser Einheit gegen ihre Offiziere, weil sie annahmen, diese wollten gewaltsam gegen vielleicht bevorstehende Unruhen vorgehen. Die Soldaten entwaffneten die Offiziere und fuhren mit den Automobilen der Einheit durch die Stadt, um die Soldaten weiterer Kasernen für den Anschluss an ihre Meuterei zu gewinnen. Tatsächlich beteiligte sich im Lauf dieses und des folgenden Tages eine wachsende Zahl von Einheiten. Sie entwaffneten jeweils ihre Offiziere, hissten rote Fahnen auf den Unterkünften und wählten einen Soldatenrat. Am 8. November 1918 erkannte der Garnisonskommandant Generalleutnant Werner von Heynitz die Kommandogewalt des Soldatenrates an. Überhaupt hatte es keinen nennenswerten Widerstand gegen die revoltierenden Soldaten gegeben; die alte Ordnung zerbrach schnell, weil selbst unter den Offizieren die Bereitschaft fehlte, sie gewaltsam zu verteidigen. Auf der anderen Seite zeugen die Forderungen, die von den Soldaten erhoben wurden, auf den ersten Blick nicht von einem auf „Revolution" gerichteten strategischen Unterfangen. Wie in anderen Garnisonen verlangten auch die hallischen Soldaten primär einen radikalen Wandel der militärischen Organisationskultur: Sie forderten in der Freizeit „völlige Freiheit der Mannschaften" inklusive der Aufhebung der Verpflichtung, vor Offizieren auch außerhalb des Dienstes salutieren zu müssen, das Ende aller Arreststrafen, die „Auslieferung der Strafbücher zur Einsicht" und „nach Möglichkeit bessere Verpflegung, besonders abends", was dadurch zu erreichen sei, dass die Lebensmittelvorräte der Offizierskasinos den Mannschaftsküchen zugewiesen würden. Der Soldatenrat der Fliegerersatzabteilung verlangte zudem konkret „von Hauptmann Sansconi, daß er alle bisherigen Aeußerungen, welche die Ehre der Leute angriff, vor versammelten Kameraden zurücknimmt".[25]

Zwar klingen diese Forderungen nicht explizit „revolutionär", die zu ihrer Durchsetzung notwendigen Handlungen aber bedeuteten einen Umsturz der

---

24 Vgl. Matrosenaufstand in Kiel!, in: Volksblatt, 06.11.1918.
25 Bürger! Soldaten! (Erklärung des Soldatenrates), in: Volksblatt, 09.11.1918 (Sonderausgabe).

Herrschaftsordnung, nämlich die Entwaffnung der Offiziere und die Übernahme der Kommandogewalt durch gewählte Soldatenräte. Zudem brachten sich die Meuterer mit jeder Handlung in Zugzwänge: Wenn sie nicht nach Wiederherstellung der militärischen Disziplin hart bestraft werden wollten, mussten sie die Revolte ausweiten. Damit ergab sich eine Kette von Handlungen gegen die bisherige militärische Hierarchie, die eine Rückkehr zum Status quo ante ausschloss und mit jedem Schritt dazu zwang, die Aktion weiter voranzutreiben. Zudem signalisierten die Soldaten sowohl mit roten Fahnen als auch mit ihren Parolen gegen eine Willkürherrschaft der Offiziere, die an die Agitation der Vorkriegssozialdemokratie anschlossen, ihre Verbundenheit mit der sozialistischen Arbeiterschaft – und damit mit dem von allen Seiten antizipierten „eigentlichen" Träger einer Revolution.

Zur Revolution wurde die militärische Revolte denn auch in dem Moment, in dem sich die Handlungslinien von Soldaten und Arbeitern schnitten.[26] Am Abend des 7. November fand eine seit längerem geplante Kundgebung der USPD im Garten des Volksparks statt. Deren Ablauf hatten die Funktionäre gemäß ihrer Routine geplant. Zunächst hielt der Reichstagsabgeordnete Adolf Albrecht eine Rede, die allgemein eine „Beseitigung des Klassenstaates, des Militarismus und des Kapitalismus" auf friedlichem Wege propagierte. Nach einer Diskussion ließ der Versammlungsleiter, der *Volksblatt*-Redakteur Otto Kilian, über eine vorbereitete Resolution abstimmen, die ohne Gegenstimmen angenommen wurde: „Wir bekennen uns begeistert zu den Forderungen des internationalen Sozialismus. Wir geloben feierlich, wenn die Stunde gekommen ist, alles einsetzen zu wollen für die Beseitigung des Klassenstaates". „Wenn die Stunde gekommen ist", also nicht unbedingt im Hier und Jetzt – diese Zeitperspektive passte nun aber situativ nicht zur Stimmung der 8.000 bis 10.000 Menschen, die sich am Volkspark versammelt hatten.[27] Schon allein der Umstand, dass Hunderte Soldaten in Uniform an einer politischen Versammlung teilnahmen, widersprach allen gültigen Normen, wäre bis dahin unvorstellbar gewesen und signalisierte somit, dass die alte Ordnung bereits zerfallen war. Zudem griffen die Soldaten durch Zwischenrufe in die Versammlung ein, und einer von ihnen

---

26 Vgl. das Modell der in Revolutionen zusammentreffenden Handlungslinien in: Detlef Pollack: Der Zusammenbruch der DDR als Verkettung getrennter Handlungslinien, in: Konrad H. Jarausch/Martin Sabrow (Hg.), Weg in den Untergang. Der innere Zerfall der DDR, Göttingen 1999, S. 41–81.

27 Dieses und die folgenden Zitate aus Versammlung und anschließender Demonstration aus: Mann der Arbeit, aufgewacht!, in: Volksblatt, 8.11.1918. Zu Kilian vgl. den Beitrag von Christine von Bose in diesem Band.

bekundete in der Diskussion, sie wollten jetzt „für die Sache der Freiheit, des Volkes und der Republik kämpfen". Die USPD-Funktionäre griffen diese Stimmung auf und versuchten sie zu kanalisieren, indem sie vorschlugen, bis zum Abend des übernächsten Tages, also des 9. November, in den Fabriken Delegierte zu einem Arbeiterrat wählen zu lassen. Zum Abschluss mahnte Kilian die Menge, keine „Unbesonnenheiten" zu begehen und forderte sie auf, ruhig nach Hause zu gehen, in den nächsten Tagen das *Volksblatt* zu lesen und sich bereit zu halten: „Die Stunde der Entscheidung kommt bald".

Doch die aktivistische Hochstimmung der Menge ließ sich so nicht zügeln, sie brach aus dem Korsett der USPD aus. Tausende zogen spontan unter einer roten Fahne Richtung Innenstadt, an der Spitze „Soldaten und jungen Mädchen Arm in Arm", also angeführt von Menschen, die bislang keinen Platz in der Demonstrationskultur gehabt hatten, was als weiteres Indiz für den Zerfall der alten Ordnung erscheinen musste. Da die Demonstranten zudem feststellten, dass die Polizei passiv blieb, wiederholten sich kleinere Umzüge am 8. November. Sie folgten offensichtlich keinem strategischen Plan; die Menschen besetzten keine öffentlichen Gebäude oder proklamierten an einem symbolischen Ort eine Machtübernahme. Stattdessen beschränkten sie sich darauf, öffentlich jene zu demütigen, die sie für Repräsentanten der Klassengesellschaft und der militärischen Hierarchie hielten: Vor „Schlemmerlokalen" und Villen veranstaltete man Katzenmusiken, Offizieren riss man auf offener Straße die Rangabzeichen ab. Mit diesen symbolischen Akten brachten die Demonstranten zugleich zum Ausdruck, worin ihre primären Antriebe bestanden: Sie forderten das sofortige Ende eines Krieges, der nicht nur Millionen Tote gefordert, sondern auch die Soldaten einem oft als entwürdigend empfundenen Regime seitens der Offiziere unterworfen hatte. Und angesichts existenziellen Mangels kritisierten die Handlungen der Demonstranten die Klassengesellschaft von Hungerleidern und Prassern („Schlemmerlokale"). Beide Themen hatten im Oktober die öffentlichen Versammlungen von USPD und Gewerkschaften beherrscht – spontan waren die Aktionen, nicht aber ihre Stoßrichtung.

Während die Protestbewegung ohne Gegenwehr des alten Staates die Straße eroberte, sorgten die USPD-Funktionäre für eine Institutionalisierung der Revolte. Sie organisierten über ihr Netz von Vertrauensleuten Wahlen in den Fabriken und etablierten so schon im Lauf des 8. November zunächst einen Arbeiterrat, dann nach Abstimmung mit dem Soldatenrat als gemeinsames Gremium einen Arbeiter- und Soldatenrat. Für den 9. November riefen sie zu einem Streik und einer ordentlichen, von ihrer Partei ausgerichteten Demonstration auf – „im Freiheitskampf des Volkes für den Sozialismus" und unter unbedingter Wahrung von „Disziplin".[28] In der Tat gelang es der USPD, Ordnung in die Revolte zu bringen. 30.000 Menschen demonstrierten am 9. November in einer disziplinierten Marschkolonne zum Marktplatz, wo sie die Kulisse für eine choreografierte Übertragung der lokalen Herrschaft an den von Otto Kilian geführten Arbeiter- und Soldatenrat bildeten. Kilian begab sich ins Rathaus, verkündete Oberbürgermeister Richard Robert Rive, der Arbeiter- und Soldatenrat habe die „Gewalt" an sich genommen und verlangte von Rive, dieser solle ihm „die öffentliche Gewalt" übergeben. Rive wich aus und antwortete: „Ich habe Ihnen keine Erklärung abzugeben. Wenn Sie die Gewalt genommen haben, brauche ich Sie Ihnen nicht zu übertragen." Trotzdem verkündete Kilian der auf dem Marktplatz wartenden Menge, „Rive habe ihm die vollziehende Gewalt übergeben".[29]

Aus Sicht der USPD-Funktionäre bedeutete Revolution die Übernahme der lokalen Herrschaftsgewalt aus eigenem Recht – hierauf berief sich Kilian explizit gegenüber Rive –, zugleich aber legten die Revolutionäre Wert darauf, Kontinuität und damit eine Art von Legalität ihrer Machtübernahme zu dokumentieren. So wie sich in Berlin am gleichen Tag der MSPD-Führer Friedrich Ebert von Max von Baden zum Regierungschef ernennen ließ, so wollte auch Kilian in Halle die Herrschaft aus den Händen des amtierenden Oberbürgermeisters als des Repräsentanten der alten Ordnung empfangen und versprach diesem im Gegenzug, für „Ruhe und Ordnung" sorgen zu wollen und zu können.[30] Der Notar Adolf Weissler notierte am Abend des 9. November denn auch verwundert, wie sanft der Umsturz verlaufen sei: „Es ist alles ruhig, das Leben auf den Straßen wie gewöhnlich. Nur als ich mittags vom Gerichte kam, wo ebenfalls der Betrieb ohne Stocken weiterging, traf ich in der Rathausgasse auf endlose Züge von Menschen, die von der großen Feier auf den Markplatz zurückkamen, einige wenige mit roten Bändern geschmückt; eine rote Flagge sah ich nur bei einem Weibe. Auf dem Rathause eine rote Flagge."[31]

Rive hatte den Herrschaftsanspruch des Arbeiter- und Soldatenrates weder explizit anerkannt, noch ihm offen widersprochen. Damit war er repräsentativ für

---

28 An die Arbeiter von Halle! und An die Arbeiterschaft der Betrieben von Halle! (Aufrufe des Arbeiterrates und des Arbeiter- und Soldatenrates von 8.11.1918), in: Volksblatt, 09.11.1918 (Sonderausgabe).

29 S. 3 f. des Urteils des Landgerichts Halle gegen Otto Kilian vom 12.12.1919, in: Geheimes Staatsarchiv Preußischer Kulturbesitz, I. Ha., Rep. 84a, Nr. 58546.

30 Ebd., S. 4.

31 Weisslers Tagebuch (wie Anm. 15), Eintrag vom 09.11.1918.

die Verwaltung und das hallische Bürgertum. In der ersten Woche der Revolution überließen sie der Protestbewegung der Arbeiterinnen, Arbeiter und Soldaten den öffentlichen Raum. Ab Mitte November versuchten dann die das örtliche Bürgertum dominierenden Liberalen, sich gestützt auf die Netzwerke des bürgerlichen Vereinswesens eine Teilhabe an der neuen lokalpolitischen Ordnung zu sichern, indem sie einen „Bürgerausschuss" gründeten. Dessen Anspruch, ein gleichberechtigtes Pendant zum Arbeiterrat zu sein, wies dieser jedoch am 16. November zurück, indem er den Antrag des Bürgerausschusses ablehnte, wie die anderen Räte im Stadthaus tagen zu dürfen.[32]

November 1918 bis Februar 1919: Ein Schwebezustand und vier Dualismen

Nach dem Umsturz lebte die hallische Bevölkerung für vier Monate, um eine Formulierung des Berliner Publizisten Ernst Troeltsch von 1919 abzuwandeln, in einem „Traumland", freilich in einem Traumland mit Lebensmittelrationierung.[33] Einerseits – und dies meinte Troeltsch mit seiner Formel – erschien für mehrere Monate die politische Zukunft als offen gestaltbar, jeder konnte sich jene Zukunft erträumen (parlamentarische oder Räterepublik? Sozialisierung der Industrie oder Garantie des Privateigentums? Verhandlungs- oder Diktatfrieden?), die er sich wünschte oder, falls er zu Albträumen neigte, fürchtete. Auf ihren ersten Seiten meldeten die hallischen Zeitungen mit Vorliebe, was sie für Indizien künftiger großer Ereignisse hielten. Das *Volksblatt* etwa druckte eine Vielzahl von Meldungen ab, die auf eine Ausweitung der deutschen zu einer Weltrevolution hinzudeuten schienen: Meuterei in der französischen Armee, Demonstrationen gegen die Monarchie sogar in Schweden und den Niederlanden, rote Fahnen auf Schiffen der britischen Marine etc.[34] Diese Meldungen

---

32 Vgl. Erste Sitzung des Bürgerausschusses, in: Hallesche Zeitung, 21.11.1918 (Morgenausgabe).
33 So Troeltsch Ende Juni 1919 bezogen auf die Zeit zwischen der Revolution und der Unterzeichnung des Versailler Vertrages, zit. nach Michael Geyer: Zwischen Krieg und Nachkrieg – die deutsche Revolution 1918/19 im Zeichen blockierter Transnationalität, in: Alexander Gallus (Hg.), Die vergessene Revolution von 1918/19, Göttingen 2010, S. 187–222, hier S. 195.
34 Vgl. exemplarisch: Volkserhebung auch in Schweden, in: Volksblatt, 13.11.1918; Holland vor der Revolution, in: Volksblatt, 14.11.1918; Revolution im französischen Heere?, in: Volksblatt, 15.11.1918; und Revolution in Rumänien, in: Volksblatt, 27.11.1918. Programmatisch wurde der Erwartungshorizont gezeichnet in: Weltrevolution, in: Volksblatt, 15.11.1918.

(wie äquivalente in den bürgerlichen Zeitungen der Stadt) waren in der Regel falsch, aber sie beleuchten die politische Atmosphäre jener Monate:[35] Einigkeit bestand immerhin zwischen allen politischen Lagern darin, dass man gerade eine „Revolution" erlebe, und mangels konkreter Vorerfahrungen mit „Revolution" entwickelte sich dieser Begriff zu einer gleichermaßen offenen wie magischen Formel: Sie auszusprechen oder niederzuschreiben signalisierte primär den Glauben daran, dass die nahe Zukunft etwas ungeheuer Neues bringen werde – und indem man es aussprach oder niederschrieb, trug man vermeintlich das Seine zum Kommen dieser Zukunft bei. Wie man wiederum an den in der Stadt kursierenden Gerüchten ablesen kann, war dieser Glaube verbunden mit der Überzeugung, das jeweils andere politische Lager bereite eine Gewalteruption vor. Während man in Arbeiterkreisen über gegenrevolutionäre Verschwörungen spekulierte, war ein bürgerlicher Beobachter wie Adolf Weissler bereit, das absurde Gerücht zu glauben, dass sich die örtliche „Arbeiterschaft [...] Maschinengewehre, es sollen 1.500 bis 2.000 sein, zu verschaffen gewußt" habe, „die in ihrem Gewerkschaftshause am Harz und in ihrem Volkspark auf der Burgstraße stehen".[36]

Aber während auf den Vorderseiten der hallischen Zeitungen wahlweise die Weltrevolution, die Nationalversammlung oder künftige Friedensverhandlungen als Heilsgeschehen bzw. Apokalypsen beschworen wurden, vermeldeten die Lokalteile wie schon vor der Revolution, an welchen Orten und zu welchen Zeiten die Hallenserinnen und Hallenser gegen Vorlage von Lebensmittelkarten welche (in der Regel kümmerlichen) Mengen an Grundnahrungsmitteln erwerben könnten. In den Anzeigenteilen priesen unterdessen findige Händler Fleischbrühe-Ersatzwürfel und angeblich nach Früchten schmeckendes Rübenmus an. Als die USPD am 7. Dezember 1918 im Volkspark eine Mitgliederversammlung abhielt, referierte zunächst ein Funktionär über Nationalversammlung, Sozialisierung und den Zusammenhang von „vollständiger Demokratie" und „klassenloser Gesellschaft", in der Diskussion aber interessierten sich die Mitglieder für die „Schwierigkeiten der Kartoffelversorgung" und bemängelten konkret, dass die von der Stadt in der Talamtschule verkauften Kartoffeln „faul und daher völlig ungenießbar" seien.[37]

---

35 Vgl. Bolschewismus im Funkendienst, in Hallesche Zeitung, 02.12.1918 (alle deutschen Funkstationen seien angeblich von USPD und Kommunisten besetzt worden).
36 Weisslers Tagebuch (wie Anm. 15), Eintrag vom 09.12.1918.
37 Die Parteiversammlung, in: Volksblatt, 08.12.1918.

Dieses in der Regel kaum verbundene Nebeneinander politischer Visionen und pragmatisch zu bewältigender Alltagssorgen bildete auch den kognitiven Bezugsrahmen für die Politik des von den hallischen USPD-Führern dominierten Arbeiterrates zwischen November 1918 und Februar 1919. Der Rat verstand sich, so erklärte sein nomineller (wegen auswärtiger Aktivitäten aber meist abwesender) Vorsitzender Adolf Albrecht am 9. Dezember 1918 etwas vollmundig, „als revolutionäre Körperschaft, die aus politisch ganz einwandfreien Menschen bestehen müsse", denn „jetzt sei die Zeit der schärfsten politischen Diktatur des Proletariats".[38] De facto aber blieben die diktatorischen Eingriffe des Arbeiterrates bescheiden: Mehrfach verhinderte der Rat mithilfe bewaffneter Matrosen das Erscheinen einzelner Ausgaben der bürgerlichen Tageszeitungen, um den Abdruck von Gegendarstellungen zu gegen den Rat gerichteten Artikeln zu erzwingen.[39] Und demonstrativ ließ er die Wohnungen prominenter Bürger und Offiziere nach dort vermuteter Hamsterware durchsuchen, um eine energische Bekämpfung des Schwarzmarktes zu signalisieren – in der Ratssitzung vom 9. Dezember verkündete Kilian stolz, man habe bei einem Bergwerksdirektor 100 Pfund Wurst gefunden.[40] Aber obwohl sich das Landgericht Halle im Herbst 1919 sehr viel Mühe gab, dem inzwischen gestürzten Arbeiterrat (in der Person Kilians) Zwangsmaßnahmen und Gewaltakte nachzuweisen, tendierte das Ergebnis akribischer Verdachtsschöpfung letztlich gegen null.[41] Pathetische Revolutionsrhetorik im Stile Albrechts findet sich in den Verlautbarungen des Rates reichlich, seine Praxis aber löste solche Ankündigungen nicht ansatzweise ein.

Dies lag begründet in einer Haltung, die Richard Löwenthal als den „Anti-Chaos-Reflex" industrialisierter Gesellschaften bezeichnet hat: Den hallischen USPD-Führern und den von ihnen dominierten Räten war vom ersten Tag an bewusst, dass das Überleben der etwa 180.000 Hallenserinnen und Hallenser vom Funktionieren einer komplexen Infrastruktur abhängig war – von den Wasser-, Gas- und Elektrizitätswerken und dem städtischen Schlachthof über die Unterbringung und Desinfizierung der von der Front heimkehrenden Soldaten bis zu Akquise und Verteilung der rationierten Lebensmittel – und dass

---

38   Oeffentliche Sitzung des Großen Arbeiterrates, in: Volksblatt, 10.12.1918.
39   Vgl. das Urteil des Landgerichts Halle (wie Anm. 29), S. 7 f., und S. 6–19 der Anklageschrift der Staatsanwaltschaft Halle gegen Otto Kilian vom 19.09.1919, S. 100, in: Stadtarchiv Halle, A 2.8 PL 621.
40   Vgl. ebd.
41   Vgl. das Urteil des Landgerichts Halle (wie Anm. 29), passim.

sie selbst folglich auf das reibungslose Funktionieren der bestehenden Verwaltung angewiesen waren.[42] Daher hatte sich der Arbeiter- und Soldatenrat schon in seiner ersten Erklärung vom 9. November darauf festgelegt, dass die hallischen Beamten „unverändert in Pflichttreue" nach den bisherigen Routinen, Gesetzen und Verordnungen weiterarbeiten sollten, er selbst nur „Kontrolle" ausüben, aber keinesfalls neue Regeln dekretieren werde.[43] Solange auf den öffentlichen Gebäuden rote Fahnen wehten, konnte in den Büros die Arbeit in den gewohnten Bahnen weitergehen.

Von Mitte November 1918 bis Ende Februar 1919 blieben die Verteilung der lokalen Machtressourcen und ihre künftige Institutionalisierung zu einer Herrschaftsordnung in der Schwebe. Die Konstellation dieser Monate kann man als vierfachen Dualismus beschreiben: Arbeiter- und Soldatenrat versus Magistrat, revolutionäre Soldaten versus Berufsmilitärs, eine proletarische Massenbewegung für radikale Reformen versus eine bürgerliche Massenbewegung für „Ruhe und Ordnung", sprich: die Abwehr eben dieser Reformen, und schließlich Halle versus Berlin/Weimar.

Erstens führten der Arbeiter- und Soldatenrat unter Kilian und der Magistrat unter Rive einen zähen Kleinkrieg darum, wer in der Stadt zu bindenden Entscheidungen befugt sei. Der Rat versuchte mehrfach, den Magistrat zu einer öffentlichen Erklärung zu bewegen, dass der Arbeiter- und Soldatenrat zur Erteilung von Weisungen befugt sei, welche die Stadtverwaltung auszuführen habe – dass also der Rat das höchste legitime Herrschaftsorgan der Stadt sei. Rive und seine Magistratskollegen entzogen sich diesem Ansinnen ein ums andere Mal.[44] Erst am 8. Januar 1919, als der hallische Arbeiter- und Soldatenrat aufgrund der Entwicklung in der Reichshauptstadt – hier waren Ende Dezember die USPD-Volksbeauftragten aus der Regierung ausgeschieden, und im Zuge des sogenannten „Spartakusaufstands" beseitigte die Regierung gerade gewaltsam die letzten Machtpositionen der radikalen Linken in Berlin – auch um seine Macht fürchten musste, zwang er den Magistrat durch eine Großdemons-

---

42 RICHARD LÖWENTHAL: Bonn und Weimar. Zwei deutsche Demokratien, in: Heinrich August Winkler (Hg.), Politische Weichenstellungen im Nachkriegsdeutschland 1945–1953 (Geschichte und Gesellschaft, Sonderheft 5), Göttingen 1979, S. 9–25, hier S. 11.

43 An die Einwohner von Halle (Aufruf des Arbeiter- und Soldatenrates vom 08.11.1918), in: Volksblatt, 09.11.1918.

44 Vgl. den Beitrag Christine von Boses in diesem Band, die Sachakte des Magistrats, Stadtarchiv Halle, A 2.9 Kap. I, Abt. B Nr. 12, Bd. 1, Bl. 194–200, und das Urteil des Landgerichts Halle (wie Anm. 29), S. 32–42.

tration zu der Erklärung, er akzeptiere eine Weisungsbefugnis des Rates.[45] Doch schon eine Woche später stritten sich Magistrat und Rat um die Kompetenz des Letzteren, den Gehorsam verweigernde Beamte aus dem Dienst zu entlassen.[46] Am 16. Januar 1919 einigten sich beide Seiten schließlich auf einen Formelkompromiss: Man werde jeweils die bislang getroffenen Vereinbarungen einhalten, wenn die andere Seite dies ebenfalls tue.[47] Schöner konnte man ein vorerst nicht auflösbares Patt kaum festschreiben. Mit Blick auf die Radikalsozialisten der hallischen USPD ist festzuhalten, dass sie aller revolutionären Rhetorik zum Trotz nie versuchten, den Magistrat und die (immerhin noch nach dem Dreiklassenwahlrecht gewählte) Stadtverordnetenversammlung zu beseitigen. Sie übten Druck auf diese Institutionen der alten Ordnung aus, um ihr Verhalten zu steuern, aber sie stellten ihre Existenz nicht infrage.[48]

Zweitens bildete der Soldatenrat Ende November 1918, unmittelbar vor Rückkehr der Fronttruppen ein sogenanntes „Sicherheitsregiment", um die lokale Revolution gegen eine Gegenrevolution zu verteidigen. Weitergehende Forderungen nach dem Aufbau einer „Roten Garde" fanden im Soldatenrat keine Mehrheit, weil er der Struktur der Garnison gemäß politisch heterogener zusammengesetzt war als der Arbeiterrat.[49] In das Sicherheitsregiment samt einer als Avantgarde betrachteten Matrosenkompanie durften nur Soldaten eintreten, die sich zum sozialistischen Charakter der künftigen Ordnung bekannten.[50]

Ende November 1918 begannen die hallischen Regimenter von der Westfront in ihre Kasernen heimzukehren. Dass sich damit die politische Lage ändern würde, signalisierte die offizielle Begrüßungsfeier der Stadt für das heimgekehrte Füsilierregiment 36 auf dem Marktplatz am 28. Dezember 1918: Nachdem Oberbürgermeister Rive und je ein Vertreter des Soldaten- und des Arbeiterrates die Soldaten mit Reden begrüßt hatten, richtete der Kommandeur der angetretenen Einheit seine Dankesworte ausschließlich an Rive und brachte ein Hurra auf

---

45 Vgl. Eine große Volkskundgebung gegen den Magistrat, in: Volksblatt, 09.01.1919.

46 Vgl. Die Diktatur Kilians. Herr Kilian als Disziplinarbehörde über die städtischen Beamten, in: Hallesche Zeitung, 16.01.1919 (Abendausgabe).

47 Vgl. die Erklärung des Arbeiterrates vom 16.01.1919, in: Stadtarchiv Halle, A 2.9 Kap. I, Abt. B Nr. 12, Bd. 1, Bl. 200.

48 Hierin haben die ideologischen Oberlehrer der SED-Geschichtsschreibung Jahrzehnte später den entscheidenden Fehler der hallischen USPD gesehen: In ihrer Konzentration auf die Lösung praktischer Alltagsprobleme wie der Lebensmittelversorgung habe sie übersehen, dass die „Machtfrage" die „Hauptfrage" gewesen sei, KARL-HEINZ LEIDIGKEIT/JÜRGEN HERMANN: Auf leninistischem Kurs – Geschichte der KPD-Bezirksorganisation Halle-Merseburg bis 1933, Halle 1979, S. 40.

49 Vgl. Oeffentliche Sitzung des Soldatenrates, in: Volksblatt, 11.12.1918.

50 Vgl. das Urteil des Landgerichts Halle (wie Anm. 29), S. 15–19.

ihn als den (aus Sicht des Offiziers offenbar einzig legitimen) Repräsentanten der Stadt aus.[51]

Mit Rückkehr der Fronttruppen standen sich in Halle zwei bewaffnete Formationen gegenüber, die jeweils beanspruchten, die Armee eines künftigen Staates zu werden. Während der Großteil der Wehrpflichtigen bald nach dem Einrücken in die Heimatkasernen zu seinen Familien strebte, blieben vor allem jene zurück, die für sich keine zivile Zukunft zu erkennen vermochten, also zum einen Berufsoffiziere und Berufsunteroffiziere, zum anderen jene einst als Wehrpflichtige oder Freiwillige ins Feld Gezogenen, die durch den Krieg dem Zivilleben entfremdet worden waren. Diese Soldaten und die Angehörigen des Sicherheitsregiments konkurrierten nicht nur darum, die Basis einer künftigen Armee zu bilden, sondern sie vertraten auch antagonistische Konzeptionen militärischer Organisationskultur. Während das Sicherheitsregiment nach den Prinzipien sozialer Gleichheit aller in ihm Dienenden, der Wahl der Vorgesetzten, der Kommandogewalt des Soldatenrates und bürgerlicher Freiheiten der Soldaten außerhalb des Dienstes organisiert war, wollten viele in den Kasernen verbleibende Angehörige der Frontverbände eine Kontinuität der preußischen Militärhierarchie, der Offiziersprivilegien und einer klaren Scheidung des soldatischen vom zivilen Leben wahren.

Nachdem sie sich wochenlang misstrauisch beobachtet und im Soldatenrat miteinander verhandelt hatten, eskalierte die Konkurrenz zwischen den beiden militärischen Formationen, als der Soldatenrat am 7. Januar 1919 beschloss, alle Offiziere und Soldaten sollten innerhalb von zwei Tagen ihre Rangabzeichen ablegen.[52] Am 9. Januar streikte das Personal der Militärlazarette gegen diesen Beschluss, einen Tag später bildeten Offiziere und Unteroffiziere die Spitze einer Demonstration von etwa 20.000 Soldaten und Zivilisten gegen den Arbeiter- und Soldatenrat.[53] In den folgenden Tagen drohte der Konflikt gewaltsam zu werden, als Matrosen erfolglos versuchten, Waffen aus der Kaserne des Artillerieregiments 75 zu entwenden.[54] Die sich selbst als „regulär" verstehenden Truppen forderten vom Soldatenrat die Auflösung der Matrosenkompanie, diese verschanzte sich im „Wettiner Hof", dem Sitz des Soldatenrates, und der Arbeiterrat ergriff die Partei der Matrosen, weil diese „Pioniere" der Revolu-

---

51 Vgl. Einzug der 36er in Halle, in: Hallische Nachrichten, 30.12.1918.

52 Vgl. Aus der Sitzung des Soldatenrates, in: Saalezeitung, 08.01.1919 (Abendausgabe).

53 Vgl. Die Kundgebung für die Regierung Ebert-Scheidemann, in: Saalezeitung, 11.01.1919 (Morgenausgabe)

54 Vgl. Das Urteil des Landgerichts Halle (wie Anm. 29), S. 23 f. und 47 f.

tion seien.[55] In Verhandlungen beider Seiten einigte man sich schließlich am 12. Januar auf die vorläufige Festschreibung eines Status quo: Der Soldatenrat nahm den Beschluss über die Rangabzeichen zurück, aber die Matrosenkompanie blieb bestehen; die öffentliche Sicherheit in der Stadt sollte künftig durch gemeinsame Patrouillen von Sicherheitsregiment und regulären Verbänden gewährleistet werden. Am Abend des 12. Januar demonstrierten Soldaten aller Truppenteile gemeinsam durch die Stadt, um eine Einigkeit zu demonstrieren, die wohl auch in diesem Fall nur darin bestand, ein bestehendes Patt vorerst hinzunehmen.[56]

Auf einer dritten Ebene verstetigte sich die im November 1918 entstandene Protestbewegung der Arbeiterschaft, während zugleich Teile des Bürgertums deren Aktionsformen kopierten und in einer Protestbewegung gegen die Aspirationen der Arbeiterbewegung einsetzten. Die Kette proletarischer Straßendemonstrationen riss nach dem 9. November nicht ab. Sie zielten erstens darauf ab, dem Arbeiter- und Soldatenrat den Rücken zu stärken und für die Idee einer Rätedemokratie zu werben.[57] Zweitens demonstrierte die Arbeiterschaft ihre Solidarität mit den revolutionären Militärformationen respektive ihre fortbestehende Feindschaft gegenüber den alten, vom Offizierskorps verkörperten Strukturen des Heeres. Drittens rückte, beginnend mit einer Demonstration mehrerer Tausend Bergleute am 14. Januar 1919, immer deutlicher die an die Regierung adressierte Forderung nach vorn, umgehend eine Vergesellschaftung der Industrie einzuleiten.[58]

Nachdem liberale Lokalpolitiker bereits mit der Gründung eines Bürgerausschusses Mitte November 1918 versucht hatten, Organisationsformen der sozialistischen Arbeiterschaft (hier: die Räte) zu kopieren, übte sich das hallische Bürgertum mit zwei Demonstrationen von über 20.000 bzw. etwa 10.000 Menschen am 10. und 12. Januar in eine Aktionsform ein – die Straßendemonstration –, die bis dahin nur in der Arbeiterbewegung üblich gewesen war. Der Mobilisierungserfolg des bürgerlichen Lagers beruhte darauf, dass sich ansonsten nebeneinander bestehende Netzwerke bürgerlicher Vereine, der Berufssolda-

---

55 Die künftige Sicherung der Stadt Halle, in: Saalezeitung, 13.01.1919 (Morgenausgabe).

56 Vgl. Der Sicherheitsdienst in Halle in den Händen der Garnison, in ebd., und Die Einigung der Truppen, in: Saalezeitung, 13.01.1919 (Abendausgabe).

57 Vgl. z. B. den Bericht über eine Demonstration von über 20.000 Menschen: Volkskundgebung in Halle. Massendemonstration zur Sicherung der Macht des A.- u. S.-Rates, in: Volksblatt, 02.12.1918.

58 Vgl. Die Bergarbeiter für den Arbeiterrat, für Sozialisierung und gegen Ebert-Scheidemann, in: Volksblatt, 15.01.1919.

ten und der städtischen Beamtenschaft situativ in der gemeinsamen Ablehnung der Machtansprüche des Arbeiterrates fanden, hinter dem die Demonstranten kommunistische Hintermänner vermuteten. Der liberale Lokalpolitiker Wolfgang Herzfeld verbreitete am 12. Januar in einer Kundgebungsrede sogar das Gerücht, Rosa Luxemburg und Karl Liebknecht wollten nach ihrer Berliner Niederlage nach Halle fliehen, um hier das neue Hauptquartier von „Spartakus" aufzuschlagen.[59] Zugleich bekundeten die Demonstrantinnen und Demonstranten ihre Loyalität gegenüber der künftigen Nationalversammlung und der Regierung Ebert-Scheidemann.

Über allen Aktionen stand übergreifend die Forderung nach einer Rückkehr zu „Ruhe und Ordnung", womit im Kern gemeint war, die proletarische Protestbewegung solle ihrerseits damit aufhören, über eine parlamentarische Demokratie hinausgehende Forderungen in den öffentlichen Raum zu tragen. Beide Demonstrationen mündeten in gewaltsame Zusammenstöße mit Gegendemonstranten bis hin zu Schusswechseln, die sich an Rangeleien um Symbole, nämliche schwarz-weiß-rote und schwarz-rot-goldene Fahnen sowie (wie das *Volksblatt* zürnte) „hurra-patriotischen Liedern" entzündeten.[60] Die liberale *Saalezeitung* perfektionierte in ihrem Artikel vom 13. Januar 1919 über die Gewalt gegen bürgerliche Demonstranten das Kopieren der Arbeiterbewegung, indem sie ihm den Titel „Der Blutsonntag in Halle" gab.[61] Als „hallischer Blutsonntag" galt in der politischen Sprache der lokalen Arbeiterbewegung der 13. Februar 1910, als die Polizei eine Wahlrechtsdemonstration der SPD mit blanken Säbeln attackiert und eine große Zahl von Menschen verletzt hatte.[62] Aus Sicht der sozialistischen Arbeiterschaft stellte schon das bürgerliche Demonstrieren an sich eine dreiste Urheberrechtsverletzung dar, wie die hämischen Beschreibungen der angeblich ahnungslosen und undisziplinierten bürgerlichen Demonstranten durch das *Volksblatt* belegen.[63]

Während Arbeiterrat und Magistrat um die Institutionenordnung lokaler Herrschaft und die konkurrierenden Militärformationen um die Trägerschaft des

---

59 Vgl. Der Blutsonntag in Halle, in: Saalezeitung, 13.01.1919 (Morgenausgabe).
60 Demonstration des Bürgertums, in: Volksblatt, 11.01.1918.
61 Blutsonntag (wie Anm. 59).
62 Vgl. Tobias Kügler: Der „organisierte Druck der Massen" und die Verteidigung der Ordnung. Die Wahlrechtsdemonstrationen der hallischen Sozialdemokratie 1906/10, in: Werner Freitag/ Michael Ruprecht (Hg.), Aufruhr, Zwietracht und Gewalt. Konfliktlagen in der hallischen Stadtgesellschaft vom Mittelalter bis zur Neuzeit (Forschungen zur hallischen Stadtgeschichte 7), Halle 2006, S. 93–113, besonders S. 97–105.
63 Vgl. Demonstration des Bürgertums (wie Anm. 60).

Gewaltmonopols rangen, kämpften proletarische und bürgerliche Protestbewegung vor allem darum, welche Bewegung mit ihren Symbolen und Forderungen den öffentlichen Raum beherrschen dürfe – wobei beide nicht bereit waren, ein Nebeneinander zu akzeptieren, sondern sich nur ein Monopol der jeweils eigenen Bewegung auf den öffentlichen Raum vorstellen konnten und die Ansprüche der anderen als „Terror" denunzierten.[64]

Ab den ersten Januartagen spitzten sich die drei skizzierten Konfliktlinien innerhalb der Stadt zu, Ende Februar eskalierten sie. Diese Entwicklung wurde dadurch vorangetrieben, dass im Januar ein vierter Dualismus hinzugekommen war. Nach Beginn des Spartakusaufstandes in Berlin verkündete der hallische Arbeiterrat am 8. Januar in einer einstimmig verabschiedeten Erklärung, er könne die Berliner Regierung nicht mehr unterstützen, da diese „die Gegenrevolution" fördere und „die wahrhaft revolutionär und sozialistisch gesinnten Kräfte der Arbeiterschaft mit Waffengewalt" bekämpfe.[65] Die Wahlen zur Nationalversammlung am 19. Januar machten dann das Dilemma der hallischen USPD offensichtlich: Während sie in ihrer Stadt mit Abstand stärkste Partei wurde, kam sie auf Reichsebene über eine marginale Oppositionsrolle nicht hinaus. Vor Ort konnten die Revolutionäre die politische Führung beanspruchen – aber was sollten sie damit anfangen, solange sie in Deutschland einflusslos waren und sich einer zunehmend feindseligen Regierung gegenübersahen? Oberbürgermeister Rive machte sich über seine radikalsozialistischen Gegenüber lustig, indem er ihnen unterstellte, sie wollten wohl eine kleine „Republik Halle" gründen.[66] Der Arbeiterrat seinerseits ließ keinen Zweifel an seiner antagonistischen Haltung gegenüber der Regierung, so als er am 5. Februar 1919 nach dem gewaltsamen Vorgehen von Regierungstruppen gegen die Bremer Räterepublik erklärte, er werde sich nun „mit allen seinen Kräften und mit allen ihm zu Gebote stehenden Mitteln für die Bekämpfung der Regierung Ebert – Scheidemann – Noske […] einsetzen".[67] Eine Gelegenheit, dieses Pfeifen im Walde in Handlung zu übersetzen, bot sich wenige Wochen später.

---

64 Dass die Annahme einer binären Konstellation (Arbeiterschaft versus Bürgertum) der Komplexität der durch den Krieg verursachten Verwerfungen nicht gerecht wird, zeigen die zunächst gleichermaßen gegen Magistrat und Arbeiterrat gerichteten Demonstrationen von Kriegsbeschädigten Mitte Januar 1919, vgl. den Beitrag von Christine von Bose in diesem Band.

65 Sitzung des Großen Arbeiterrates, in: Volksblatt, 09.01.1919.

66 Zit. nach dem Urteil des Landgerichts Halle (wie Anm. 29), S. 39.

67 Die Entschließung des Arbeiterrats, in: Hallische Nachrichten, 07.02.1919.

Februar/März 1919: Streiks und asymmetrischer Bürgerkrieg – das Finale der Revolution

Am 18. Februar 1919 begann im Ruhrgebiet ein Streik von Bergleuten, mit dem sie eine rasche Sozialisierung ihrer Betriebe durchsetzen wollten, aber auch gegen die Präsenz von Freikorps im Revier und die Entmachtung von Soldatenräten protestierten. Zwei Tage später hatte sich die Hälfte der Ruhr-Bergarbeiter der Streikbewegung angeschlossen, aber bis zum 24. Februar versandete diese erfolglos.[68] Glaubt man späteren Darstellungen von USPD-Politikern, so hatten diese sich Anfang 1919 überregional darauf verständigt, im Ruhrgebiet, Mitteldeutschland und Berlin koordinierte Streikbewegungen für die Sozialisierung in Gang zu bringen, um die Revolution wieder voranzutreiben.[69] Sofern es diesen Plan gab – eventuell handelt es sich bei den entsprechenden Aussagen auch um Versuche, die eigene Handlungshoheit über das Geschehen retrospektiv zu überhöhen –, scheiterte er nicht nur im Ergebnis, sondern auch in Bezug auf die zeitliche Koordination der Streikbewegungen. Denn erst als der Streik im Ruhrgebiet bereits endete, beschloss am 23. Februar 1919 eine in Halle zusammengetretene Versammlung von Vertrauensleuten aus dem mitteldeutschen Bergrevier einen Streik. Und als dieser mitteldeutsche Streik zwischen dem 5. und dem 8. März auslief, hatte der Berliner Generalstreik gerade erst am 4. März begonnen (und lief bis zum 10. März aus). Im April trat die Bergarbeiterschaft des Ruhrgebiets erneut in den Streik – diesmal für Lohn- und Arbeitszeitforderungen, aber auch für den Erhalt der Arbeiter- und Soldatenräte.

Die Streikwellen des Winters und Frühjahrs 1919 blieben regional fragmentiert, weil sich in ihrer jeweiligen Genese die Versuche von USPD- und KPD-Politikern, die Revolution voranzutreiben, mit den Logiken sozialer Protestbewegungen verbanden, die unter den Kommunikationsbedingungen der Zeit, aber auch aufgrund der zumindest partiellen Ausrichtung auf konkrete Verbesserungen im Nahbereich regional blieben. Als die Vertrauensleute der mitteldeutschen Grubenbelegschaften am 23. Februar im hallischen Volkspark zusammenkamen und den Bergarbeiterstreik beschlossen, formulierten einerseits

---

68 Vgl. als Überblick über die Streikwellen des ersten Halbjahres 1919 HEINRICH AUGUST WINKLER: Von der Revolution zur Stabilisierung. Arbeiter und Arbeiterbewegung in der Weimarer Republik 1918 bis 1924, Bonn 1984, S. 159–182; AXEL WEIPERT: Die zweite Revolution. Rätebewegung in Berlin 1919/20, Berlin 2015, S. 41–159.

69 Vgl. WILHELM KOENEN: Zu einigen Fragen der Novemberrevolution und der Gründung der KPD. (Unter Berücksichtigung von Forschungsergebnissen und Erlebnisberichten aus dem Bezirk Halle), (Halle 1958), S. 28 f.

USPD-Funktionäre wie Wilhelm Koenen ein elaboriertes Programm der Verge-sellschaftung der Industrie „von unten" durch die demokratische Selbstbestim-mung der Belegschaften im Rahmen eines Rätesystems.[70] Andererseits hatten bereits einen Tag vor der Konferenz die Belegschaften der Braunkohlenreviere von Zeitz und Meuselwitz von sich aus zu streiken begonnen. Die Konferenz in Halle richtete nun durch eine einstimmig angenommene Resolution den bereits ins Rollen gekommenen Streik auf das strategische Ziel einer Fortführung der Revolution und dehnte ihn auf die gesamte Region aus. Man verlangte von der Regierung die Einführung von „Demokratie in den Betrieben" durch von Ar-beitern und Angestellten zu wählende Betriebsräte, aber auch die Freilassung des einige Tage zuvor von Regierungssoldaten verhafteten Leutnants Friedrich Ferchlandt.[71] Dieser hatte seit November 1918 die Militärkommission des hal-lischen Soldatenrates geleitet und in dieser Funktion das Sicherheitsregiment aufgebaut. Die Regierung hatte Ferchlandt verhaften und nach Berlin bringen lassen, weil sie ihn für einen kommunistischen Verschwörer hielt. Den am 23. Fe-bruar versammelten Vertrauensleuten der mitteldeutschen Bergarbeiterschaft dagegen galt diese Verhaftung als Schlag des alten Militärapparates gegen eine Demokratisierung der bewaffneten Macht – die proletarische Protestbewegung war mehrere Monate nach Kriegsende noch immer eine antimilitaristische Be-wegung, auch wenn nun die Forderung nach einer Demokratisierung der Wirt-schaft in den Vordergrund rückte. Indem sich die Versammlung zudem mit der bayerischen Räterepublik solidarisierte, ließ sie keinen Zweifel daran, dass alle Einzelforderungen in der Summe einer – so explizit die beschlossene Resoluti-on – „Fortführung der sozialistischen Revolution" dienen sollten.[72]

Bereits an der Konferenz vom 23. Februar hatten auch Vertreter von Beleg-schaften der mitteldeutschen Metall- und Chemieindustrie sowie der Eisen-bahn teilgenommen und ihrerseits beschlossen, den offiziell am 24. Februar beginnenden Streik der Bergleute ab dem 25. Februar zu unterstützen.[73] Tat-sächlich stellten in Halle am Morgen dieses Tages die Arbeiter der Eisenbahn, der Straßenbahn und der Metallbetriebe die Arbeit ein. Am Nachmittag trat im Volkspark die Vollversammlung des Arbeiterrates (der „Große Arbeiter-

---

70 Vgl. Eine Konferenz der Bergarbeiter des mitteldeutschen Bergreviers, in: Volksblatt, 24.02.1919; und den Beitrag von Vincent Streichhahn in diesem Band.

71 Resolution der Vertrauensleute der mitteldeutschen Bergarbeiter nach: Generalstreik im mittel-deutschen Bergrevier, in: Saalezeitung, 24.02.1919 (Abendausgabe).

72 Ebd.

73 Vgl. Konferenz (wie Anm. 70).

rat") zusammen, beschloss einen Generalstreik der lokalen Arbeiterschaft und wählte einen Aktionsausschuss, der sein Büro in den Räumen des Arbeiterrates im Stadthaus einrichtete. Otto Kilian betonte in seiner die Versammlung eröffnenden Rede, es gehe in diesem Streik sowohl um die Demokratisierung der Wirtschaft als auch um einen Kampf „gegen die militärische Reaktion".[74] Noch am Abend desselben Tages rief ein Aktionsausschuss bürgerlicher Vereine der Stadt seinerseits zu einem „Generalstreik des gesamten Bürgertums" auf, der so lange andauern sollte, bis die Arbeiterschaft zur Wiederaufnahme der Arbeit bereit sei. Einzelhändler, Gastwirte, Ärzte, Apotheker, Rechtsanwälte, Lehrer und Beamte wurden aufgefordert, die Arbeit einzustellen. Die Aufforderung an „Arbeiter, die ihr nicht auf dem Boden der unabhängigen Sozialdemokratie steht", nun ebenfalls in den Streik zu treten, war in der Sache sinnlos (wie hätte man deren Streik von jenem ihrer sozialistischen Kollegen unterscheiden können?), diente aber der Formierung des „Bürgertums" als eines politischen Lagers, das sich primär nicht qua sozialem Status, sondern durch Gegnerschaft zum Sozialismus definierte.[75] Zugleich forderte der bürgerliche Aktionsausschuss in einem Telegramm an die Reichsregierung von dieser „schnellste Hilfsmaßnahmen".[76]

Erneut kopierte eine bürgerliche Protestbewegung eine bis dahin allein von der Arbeiterschaft praktizierte Aktionsform. Allerdings unterschieden sich die Streiks in Planung und Durchführung voneinander. Während der Arbeiterrat im Einklang mit den von der Arbeiterbewegung in den Jahrzehnten zuvor eingeübten Mustern, aber auch aufgrund seines Selbstverständnisses als eines für die Stadt verantwortlichen Herrschaftsorgans, Versorgungsbetriebe wie das Wasser-, das Elektrizitäts- und das Gaswerk explizit von Streikmaßnahmen ausnahm, zielte der bürgerliche Gegenstreik bewusst darauf, die Grundversorgung der hallischen Bevölkerung kollabieren zu lassen.[77] Nicht nur sollten die Lebensmittelhändler wie alle anderen Händler ihre Geschäfte schließen, sondern auch die Beamten und Angestellten des städtischen Ernährungsamtes wurden von dessen Leiter zur Einstellung der Arbeit aufgefordert, so dass keine Lebensmittelkarten mehr ausgegeben wurden.[78] „Wir wollen doch sehen", so notierte

---

74 Zit. nach der Anklageschrift der Staatanwaltschaft Halle (wie Anm. 39), S. 100.
75 An alle unsere Mitbürger! (Aufruf des Aktionsausschusses des hallischen Bürgerstreiks), in: Hallische Nachrichten, 26.02.1919.
76 Zit. nach Der Generalstreik des halleschen Bürgertums, in: Saalezeitung, 26.02.1919 (Morgenausgabe).
77 Zur selektiven Streikpraxis der Arbeiterschaft vgl. Vom Generalstreik, in: ebd.
78 Vgl. die Anklageschrift der Staatanwaltschaft Halle (wie Anm. 39), S. 107.

der mitstreikende Notar Adolf Weissler am 26. Februar in seinem Tagebuch, „was aus der Welt wird, wenn Alles stillsteht".[79] Die Taktik des bürgerlichen Streikkomitees muss im Zusammenhang mit seinem oben zitierten Hilferuf an die Reichsregierung gesehen werden: Sie zielte darauf, deren militärische Intervention zu erreichen. Dieses Kalkül konnte sich darauf stützen, dass die Reichsregierung in den Wochen zuvor schon mehrfach mitteldeutsche Städte vom Landesjägerkorps des Generals Georg Maercker hatte besetzen lassen, so am 8. Februar Erfurt und zehn Tage später Gotha.

Ab dem 26. Februar kamen Wirtschaft und Verwaltung der Stadt zum Erliegen; vom 27. Februar an (und bis zum 3. März) erschienen keine Zeitungen mehr, nur der Aktionsausschuss des Arbeiterstreiks gab noch zwei Tage lang ein Mitteilungsblatt heraus. Am 27. Februar erlebte Halle die größte Demonstration der Revolutionsmonate, als zwischen 40.000 und 50.000 Menschen unter Parolen wie „Die Bergarbeiter für die Räterepublik", „Alle Macht den Arbeiter- und Soldatenräten!" und „Es lebe die Weltrevolution!" durch die Straßen zogen.[80] Am gleichen Tag erteilte in Weimar die Regierung Maercker den Befehl, Halle zu besetzen. Den konkreten Anlass lieferte die Konfrontation zwischen den Streikbewegungen in der Stadt. Ex eventu aber bildete die Besetzung Halles durch das Landesjägerkorps nur ein Glied in einer Kette von Interventionen dieser Truppe in mitteldeutschen Städten während des ersten Halbjahres 1919. Die Besetzung von Erfurt und Gotha war vorausgegangen, später folgten die Einmärsche in Magdeburg (9. April), Braunschweig (17. April), Leipzig (11. Mai), Eisenach (19. Mai) und ein zweites Mal in Erfurt (18. Juni). Maerckers Interventionen zielten jeweils auf die Entmachtung der lokalen Arbeiterräte, die Auflösung der Soldatenräte sowie der im Gefolge der Revolution entstandenen „linken" Truppenverbände. Maercker selbst kommentierte dies in seinen 1921 publizierten Erinnerungen in bezeichnender Weise: „Im Kampf der Reichsregierung gegen die Linksradikalen handelte es sich ausschließlich um die Erhaltung der politischen Macht. Zu diesem rein politischen Zweck wurde die Truppe eingesetzt: als Machtmittel zur Fortsetzung der inneren Politik. Die Schwäche der Regierung gestattete es aber nicht, das offen zu sagen. Sie fürchtete sich, Farbe zu bekennen und zu erklären, daß die Freiwilligentruppe dazu diene, die Räteherrschaft zu beseitigen, wo sie noch bestand."[81]

---

79 Weisslers Tagebuch (wie Anm. 15), Eintrag vom 26.02.1919.
80 Zit. nach der Anklageschrift der Staatanwaltschaft Halle (wie Anm. 39), S. 105.
81 GEORG MAERCKER: Vom Kaiserherr zur Reichswehr. Geschichte des Freiwilligen Landesjägerkorps. Ein Beitrag zur Geschichte der deutschen Revolution, Leipzig 1921, S. 161 f.

Am 1. März marschierte das Landesjägerkorps von Ammendorf aus in Halle ein und besetzte zunächst den Bahnhof, die Kasernen und die Hauptpost. Die Truppe traf zwar auf Menschenmengen, welche die Soldaten vom Straßenrand aus beschimpften, aber nicht auf Widerstand. Maercker stellte fest, dass die regulären Verbände der Garnison ruhig in ihren Kasernen verblieben und Sympathie für die Landesjäger bekundeten, während sich die Matrosenkompanie bereitwillig entwaffnen ließ und ihr Quartier in der Charlottenschule räumte. Erst als am Nachmittag 20 Landesjäger Rathaus und Stadthaus besetzen wollten, trafen sie am Marktplatz auf den Widerstand einer unbewaffneten Menge, in der sich viele Frauen befunden haben sollen. Die Zivilistinnen und Zivilisten verprügelten die Soldaten und zerschlugen deren Waffen auf dem Pflaster oder trugen sie zur Saale, um sie in den Fluss zu werfen. Irritiert von dieser Niederlage zogen sich die Landesjäger in die bislang von ihnen besetzten Objekten zurück. In den folgenden zwei Tagen und Nächten kam es zu Scharmützeln zwischen kleinen Gruppen bewaffneter Arbeiter und Soldaten des Sicherheitsregimentes auf der einen und den Landesjägern auf der anderen Seite. Zudem sammelten sich an den Absperrungen der Landesjäger immer wieder größere Menschenmengen, welche die Soldaten beschimpften, worauf diese mit Schüssen antworteten.[82]

Zwar verschanzte sich ein mit Maschinengewehren bewaffneter Arbeitertrupp in dem gegenüber der Hauptpost gelegenen Stadttheater und lieferte sich Schusswechsel mit den dort liegenden Landesjägern, bis diese das Stadttheater am Morgen des 3. März mit Minenwerfern beschossen und stürmten. Aber in der Summe kämpften in Halle nur Kleingruppen von leicht bewaffneten Arbeitern und Angehörigen des Sicherheitsregiments gegen eine (bis hin zu Flugzeugen) kriegsmäßig ausgerüstete und professionell geführte Truppe. Eine zentrale Führung der kämpfenden Arbeiter gab es nicht, die riesigen Waffenlager des Arbeiterrates, über die im Bürgertum bis dahin wilde Gerüchte kursiert waren, erwiesen sich als inexistent, und die Führungspersonen von Arbeiterrat und USPD erkannten noch am 1. März, dass bewaffneter Widerstand sinnlos war. Eine Versammlung von 400 Vertrauensleuten aus den hallischen Fabriken beschloss am Abend dieses Tages im Volkspark, den Streik strikt gewalt-

---

82 Zum Ablauf der Kämpfe vgl. die zusammenfassende Darstellung in: Die Streiktage in Halle, in: Hallische Nachrichten, 04.03.1919; und den Bericht des Untersuchungsausschusses über die Unruhen in Mitteldeutschland vom November 1918 bis zum 19. März 1919, in: Drucksachen der Verfassungsgebenden Preußischen Landesversammlung, Berlin 1920, S. 5574–5584, hier nur S. 5576 f.

frei fortzusetzen.[83] Die USPD verteilte am 2. März Flugblätter, in denen sie zu Gewaltverzicht und Streikdisziplin aufrief und zugleich dazu aufforderte, bei den an diesem Tag trotz der Kämpfe stattfindenden Stadtratswahlen für die Liste der Partei zu stimmen, denn dies sei „die wirksamste Vergeltung" für den Einmarsch der „Noskegarden".[84] Tatsächlich votierten bei dieser Wahl erneut 41 Prozent der hallischen Wählerinnen und Wähler (dies entsprach knapp 33.000 Stimmen) für die USPD und bestärkten deren Status als stärkste Partei der Stadt.[85]

Der sehr asymmetrische Bürgerkrieg eröffnete aber für zwei Tage und Nächte in der Stadt Räume, in denen keine der beiden Seiten ihren Anspruch durchsetzen konnte, für Ruhe und Ordnung zu sorgen. Infolgedessen plünderten in den beiden Nächten zwischen dem 1. und 3. März 1919 mehrere Tausend Menschen insgesamt 290 in der Innenstadt gelegene Geschäfte.[86] Am 2. März ereignete sich in der Innenstadt zudem ein brutaler Mord. Oberstleutnant Robert von Klüber ging an diesem Tag in Zivil zur Erkundung durch die Stadt, als er von einem Militärinvaliden in der Leipziger Straße als Angehöriger der Landesjäger erkannt wurde. Daraufhin trieb eine Menschenmenge Klüber mehrere Stunden hin und her durch die Innenstadt und misshandelte ihn unter ständigen Schreien wie „Das ist ein Noskespitzel", „Der hat gestern auf Euch geschossen" oder „Weg mit dem, der muß fort! Der hat schon mehr auf dem Gewissen".[87] Versuche von Mitgliedern des Soldatenrates, Klüber als ihren Gefangenen zu reklamieren und ihn so in Sicherheit zu bringen, scheiterten daran, dass die Menge die Autorität des Rates nicht anerkannte. Schließlich warfen die Täter den Offizier in der Nähe der Moritzburg in die Saale, wobei sie auf ihn schossen, bis er starb. Bei der Tat handelte es sich um einen klassischen Lynchmord: Eine Menge steigerte sich über Stunden in eine Stimmung hinein, in der sie sich berechtigt glaubte, einen Menschen grausam und öffentlich zu töten, weil er durch das, was er war (hier: ein Offizier) gegen ihre Vorstellungen einer gerechten Ordnung verstoßen hatte und es keine funktionierende Institution zur Durchsetzung dieser Ordnung zu geben schien.[88] Die Haupttäter, so stellte sich später in ihrem Strafpro-

---

83 Vgl. die Anklageschrift der Staatanwaltschaft Halle (wie Anm. 39), S. 119.
84 Zit. nach dem Urteil des Landgerichts Halle (wie Anm. 29), S. 85.
85 Vgl. Schmuhl: Halle (wie Anm. 1), S. 38.
86 Vgl. den Bericht Rives an den Regierungspräsidenten von Gersdorff vom 11.04.1919 zu den Ereignissen zwischen Januar und März 1919 in Halle, verfasst am 11.04.1919, in: Stadtarchiv Halle, A 2.9 Kap. I, Abt. B Nr. 12, Bd. 1.
87 Bericht des Untersuchungsausschusses (wie Anm. 82), S. 5578 f.
88 Vgl. Dirk Schumann: Politische Gewalt in der Weimarer Republik 1918–1933. Kampf um die

zess heraus, hatten als Soldaten im Krieg gedient und waren anscheinend durch einen elementaren Hass auf das „alte", durch den sozialdemokratischen Reichswehrminister Erich Noske reaktivierte Offizierskorps geleitet.[89]

Am 3. März 1919 endeten die Kämpfe mit dem Sieg der Landesjäger, auch wenn es in den folgenden Tagen noch zu vereinzelten Schusswechseln kam. 36 Menschen, darunter sieben Landesjäger, waren gewaltsam ums Leben gekommen. Maercker verhängte den Belagerungszustand über die Stadt, ließ Otto Kilian verhaften, löste Soldatenrat, Sicherheitsregiment und Matrosenkompanie auf und stellte stattdessen aus Studenten und anderen bürgerlichen Freiwilligen ein „Wachtregiment" sowie ein „Freikorps Halle" auf. Die erste Tat dieses Freikorps bestand darin, dass einige seiner Angehörigen am 13. März 1919 Karl Meseberg, der seit Herbst 1918 die Matrosenkompanie geführt hatte, aus seiner Wohnung entführten, erschossen und in die Saale warfen.[90] Handelte es sich beim Mord an Klüber um einen Lynchmord, so wurde mit Meseberg ein lokal prominenter Protagonist der Revolution wohl mit kalter Berechnung ermordet, um sowohl der hallischen Linken als auch einem von deren Mobilisierungskraft verschreckten Bürgertum das Gewaltpotenzial der neuen Ordnungsmacht zu demonstrieren. Der Historiker Mark Jones hat in seinem Buch über die Gewaltakte von Regierungstruppen in der Revolution von 1918/19 auf deren „ostentativen Charakter" hingewiesen: Indem die sozialdemokratisch geführte Regierung exzessive Gewalt gegen ihre linken Gegner ausüben ließ, hoffte sie, nach innen wie außen ihre Fähigkeit zur Etablierung einer stabilen Ordnung zu beweisen.[91]

Die Niederlage sowohl der hallischen USPD und des von ihr geführten Arbeiterrates als auch der proletarischen Protestbewegung und der revolutionären Militärformationen war ohnehin eindeutig. Am 8. März endete der mitteldeutsche Generalstreik mit einer Abmachung zwischen Streikführung und Regierung, die unterm Strich einen völligen Sieg der Letzteren bedeutete.[92] Am 16. März wurde der hallische Arbeiterrat nach einem revidierten Wahlrecht

---

Straße und Furcht vor dem Bürgerkrieg (Veröffentlichungen des Instituts für soziale Bewegungen, Schriften Reihe A. Darstellungen 17), Essen 2001, S. 57.

89 Vgl. Betrachtungen über den Klüberprozeß, in: Volksblatt, 04.07.1919.

90 Vgl. den Bericht des Untersuchungsausschusses (wie Anm. 82), S. 5579; und den Bericht Rives (wie Anm. 86).

91 MARK JONES: Am Anfang war Gewalt. Die deutsche Revolution 1918/19 und der Beginn der Weimarer Republik, Berlin 2017, S. 15, vgl. ebd. S. 335 ff.

92 Vgl. WINKLER: Revolution (wie Anm. 67), S. 178; und WEIPERT: Revolution (wie Anm. 67), S. 50.

neu gewählt – nach dem Verhältniswahlrecht und unter Einbeziehung von Angestellten und Beamten. Die Liste der USPD wurde zwar mit 37,5 Prozent der
Stimmen relativ stärkste Fraktion im Arbeiterrat, sah sich aber einer Mehrheit
von bürgerlichen und mehrheitssozialdemokratischen Delegierten gegenüber.
Der Rat führte fortan ein Schattendasein, bis er im Folgejahr aufgelöst wurde.
Für Halle war das revolutionäre „Traumland" damit Vergangenheit, die parlamentarische Republik nun auch hier Gegenwart.[93]

Halle nach 1919: Die Persistenz zweier antagonistischer Lager

Allerdings bekannte sich auch in dieser Gegenwart eine relative Mehrheit der
hallischen Stimmbevölkerung zur USPD. Als die wegen ihrer irregulären Be-
gleitumstände annullierten Kommunalwahlen vom 2. März 1919 am 26. April dieses Jahres wiederholt wurden, entfielen bei nur geringfügigen Verlusten
40,7 Prozent der Stimmen auf die Unabhängigen.[94] Bei den Reichstagswahlen
vom 6. Juni 1920 konnte sich die USPD ebenfalls behaupten; in der Stadt wie
im Wahlkreis Halle-Merseburg errang sie jeweils 41,2 Prozent der Stimmen.[95]
Schon die Beerdigung Karl Mesebergs am 26. März 1919 hatte im Übrigen gezeigt, dass die revolutionären Sozialisten ihre Niederlage als eine temporäre
betrachteten. Dem Trauermarsch Tausender Menschen vom Volkspark zum
Südfriedhof hatten sich alle relevanten Organisationen des Arbeitermilieus mit
eigenen Blöcken und Fahnen angeschlossen; auch der Mehrheitssozialdemokratie zuneigende Arbeiterinnen und Arbeiter hatten sich beteiligt. Am Grab
Mesebergs verkündete Adolf Albrecht, der Hydra der Revolution erwüchsen
aus jedem „abgeschlagenen Kopf zehn neue".[96]
Am 13. März 1920 aktivierte der Kapp-Putsch das latent gebliebene Potenzial einer proletarischen Protestbewegung aufs Neue. Drei Tage später befanden sich
die meisten Gemeinden im Umland Halles unter der Kontrolle von Arbeitermilizen, denen der liberale Nationalversammlungsabgeordnete Carl Delius „eine
geradezu lebensgefährliche Erregung" attestierte.[97] Unterdessen hatte die put-

---

93 Vgl. Konstituierung des Arbeiterrates, in: Saalezeitung, 18.03.1919 (Morgenausgabe).
94 Die Stadtverordnetenwahlen. Das genaue Ergebnis, in: Volksblatt, 29.04.1919.
95 Vgl. SCHMUHL: Halle (wie Anm. 1), S. 53.
96 Des Toten Kämpfers letzter Gang, in: Volksblatt, 27.03.1919.
97 Zit. nach Die Schreckenstage in Halle, in: Saalezeitung, 30.03.1920 (Abendausgabe).

schende Reichswehrgarnison sich der Unterstützung studentischer Zeitfreiwilliger versicherte, die bei ihren Patrouillen durch die Stadt aus Nervosität „blindlings" in Menschenmengen hineinschossen und Zivilisten töteten.[98] Dass sich das hallische Militär am 19. März halbherzig von dem inzwischen gescheiterten Putsch distanzierte, hielt weder die Arbeitermilizen des Umlandes davon ab, von den Stadträndern aus Richtung Innenstadt vorzustoßen, noch die hallische Arbeiterschaft davon, sich nun ebenfalls zu bewaffnen. Der im Krieg erwachsene Hass auf den Militärapparat, die Vorjahreserfahrungen mit seiner Gewalttätigkeit und die Überzeugung, dass seine Weiterexistenz unvereinbar sei mit den politischen Zielen der sozialistischen Arbeiterschaft, motivierte die Milizen, den Kampf tagelang fortzusetzen, bis es dem von der Regierung zum Zivilkommissar ernannten Walther Schreiber, einem liberalen Landtagsabgeordneten, gelang, die Bürgerkriegsparteien zu einem Waffenstillstand und die Arbeitermilizen zu Abzug und Auflösung zu bewegen. Auf Seiten des Militärs waren 13 Menschen gestorben; die hallische Arbeiterschaft verzeichnete 115 Getötete; die Gesamtzahl der Toten auf Seiten der Arbeiter lag noch wesentlich höher, da die auswärtigen Milizen ihre Gefallenen beim Rückzug mitgenommen hatten.[99]

Die feierlichen Beisetzungen der Toten beider Seiten auf dem Gertraudenfriedhof am 29. März 1920 zeigten noch einmal eindrucksvoll, dass Halle in zwei antagonistische Lager gespalten war, die nicht nur durch unterschiedliche soziale Merkmale und unvereinbare politische Ideale, sondern inzwischen auch durch wechselseitige Gewalterfahrungen scharf voneinander geschieden waren. Am Nachmittag geleiteten etwa 30.000 Demonstrantinnen und Demonstranten einen Teil der gefallenen Arbeiter zu ihrer gemeinsamen Grabstätte. Das *Volksblatt* würdigte die Gefallenen als Kämpfer gegen die „Willkürherrschaft des meuternden Militärs", die einer „losgelassenen Soldateska" zum Opfer gefallen seien.[100] Wenige Stunden zuvor hatten 600 bis 800 Vertreter des Bürgertums auf demselben Friedhof einem militärischen Zeremoniell beigewohnt, mit dem die 13 gefallenen Soldaten beerdigt worden waren. Der predigende Garnisonspfarrer hatte den hallischen Bürgern vorgeworfen, bislang nicht militant genug gegen die Arbeiterschaft gekämpft zu haben: „Seid ihr Hallenser [...] es wert, rief er, daß diese Männer für euch starben? Dieser Tag sei der Tag der Buße für eure

---

98 Ebd.
99 Vgl. Schmuhl: Halle (wie Anm. 1), S. 44–50.
100 Unseren Märzgefallenen zum Gedächtnis!, in: Volksblatt, 30.03.1910; vgl. Schumann: Gewalt (wie Anm. 88), S. 94 f.

Gleichgültigkeit."[101] Das hallische Bürgertum schwenkte nach dem Kapp-Putsch entschieden nach rechts. Bei den Reichstagswahlen vom 6. Juni 1920 stürzte die bislang unter bürgerlichen Wählerinnen und Wählern dominante Deutsche Demokratische Partei (DDP) gegenüber der Wahl vom Januar 1919 von 29,1 auf 11,9 Prozent ab, weil Politiker dieser Partei wie Walther Schreiber für einen Ausgleich mit der Arbeiterschaft eingetreten waren. Gewinner waren die in Halle offen republikfeindlichen bürgerlichen Parteien, die Deutschnationalen und die Deutsche Volkspartei, die 1920 zusammen 35 Prozent der Stimmen erhielten, gegenüber nur 13,5 Prozent im Januar 1919.[102]

Als Ende März 1921 im Mansfelder Land sowie am Leuna-Werk erneut Arbeitermilizen und staatliche Militärformationen gegeneinander kämpften – auch dies, wie Christian Knatz und Andreas Schmidt gezeigt haben, eine Konfrontation, die aus einer sozialen Protestbewegung entstanden war –, blieb es in Halle selbst weitgehend ruhig.[103] Aber immerhin sollen einige Hundert hallische Arbeiter am 25. März 1921 aufgebrochen sein, um sich den Mansfelder Milizen anzuschließen. Sie taten dies im Anschluss an eine Gedenkfeier auf dem Gertraudenfriedhof für die im Jahr 1920 gefallenen Arbeiter, bei der KPD-Funktionäre dazu aufgefordert hatten, den bewaffneten Kampf wieder aufzunehmen.[104] Nun kamen weitere Tote auf beiden Seiten hinzu, nach offiziellen Angaben waren es 177, davon 32 auf Seiten der paramilitärischen „Sicherheitspolizei". Dieses Muster sollte sich in Halle rechts wie links bis zum Ende der Weimarer Republik noch mehrfach wiederholen (wenn auch nicht mehr in diesem quantitativen Ausmaß): Das Gedenken der politischen Lager an die jeweils eigenen Toten betonierte die Gegensätze zwischen ihnen und motivierte dazu, diesen Toten weitere folgen zu lassen.

Die Dynamik der hallischen Revolution, so lässt sich abschließend festhalten, ergab sich sowohl aus dem politischen Gestaltungswillen von Politikern und Parteien (vornehmlich der USPD) als auch aus dem Gegeneinander verschiedener Fraktionen des zerfallenden Militärapparates sowie proletarischer und

---

101 Die Bestattung der Gefallenen, in: Saalezeitung, 30.03.1919 (Abendausgabe).
102 Vgl. SCHMUHL: Halle (wie Anm. 1), S. 53.
103 Vgl. SCHUMANN: Gewalt (wie Anm. 88), S. 109–142; CHRISTIAN KNATZ: „Ein Heer im grünen Rock"? Der Mitteldeutsche Aufstand 1921, die preußische Schutzpolizei und die Frage der inneren Sicherheit in der Weimarer Republik (Quellen und Forschungen zur Brandenburgischen und Preußischen Geschichte 19), Berlin 2000; ANDREAS SCHMIDT: Weder Provokation noch Aufstand. 90 Jahre Märzkämpfe, in: Jahrbuch für hallische Stadtgeschichte 2001, S. 198–205.
104 Vgl. SCHUMANN: Gewalt (wie Anm. 88), S. 128; SCHMUHL: Halle (wie Anm. 1), S. 58 f.

bürgerlicher Protestbewegungen. Die proletarische Bewegung konnte an ältere Handlungstraditionen ihres Milieus anknüpfen, während die bürgerliche erst in einem (allerdings bemerkenswert kurzem) Lernprozess bisher der Arbeiterbewegung eigentümliche Aktionsformen adaptieren musste. Ein über negierende Einstellungen (vor allem gegenüber dem regelrecht verhassten alten Militär) hinausgehendes Programm artikulierte unter dem Einfluss der USPD nur die proletarische Bewegung, indem sie für Räteherrschaft und Sozialisierung der Wirtschaft eintrat, während sich die bürgerliche Bewegung aufgrund ihrer größeren Heterogenität nur auf das negative Projekt einer Verhinderung all jener Reformen verständigen konnte, welche ihr proletarisches Gegenüber anstrebte. Für „Ruhe und Ordnung" einzutreten beinhaltete 1918/19 nicht mehr als den Wunsch, die proletarische Bewegung und ihre Parteien zum Verstummen zu bringen.

Der politische Gestaltungswille der lokalen Revolutionäre in USPD und Arbeiterrat zielte auf eine Demokratisierung der Wirtschaft durch von den Belegschaften gewählte Räte und die Übertragung dieses Modells auf das Militär. Sie hielten diese Ziele im Herbst 1918 aufgrund ihres globalen Erwartungshorizontes „Weltrevolution" für realistisch. Als diese ausblieb und die eigenen Genossen auch auf nationaler Ebene scheiterten, fanden die hallischen Revolutionäre ab Januar 1919 keine Antwort auf die Frage, wie sich der Widerspruch von lokaler Macht und gesamtgesellschaftlicher Ohnmacht auflösen ließe. Ende Februar 1919 flohen sie aus diesem Dilemma in den aussichtslosen Versuch, die steckengebliebene nationale Revolution durch regionale Streikbewegungen zu reanimieren, allerdings ließ ihnen die Eigendynamik der proletarischen Protestbewegung, auf die sie angewiesen waren, wohl auch keine andere Wahl. Dass sie Anfang März 1919 den Regierungstruppen keinen ernsthaften Widerstand leisteten, scheint der Einsicht in ihre Ohnmacht zuzuschreiben zu sein.

Ohnehin hatten sich die lokalen USPD-Funktionäre und der Arbeiterrat seit November 1918 immer dann, wenn Entscheidungen über konkrete Handlungen (und nicht über Resolutionen) zu treffen waren, als überaus pragmatisch und an den Alltagsbedürfnissen ihrer Klientel orientiert gezeigt – hier unterschied sie wenig von ihren mehrheitssozialdemokratischen Pendants in anderen Städten. Zwar hatten sie es für legitim gehalten, die politische Partizipation in den neuen Machtorganen (den Räten) auf die Arbeiterschaft zu beschränken und bürgerliche Äquivalente wie den Bürgerausschuss zu ignorieren (freilich nicht zu unterdrücken), und sie hatten situativ die Freiheit der bürgerlichen Presse beschränkt. Aber zugleich hatten die hallischen Revolutionäre gegenüber den

Repräsentanten der alten, auf dem Dreiklassenwahlrecht fußenden Ordnung in Gestalt des Magistrates und der Stadtverordnetenversammlung auf Verständigung qua Verhandlungen gesetzt, statt auf den Einsatz physischer Gewalt. Lag in den Räten von 1918/19 also, wie ein Teil der Forschung meint, ein Potenzial zur Demokratisierung der deutschen Gesellschaft über das mit der Weimarer Verfassung schließlich erreichte Maß hinaus? Die Antwort hängt davon ab, was man unter Potenzial versteht. Versteht man darunter eine unter den Bedingungen der konkret existierenden deutschen Gesellschaft dieser Zeit realistische Option zu ihrer Veränderung, muss man die Frage wohl verneinen. Demgegenüber kann man sie bejahen, wenn man unter dem Potenzial der Räte versteht, dass sie 1918/19 eine zwar utopische, gleichwohl in einer modernen Gesellschaft denkbare Alternative zu anderen Herrschaftsformen entwarfen und partiell praktizierten. Das Werturteil darüber, ob man eine solche Alternative für wünschenswert hält, lässt sich allerdings nicht mit den Mitteln der Wissenschaft fällen.

DER FREISTAAT ANHALT IN DEN ANFANGSJAHREN DER WEIMARER REPUBLIK

Ralf Regener

Der gesellschaftliche Umbruch von 1918/19 ging nicht nur für das Deutsche Reich mit dem Sturz der Monarchie und der Demokratisierung des Staatslebens einher. Auch die Gliedstaaten, kleine wie große, mussten in diesem Zuge eine Wandlung vollziehen, letztlich um wenigstens eine Chance zu haben, im neuen Deutschland fortzubestehen. Für das Gebiet des heutigen Sachsen-Anhalts trifft man auf zwei wesentliche Bezugspunkte, die Provinz Sachsen und das Herzogtum Anhalt. Diese Ausgangslage – einerseits preußisches Staatsgebiet, andererseits kleinstaatliches, teilsouveränes Herzogtum – muss jeder landesgeschichtlichen Untersuchung zugrunde liegen, um die vorhandenen Spezifika und Unterschiede zwischen den Regionen deutlich zu machen und zu verstehen. Nur so kann man leitende Fragen, wie diejenigen nach den Trägern der Revolution, dem Charakter des Umsturzes und den langfristigen Folgen der Gründungsphase beantworten.

Rahmenbedingungen

Das Herzogtum Anhalt hatte zu Beginn des 20. Jahrhunderts 331.000 Einwohner. Die größten Städte waren Dessau mit 57.000 Einwohnern, Bernburg mit 33.000, Köthen mit 23.000, Zerbst mit 19.000 und Roßlau mit 11.000.[1]
Das seit 1863 wiedervereinte Herzogtum und die vormals eigenständigen Staaten hatten es zwar geschafft, ihre Souveränität durch alle Verwerfungen der deutschen Geschichte im 19. Jahrhundert zu bewahren, jedoch war man grund-

---

1 Genaue Zahlen gibt es für die Jahre 1910 und 1919, vgl. Studium Hallense e. V. (Hg.): Geschichte Anhalts in Daten, Halle 2014, S. 762, 782.

sätzlich in einer heiklen geopolitischen Lage. Fast das gesamte Anhaltland war seit 1815 von Preußen umschlossen. Immer wieder aufkommende Tendenzen, kleinere Staaten aufzulösen oder zu annektieren, konnten erfolgreich abgewehrt werden. Mit der Einbeziehung in den Norddeutschen Bund ab 1867 bzw. ins 1871 gegründete Kaiserreich war zwar eine gewisse Sicherheit entstanden. Nichtsdestotrotz gab es fortwährend nicht wenige Politiker, die eine Neuordnung des Reiches befürworteten, in deren Zusammenhang sicherlich die Kleinstaaten verschwunden wären.[2]

Laut Reichsverfassung konnte Anhalt in den Reichstag nach Berlin zwei Abgeordnete entsenden, in den Bundesrat einen Vertreter. Die Garantie einer Reihe von Grundfreiheiten und das demokratische Wahlrecht für den Reichstag hatten auch in Anhalt zur Folge, dass das heimische Wahlrecht immer wieder als unzeitgemäß kritisiert wurde. So war der anhaltische Landtag in Gruppen aufgeteilt, die getrennt voneinander und auf der Basis von Zensusbestimmungen gewählt wurden. Gerade die Ärmeren und Besitzlosen waren dadurch von der Wahl ausgeschlossen bzw. in ihrem Stimmgewicht reduziert. Die Änderungen, die 1913 vorgenommen wurden, hatten lediglich differenzierte Klassen mit sich gebracht, ein Zensuswahlrecht blieb es gleichwohl.[3]

Die latente Bedrohung der Eigenständigkeit mag ein Grund dafür gewesen sein, dass in Anhalt ein eigentümliches politisches Klima herrschte. Im Gegensatz zu vielen anderen Regionen Deutschlands gab es keine radikale Frontstellung zwischen Arbeiterschaft einerseits und etablierten Kräften wie Bürgertum und Monarchie andererseits.

Nach dem Ende der Sozialistengesetze 1890 hatten die Sozialdemokraten wieder alle Rechte, sich als politische Partei zu organisieren und zu zeigen. Schikanen, bis hin zu Wahlfälschung und Inhaftierung führender Persönlichkeiten, blieben auch in Anhalt nicht aus. Jedoch waren die Intensität und die Schärfe der Maßnahmen bei weitem nie so groß wie im benachbarten Preußen. Auch ließen sie mit den Jahren spürbar nach. Dies lag daran, dass gerade die weithin anerkannten Führer der anhaltischen SPD wie Heinrich Peus (1862–1937) überzeugte Reformisten waren, die Verbesserungen für ihre Klientel immer auf

---

2 Vgl. RALF REGENER: Anhalt ohne Herzog – Anhalt ohne Zukunft? Zum Verhältnis von Monarchie und Kleinstaatlichkeit im 19. und 20. Jahrhundert, in: Blätter für deutsche Landesgeschichte 149 (2013), S. 287–309, hier S. 292–298.

3 Vgl. MICHAEL KOTULLA: Deutsches Verfassungsrecht 1806–1918. Eine Dokumentensammlung nebst Einführungen, Bd. 1: Gesamtdeutschland, Anhaltische Staaten und Baden, Berlin 2006, S. 362–368.

Grundlage der bestehenden Ordnung durchsetzen wollten. Fast nie waren Auseinandersetzungen und Anklagen geprägt von radikaler Ideologie, meist wurde sachorientiert und kompromissbereit agiert. Dem gegenüber stand einerseits das Herzogshaus, das sich am politischen Tagesgeschäft nicht beteiligte, das Regieren zumeist den zuständigen Ministern überließ und dessen Mitglieder sich eher als Mäzen und Kunstförderer zeigten.[4] Andererseits waren große Teile des Bürgertums und der Industriellen ebenso gemäßigt eingestellt wie die Sozialdemokratie. Parteipolitisch hatte der Linksliberalismus eine breite Basis in Anhalt. Ausdruck für die Tendenz zur friedlichen Konfliktbewältigung in den Jahrzehnten des Kaiserreichs ist der geringere Anteil an Streiks und Aussperrungen im Vergleich zum Reichsdurchschnitt.[5]

Ein weiterer Ausdruck des verhältnismäßig entspannten Klimas in Anhalt sind die frühen Kooperationsbemühungen von Sozialdemokraten und Linksliberalen. Immer wieder in die Ecke gedrängt von Konservativen und Nationalliberalen, knüpfte die wachsende Gruppe der Linksliberalen ab der Jahrhundertwende engere Kontakte mit den SPD-Vertretern. Trotz Hindernissen und sehr zögerlichen Anfängen war ein Ergebnis der Zusammenarbeit, dass die Sozialdemokraten 1912 durch Unterstützung der Linksliberalen beide Reichstagswahlkreise gewinnen konnten. Zum bestimmenden Mann der Linksliberalen entwickelte sich der Jurist Fritz Hesse (1881–1973), ab 1914 Kriegsstadtrat von Dessau und ab 1918 langjähriger Oberbürgermeister mit Unterstützung der SPD.[6]

Die Auswirkungen des Ersten Weltkrieges

Im Sommer 1914 vollzog sich in Anhalt, was fast überall in Deutschland zu beobachten war. Der Kriegsausbruch brachte eine ambivalente Stimmung hervor, die einerseits gekennzeichnet war von Euphorie und Begeisterung, andererseits von Angst und Sorge. Die Sozialdemokraten sprachen sich zunächst vehement gegen einen Krieg aus, um dann letztlich doch in das Lager der Befürworter zu

---

4   Vgl. RALF REGENER: Der Sturz der Askanier 1918 in Anhalt. Bedingungen, Verlauf und Nachwirkungen des Untergangs einer kleinstaatlichen deutschen Monarchie, 2. korr. Aufl., Dessau-Roßlau 2014, S. 30–35.
5   Vgl. TORSTEN KUPFER: Der Weg zum Bündnis. Entschieden Liberale und Sozialdemokraten in Dessau und Anhalt im Kaiserreich, Köln 1998, S. 62–80.
6   Vgl. FRITZ HESSE: Erinnerungen an Dessau, Bd. 1: Von der Residenz zur Bauhausstadt, 3. Aufl., Dessau 1995, S. 64–89.

wechseln.[7] Auch sie glaubten, dass Deutschland der Angegriffene und vor allem Russland der Aggressor sei, gegen den es sich nun geschlossen zu behaupten gelte. Symptomatisch für die in der unmittelbaren Folgezeit demonstrierte Einigkeit war die einstimmig beschlossene Verschiebung der im November 1914 anstehenden anhaltischen Landtagswahlen auf das Jahr 1916.[8]

Die Zuversicht und das Hochgefühl zu Beginn des Krieges gingen schnell in Ernüchterung über. Vor allem die kontinuierlich schlechter werdende Situation der Bevölkerung wird dazu beigetragen haben. Zwar wurden von der Dessauer Armenfürsorge und Wohlfahrtspflege unter Leitung des Kriegsstadtrates Hesse relativ schnell finanzielle Mittel für die Familien eingezogener Soldaten bewilligt und monatlich ausgezahlt. Doch bei steigenden Lebensmittelpreisen konnten diese Mittel immer weniger bewirken.[9] Für das gesamte Herzogtum Anhalt wurde kurz nach Kriegsbeginn ein Landesernährungsamt ins Leben gerufen. Diese zentrale Stelle war unter anderem für die Einführung eines Rationierungs- und Kartensystems für Lebensmittel zur gleichmäßigen Versorgung der Bevölkerung verantwortlich. Der Zerbster Kreisdirektor Max Gutknecht (1876–1935) wurde zum Leiter der Landesbehörde bestimmt.[10]

Trotz aller administrativen Maßnahmen wurde die Situation mit Fortdauer des Krieges immer schlechter. Die erhebliche Teuerung der Lebensmittel wirkte sich vor allem auf die armen Bevölkerungsschichten aus.[11] Einhergehend mit der Ernährungslage verschlimmerte sich auch die Gesundheitssituation der Bevölkerung.[12] Hinzu kamen schlechte Arbeitsbedingungen in den Betrieben.[13]

Trotz aller Missstände kam es in Anhalt bis Mitte des Jahres 1918 nicht zu einer Spaltung der Sozialdemokratie. Zwar bestimmte das mögliche Zerwürfnis der Partei die Debatten der Versammlungen des Jahres 1916, doch ein wirklich starker oppositioneller Flügel oder gar das Vorhandensein einer Spartakusgruppe ist dort nicht zu erkennen.[14] Als sich die Parteispaltung auf Reichsebene immer mehr verfestigte, versuchte das sozialdemokratische *Volksblatt* die Lage in Anhalt zu beruhigen. Im November 1917 wurde dazu aufgerufen, Straßendemons-

---

7 Vgl. Volksblatt für Anhalt (VbA), 11.8.1914 bzw. 18.08.1914.
8 Vgl. Stenographischer Bericht des außerordentlichen Anhaltischen Landtags 1914, Dessau o. J., S. 1 ff.
9 Vgl. Hesse: Erinnerungen (wie Anm. 6), S. 77–87.
10 Vgl. ebd., S. 78 f.
11 Vgl. Protokoll der Generalversammlung der Anhaltischen Landwirtschaftlichen Vereine, Dessau 29.06.1916, Dessau 1916, S. 56 f.
12 Vgl. Volksblatt für Anhalt, 28.07.1917.
13 Vgl. Volksblatt für Anhalt, 19., 23. und 24.10.1918.
14 Vgl. Volksblatt für Anhalt, 05. und 17.04.1916.

trationen und Arbeitsniederlegungen zu unterlassen, da sie keinen Nutzen für die Sache des Friedens hätten.[15] In seinen Erinnerungen schätzt auch Fritz Hesse die Situation dieses Jahres als eher ruhig gegenüber der im übrigen Reich ein. Die Sozialdemokraten und die organisierten Arbeiter in den Gewerkschaften hätten weiterhin hinter ihren alten Anführern gestanden.[16]

Bemerkenswert ist die Wahl und Ernennung Fritz Hesses zum neuen Oberbürgermeister von Dessau im Februar 1918. Der bis dato wirkende konservative Ernst von Ebeling wurde seines Amtes verlustig, weil ein leitender Mitarbeiter Geld aus der Stadtkasse gestohlen hatte; ein Vorfall, den man Ebeling im Stadtrat persönlich anlastete. Auf Vorschlag des Stadtverordnetenvorstehers Hermann Cohn fanden sich nach dem Rücktritt Ebelings die Fraktionen der Liberalen und Sozialdemokraten zusammen und wählten mit 18 zu 8 Stimmen Fritz Hesse zum neuen Bürgermeister. Zu den ersten Gratulanten gehörte Heinrich Peus. Er nannte die Wahl „einen schönen Erfolg" und hoffte auf „noch recht viele Jahre schöner gemeinsamer Arbeit".[17]

Bezeichnend für die allgemeine Stimmung in Anhalt sind die Ereignisse, die sich im Rahmen des anhaltischen Dreiherzogsjahrs 1918 zugetragen haben. Am 21. April 1918 verstarb Herzog Friedrich II. (1856–1918). Für sein vielseitiges kulturelles Engagement vor und während seiner Regierungszeit verlieh man ihm den Beinamen „Theaterherzog". Da Friedrich kinderlos war, folgte ihm sein Bruder Eduard (1861–1918) auf den Thron. Doch dieser verstarb schon am 13. September 1918. Da der Sohn Eduards, Joachim Ernst (1901–1947), zu diesem Zeitpunkt noch minderjährig war, wurde ihm sein Onkel Aribert (1864–1933) als Prinzregent zur Seite gestellt, der die Regierungsaufgaben bis zur Volljährigkeit des Herzogs übernehmen sollte. Bemerkenswert an diesen Ereignissen im letzten Kriegsjahr ist, dass beispielsweise die Beisetzungsfeierlichkeiten große Resonanz fanden, aber eben nicht zum Anlass genommen wurden, um Unmut und Ernüchterung lautstark oder gewaltsam Ausdruck zu verleihen. Die „dichtgedrängt säumende Dessauer Bevölkerung"[18] verfolgte das Geschehen friedlich. Diese Vorgänge zeigen deutlich, dass die Stimmung in Anhalt selbst im Herbst 1918 noch nicht so aufgeheizt war, wie man das in anderen Teilen des Reiches durchaus feststellen konnte.[19]

---

15 Vgl. Volksblatt für Anhalt, 25.11.1917.
16 Vgl. HESSE: Erinnerungen (wie Anm. 6), S. 90.
17 Ebd., S. 83.
18 Vgl. ebd., S. 88.
19 Vgl. RALF REGENER: Das anhaltische Dreiherzogsjahr 1918, in: Sachsen-Anhalt. Journal für Natur- und Heimatfreunde 25 (2015), H. 1, S. 19 ff.

Die Novemberrevolution

Noch vor der Revolution gab es in Anhalt einen Regierungswechsel. Bürgermeister Hesse kontaktierte am Abend des 4. Novembers 1918 den Zerbster Kreisdirektor Max Gutknecht mit dem Anliegen, dieser müsse nun anhaltischer Staatsminister werden. Hesse meinte, dass die alten konservativen Kräfte nicht mehr das Vertrauen des Volkes besitzen würden. Dies träfe auch für den Minister Ernst von Laue zu, der deshalb abgelöst werden müsse. Nach kurzem Zögern erklärte sich Gutknecht bereit, dem Prinzregenten am Folgetag diesen Vorschlag zu unterbreiten.[20] Vertreter der Liberalen und Sozialdemokraten fanden sich am 6. November im Amtszimmer von Bürgermeister Hesse ein. Nach kurzer Beratung wurde die Gruppe auf Hesses Vorschlag beim Prinzregenten vorstellig. Sie forderte nachdrücklich, den amtierenden Staatsminister von Laue zu entlassen und durch Gutknecht zu ersetzen. Des Weiteren verlangte man die Ausarbeitung eines demokratischen Wahlrechts sowie die unverzügliche Ansetzung von Neuwahlen.[21]

Am 7. November wurde Max Gutknecht von Aribert empfangen und umgehend zum neuen Minister ernannt. Der wichtigste Auftrag, der ihm dabei erteilt wurde, bestand darin, mithilfe aller Parteien die Neugestaltung der politischen Verhältnisse in die Wege zu leiten. Dazu wurde zunächst das Staatsministerium umgewandelt. Bisher nur aus einer Person bestehend, wurde es nun in eine kollegiale Behörde mit insgesamt sieben Personen umgebildet. Als ernannter Staatsminister hatte Gutknecht den Vorsitz inne. Ihm zur Seite standen zwei Staatsbeamte, Philipp Mühlenbein, Leiter der Abteilung des Innern, und Paul Lange, Präsident der Finanzdirektion. Hinzu kamen für die Nationalliberalen der Stadtverordnete Josef Lux und für die Fortschrittliche Volkspartei Hermann Cohn sowie die Sozialdemokraten Heinrich Deist und Wilhelm Voigt.[22] Damit kam es in Anhalt zu einem durchaus frühen Zeitpunkt zu einem gewaltlos herbeigeführten Regierungswechsel. Diese Aktion war mitverantwortlich für den verhältnismäßig ruhigen Verlauf der kommenden Revolutionstage.

In der Nacht vom 8. zum 9. November wurde die Friedrichkaserne in Dessau von revoltierenden Soldaten des Generalkommandos Magdeburg übernommen. In den frühen Morgenstunden erfasste die Revolution die anderen in Des-

---

20 Vgl. Hesse: Erinnerungen (wie Anm. 6), S. 91 f.
21 Vgl. Volksblatt für Anhalt, 08.11.1918.
22 Vgl. Hesse: Erinnerungen (wie Anm. 6), S. 93.

sau stationierten Truppen. Unter der Führung des Gefreiten Fritz Röder wurden die Offiziere entwaffnet. Weiterhin wurden die Angestellten der Berlin-Anhaltischen Maschinenbau AG (BAMAG) von den Soldaten aufgefordert, nicht mehr zur Arbeit zu gehen, um den Krieg endlich zu beenden. Ein Trupp von Soldaten wurde zur Leopoldkaserne geschickt, um dort die Vorgesetzten zu entmachten. Gemeinsam zogen die Soldaten zunächst zum Wohnhaus von Heinrich Deist (1874–1963). Dieser war vollkommen überrascht von der Menschenansammlung und der Forderung, er solle sich an die Spitze des Soldatenrates stellen. Scheinbar überfordert von der Situation riet er den Soldaten lediglich, sich zum angestammten SPD-Versammlungslokal „Tivoli" zu begeben und dort auf ihn zu warten. Später sprach er in diesem Zusammenhang nicht von Revolution, sondern von einem militärischen Aufstand.[23]

Der von Deist über die Ereignisse informierte Hesse eilte unverzüglich ins „Tivoli", um sich selbst ein Bild von der Lage zu machen. Seinen Beschreibungen der Situation zufolge gelang es den SPD-Führern Deist und Richard Paulick (1876–1952) nicht, die Masse zu beruhigen. Erst als Hesse dazu aufgefordert wurde, auf das Podium zu gehen, trat Ruhe ein. Er bat die Arbeiter, ihre Forderungen schriftlich darzulegen und Ruhe und Ordnung zu bewahren. Man einigte sich darauf, nachdem Vertreter der Soldaten gewählt worden waren, um 10 Uhr im Rathaus eine Versammlung abzuhalten.[24] Nach weiteren Reden wurde schließlich ein Soldatenrat für die gesamte Garnison Dessau gewählt, der insgesamt aus elf Männern bestand.[25] Wenige Stunden später bildete sich ein Arbeiterrat für die Stadt Dessau.

Als die Vertreter der Soldaten ergänzt durch Dessauer Arbeiter wie vereinbart im Rathaus zusammenkamen, war Hesse bereits von Gutknecht und den Militärbehörden bevollmächtigt, die Verhandlungen für die Behörden zu führen. Kurioserweise übernahm Hesse auf seinen eigenen Vorschlag hin und ohne Widerspruch ebenfalls den Vorsitz des Arbeiter- und Soldatenrates für diese Versammlung.[26] Beide Konfliktparteien, also die Behörden einerseits und die gerade gewählten Räte andererseits, hatten in diesem entscheidenden Moment die gleiche Führung. Am nächsten Tag wurde der Vorsitz des Arbeiter- und Soldatenrates vom Sozialdemokraten Paulick übernommen.

---

23 Vgl. Stadtarchiv Dessau-Roßlau, Einzelstücke, Nr. E 1033: Biographie Heinrich Deist, Abschriften und Originale: Sozialismus in Anhalt. Erinnerungen von Heinrich Deist, S. 14 f.
24 Vgl. HESSE: Erinnerungen (wie Anm. 6), S. 95 f.
25 Vgl. Volksblatt für Anhalt, 13.11.1918.
26 Vgl. HESSE: Erinnerungen (wie Anm. 6), S. 96 f.

Die Deeskalationsbemühungen von Fritz Hesse hatten nicht nur deshalb Erfolg, weil es ihm gelang, die entscheidenden Positionen zu besetzen und so die Verhandlungen in die gewünschten Bahnen zu lenken. Wichtig war auch, die Revolutionäre ins Rathaus einzuladen. Mit der Bereitstellung dieses symbolisch so wichtigen Ortes signalisierte Hesse den Räten, dass sie gleichberechtigte Partner wären und es gar nicht nötig sei, offizielle oder städtische Gebäude zu stürmen. Das nahm der Situation viel Konfliktpotenzial.

Ergebnis der zweistündigen Verhandlung war ein 14 Punkte umfassender Katalog an Forderungen.[27] Ein Großteil waren Maßnahmen, die die Situation wieder stabilisieren sollten, so die Verhängung der Todesstrafe für Plünderungen und die Gewährleistung der öffentlichen Sicherheit und Ordnung durch Patrouillen. Dies wurde ergänzt und bestätigt von fast zeitgleich veröffentlichten Aufrufen des Bürgermeisters Hesse[28] und der neuen Staatsregierung.[29] Alle sprachen sich für Ordnung, Ruhe und Besonnenheit aus.

Begünstigt wurde der ruhige Verlauf der Ereignisse von dem Vorhandensein einer Staatsregierung, die sozialdemokratische Mitglieder hatte. Es gab also schon bestehende und handlungsfähige Strukturen, die selbst unter den Bedingungen einer Revolution Anerkennung fanden. Hierzu trug nicht zuletzt das fast gänzliche Fehlen einer einflussreichen USPD-Gruppe in Anhalt bei. In Köthen, Zerbst und Dessau finden sich für die ersten Tage der Revolution oder für die Zeit davor keine Hinweise auf das Bestehen einer USPD-Ortsgruppe. Lediglich in Bernburg bestand eine solche, allerdings mit so geringem Einfluss, dass sie kaum wahrnehmbar war.[30] Der Großteil der Arbeiterschaft stand hinter der anhaltischen SPD, die getreu ihrer Tradition auch in der Revolution einen gemäßigten Kurs fuhr. Das belegen ebenso die Ereignisse in weiteren Orten Anhalts, die im Großen und Ganzen vergleichbar mit der Situation in Dessau sind.[31]

Am 12. November erfolgte die Abdankung Ariberts für Joachim Ernst und das gesamte Haus der Askanier. Auch wenn es keine feindliche Stimmung gegen die Herrscherfamilie gab, so war es doch ein logischer und notwendiger Schritt. Das Kaiserreich existierte nicht mehr, Wilhelm II. befand sich im Exil, und nach und nach mussten alle Bundesfürsten ihren Platz räumen. Bemerkenswert sind in

---

27 Volksblatt für Anhalt, 10.11.1918.
28 Anhaltischer Staatsanzeiger, 10.11.1918.
29 Volksblatt für Anhalt, 10.11.1918.
30 Vgl. TORSTEN KUPFER: Die Revolution von 1918/19 in Anhalt, in: Mitteilungen des Vereins für Anhaltische Landeskunde 9 (2000/2001), S. 13–33, hier S. 16.
31 Vgl. REGENER: Sturz (wie Anm. 4), S. 68–72.

diesem Kontext zwei Dinge: Erstens übten die Sozialdemokraten wenig Druck auf die Monarchie aus. Zwar gab es einen Besuch Heinrich Deists beim Prinzregenten, bei dem er ihm nahelegte, auf den Thron zu verzichten, doch irgendeine Art von Gewaltandrohung fand nie statt.[32] Zweitens ist die Abdankungserklärung, die noch am selben Tag in den Zeitungen zu lesen war, in einem außerordentlich ruhigen und besonnenen Duktus verfasst. Aribert folge damit wohl der Erkenntnis, dass mit dem Sturz nahezu aller Monarchien in Deutschland nun auch in Anhalt kein Platz mehr für einen Herzog sei. Angst um die Sicherheit seiner Familie lässt sich nicht erkennen. Bekräftigt wird dies durch den Wunsch nach einer glücklichen Zukunft Anhalts und den allgemeinen Appell zur Aufrechterhaltung der Ordnung, der damit einherging, den Staatsdienern zu empfehlen, auch unter den neuen Gegebenheiten ihren Verpflichtungen nachzukommen.[33] Zur gleichen Zeit meldete sich der Arbeiter- und Soldatenrat zu Wort, um darauf hinzuweisen, dass der Prinzregent nun unter seinem Schutz stehe und sein Leben sowie Eigentum nicht angetastet werden dürften.

Die Abdankung des Herzogshauses machte die nochmalige Umbildung der Staatsregierung nötig. Denn mit der neuen Situation war auch das Ministerium um Max Gutknecht infrage gestellt. Die sozialdemokratischen Mitglieder hatten ihm nahegelegt, zurückzutreten.[34]

Der sich daraufhin neu formierende Staatsrat bestand aus den Sozialdemokraten Deist, Paulick, Voigt und Wolfgang Heine als Vorsitzender sowie den Liberalen Hesse, Cohn und Lux. Zunächst gab das Gremium bekannt, dass man übergangsweise die Aufgaben des Herzogs und des Landtags übernehmen und in Übereinstimmung mit dem Arbeiter- und Soldatenrat agieren würde. Vorrangiges Ziel sei die Ausschreibung von Wahlen für eine konstituierende Landesversammlung, gewählt nach demokratischen Prinzipien.[35]

Es verwundert ein wenig, dass nicht Heinrich Peus, sondern der aus Berlin herbeigeeilte Jurist Wolfgang Heine (1861–1944) an die Spitze des neuen Staatsrates getreten war. Dieser war Reichstagsabgeordneter für den Wahlkreis Anhalt 1 (Dessau, Zerbst) und klar dem rechten Flügel der SPD zuzuordnen.[36] Zwar war seine Verbindung zu Anhalt schon allein über den Wahlkreis gegeben, doch war er bis dato kaum in die Landespolitik involviert. Deshalb kann man ihn von

---

32 Vgl. Stadtarchiv Dessau-Roßlau: Erinnerungen von Heinrich Deist (wie Anm. 23), S. 16.
33 Vgl. Anhaltischer Staatsanzeiger, 12.11.1918.
34 Vgl. Hesse: Erinnerungen (wie Anm. 6), S. 100 f.
35 Vgl. Anhaltischer Staatsanzeiger, 15.11.1918.
36 Zu Wolfgang Heine vgl. den Beitrag von Sebastian Elsbach in diesem Band.

Beginn an als Kompromiss- und Übergangskandidaten ansehen, der auch den bürgerlichen Kräften vermittelbar war. Allein schon seine persönliche Situation, Heine war Sohn eines Gymnasialdirektors und als Anwalt tätig, verschaffte ihm Sympathien bei den Bürgerlichen. Einen gewissen Respekt hatte sich zwar auch Heinrich Peus erarbeitet. Von ihm wusste man aber, dass er sehr schroff, unkollegial und stur sein konnte – Charakterzüge, die für eine konstruktive und harmonische Regierungsarbeit eher störend waren, weshalb man sich innerhalb der SPD auf Wolfgang Heine verständigen konnte.[37]

Die revolutionären Ansprüche des Arbeiter- und Soldatenrats, so sie denn je vorhanden waren, verwässerten nach und nach. Zum einen traf man sich auf Einladung Hesses im Gemeindesaal des Rathauses. Zum anderen wurden im Verlauf des Novembers sogar zwei Vertreter der Großindustrie in den Dessauer Arbeiter- und Soldatenrat gewählt, nämlich der Generaldirektor der Deutschen Continental-Gas-Gesellschaft (DCGG), Bruno Heck, und der Generaldirektor der Dessauer Zucker-Raffinerie, Wilhelm Cramer.[38]

Das neue Staatsministerium arbeitete zügig, so dass in den Folgetagen wichtige Entscheidungen getroffen werden konnten. Zunächst wurde der alte herzogliche Landtag formal aufgelöst und ein Wahlgesetz für eine konstituierende Landesversammlung verabschiedet. Überkommene Gesetze, wie beispielsweise die Gesindeordnung, wurden aufgehoben. Mit dem neuen Landtagswahlgesetz waren alle in Anhalt wohnenden Reichsangehörigen, egal welchen Geschlechts, ab dem vollendeten 21. Lebensjahr wahlberechtigt. Der Wahltermin wurde auf den 15. Dezember 1918 festgelegt.[39]

Ohne Störungen konnten sich ab Mitte November die bürgerlichen Parteien neu konstituieren. Unter der Führung von Fritz Hesse, Hermann Cohn und Georg Leonhardt sammelten sich große Teile der anhaltischen Liberalen, von ehemaligen Freisinnigen bis hinein ins Spektrum der Nationalliberalen. Nachdem man sich zunächst unter dem Namen Demokratisches Bürgertum zusammengefunden hatte, schloss man sich wenig später der Deutschen Demokratischen Partei (DDP) an. Weiter rechts davon fanden sich Landesgruppen der Deutschen Volkspartei (DVP) und der Deutschnationalen Volkspartei (DNVP)

---

37 Vgl. Torsten Kupfer: Sozialdemokratie im Freistaat Anhalt 1918–1933, Weimar/Köln/Wien 1996, S. 45–49.
38 Vgl. Hesse: Erinnerungen (wie Anm. 6), S. 101.
39 Vgl. Kupfer: Revolution (wie Anm. 30), S. 18.

zusammen.[40] Kräfte, die links der SPD standen, entwickelten sich in Anhalt immer noch recht langsam und in sehr geringem Maße. Neben Bernburg ist nur Zerbst als Ort zu nennen, in dem sich allmählich eine kleine USPD-Gruppe bildete. Wirklichen Einfluss auf die Ereignisse hatte sie allerdings nicht, wie auch Heinrich Deist zu berichten wusste: „Es gab in Anhalt keinen Streit um den Wahltermin, auch keinen Streit um die Frage Rätediktatur oder Demokratie. Die Arbeiter gingen mit einer Einheitsliste in den Wahlkampf, und die war die Liste der sozialdemokratischen Partei. Es gab niemanden, der eine andere Liste hätte empfehlen können, auch die Kommunisten nicht."[41]

Die Wahl zur konstituierenden Landesversammlung am 15. Dezember 1918 wurde ein großer Erfolg für die SPD; gleichzeitig war es das beste Ergebnis, das sie je in Anhalt erreichen sollte. Mit 58 Prozent und 22 von 36 Sitzen hatten die Sozialdemokraten eine absolute Mehrheit erreicht. Das Wahlergebnis lässt darauf schließen, dass nicht wenige Bürgerliche die Sozialdemokraten gewählt haben, was sicherlich in ihrer gemäßigten Rhetorik und in ihrem friedlichen Verhalten während der revolutionären Tage begründet liegt. Ein weiterer fördernder Punkt wird der strikt reformistische Kurs, also der Ausschluss des Rätesystems oder von Enteignungen, gewesen sein. Beachtlich war auch das Ergebnis der linksliberalen DDP mit immerhin 34 Prozent und zwölf Mandaten. Weitere nennenswerte Ergebnisse waren sechs Prozent der DNVP, die zu zwei Sitzen führten; die DVP kam auf zwei Prozent der Stimmen, dies reichte allerdings nicht aus, um einen Abgeordneten in die konstituierende Landesversammlung zu schicken.[42]

Am 20. Dezember 1918 kamen die neu gewählten Abgeordneten zum ersten Mal im Plenarsaal des Landtags zusammen. Wolfgang Heine hatte folgende Worte für die Anwesenden: „Namens des Staatsrates für Anhalt begrüße ich Sie als erste demokratische Versammlung dieses Landes, als erste gesetzgebende Versammlung, die im Deutschen Reich nach der Revolution zusammentrifft, gegründet auf das Prinzip des allgemeinen, gleichen, direkten und geheimen Wahlrechts aller erwachsenen Reichsangehörigen, ohne Unterschied des Geschlechts. Es ist ein geschichtlicher Moment, in dem sie sich versammelt."[43]

---

40 Vgl. BERND G. ULBRICH: Dessau im 20. Jahrhundert (800 Jahre Dessau-Roßlau. Eine Stadtgeschichte 2), Halle 2013, S. 95 f.

41 Stadtarchiv Dessau-Roßlau: Erinnerungen von Heinrich Deist (wie Anm. 23), S. 16.

42 Vgl. GÜNTER ZIEGLER: Parlamentarismus in Anhalt, Bd. 3: Die anhaltischen Land- und Reichstagsabgeordneten zwischen 1918 (1919) und 1933, Dessau 1995, S. 3 f.

43 Verhandlungen der Konstituierenden Landesversammlung für Anhalt, Bd. 1, 1.–38. Sitzung, Dessau o. J., S. 2.

Trotz der absoluten Mehrheit für die SPD entschloss diese sich schnell, eine Koalitionsregierung mit den Bürgerlichen von der DDP einzugehen. Vor dem Hintergrund des so deutlichen Mandats für die Sozialdemokraten ist es erstaunlich,
dass diese ihre Mehrheit nicht nutzten, eigenverantwortlich Verfassung und
grundlegende Gesetze auszuarbeiten und zu verabschieden, sondern von Beginn an die Zusammenarbeit mit den Liberalen der DDP suchten.[44] Dort konnte man an die positiven Erfahrungen aus dem Kaiserreich anknüpfen und somit
die wichtigen Entscheidungen als einen breiten Konsens präsentieren. Sicherlich geschah dies, um den bevorzugten Regierungspartner schnell mit einzubinden und so eine gute Grundlage für die kommenden Jahre zu schaffen. Darüber
hinaus sollte die konstituierende Landesversammlung die Grundlagen für das
zukünftige anhaltische Staatsleben aushandeln und festschreiben. Dieses ele-
mentare Unterfangen sollte deshalb auf eine möglichst breite Basis gestellt werden, auch damit sich die Sozialdemokraten nicht im Nachhinein den Vorwurf
der Klassenherrschaft oder gar Diktatur gefallen lassen müssten. Nach erfolgter
Wahl und Arbeitsbeginn der Koalitionsregierung von SPD und DDP kann man
vom Ende der Revolution in Anhalt sprechen.

Konsolidierung der revolutionären Umwälzungen

Die Wahl zur verfassungsgebenden Nationalversammlung am 19. Januar 1919
bestätigte für Anhalt das Ergebnis der Wahl zur konstituierenden Landesversammlung. Die SPD erreichte die absolute Mehrheit, die DDP erhielt immer
noch mehr als 30 Prozent der Stimmen. Der einzige Unterschied bestand darin,
dass die USPD nun einen Organisationsgrad erreicht hatte, der es ihr ermöglichte, an diesen Wahlen auch in Anhalt teilzunehmen. Allerdings konnten die
Unabhängigen nur zwei Prozent der Stimmen gewinnen.[45] Die Ausdifferenzie-
rung der Parteienstruktur erfolgte in Anhalt in den nächsten Monaten, schon
bei den Reichs- und Landtagswahlen Mitte 1920 sollte sich ein ganz anderes
Bild ergeben.
Die anhaltische Regierungskoalition aus SPD und DDP brachte in kurzer Zeit
viele neue Gesetze auf den Weg: so beispielsweise ein demokratisches Wahl-

---

44 Vgl. Volksblatt für Anhalt, 17.12.1918.
45 Vgl. Der Freistaat Anhalt, URL: http://www.gonschior.de/weimar/Anhalt/ (18.12.2018).

recht, Bestimmungen zur einheitlichen Grundschule, eine Verordnung zur Bildung von Betriebsräten, die Aufhebung der geistlichen Schulaufsicht, die Abschaffung des Schulgeldes an Volksschulen usw.[46]

Fast zeitgleich mit der Annahme der Verfassung für Anhalt am 18. Juli 1919 erfolgte auch der Wechsel an der Spitze des Staatsrates. Wolfgang Heine, schon seit einigen Monaten parallel preußischer Minister, stellte sein Dessauer Amt nach getaner Arbeit am 23. Juli 1919 zur Verfügung. Die Doppelbelastung war nicht mehr vereinbar mit seinen Aufgaben in Berlin. Den Vorsitz des Staatsrates übernahm daraufhin Heinrich Deist, der Heine ohnehin schon des Öfteren hatte vertreten müssen. Warum Heinrich Peus auch diesmal nicht ein hohes Regierungsamt übernahm, wird aus den Schilderungen Fritz Hesses deutlich: „Seit langem Leiter das Dessauer ‚Volksblatt‘-Verlags, war Deist kein Eiferer und Himmelsstürmer wie Peus, sondern stand fest auf der Erde. Keineswegs temperamentlos, verlor er doch nie seine Selbstbeherrschung und hatte einen untrüglichen Sinn für Realitäten."[47]

Ebenfalls im Juli 1919 wurde der Auseinandersetzungsvertrag zwischen dem Freistaat Anhalt und dem ehemaligen Herzogshaus vom Landtag beschlossen. Dass man so schnell und fast reibungslos übereinkam, hatte drei wesentliche Gründe. Erstens gab es aufgrund der maßvoll und gewaltlos verlaufenen Revolution auf beiden Seiten keinen Groll oder Berührungsängste. So verliefen die Verhandlungen sicher nicht konfliktfrei, aber doch in einer konstruktiven Atmosphäre. Zweitens waren die unterschiedlichen Forderungen der beiden Seiten grundsätzlich sehr gut in Einklang zu bringen: Der Freistaat, vertreten durch Heinrich Deist, wollte sich so viel Grundbesitz wie möglich sichern, da dies die beste Voraussetzung für ein nachhaltiges Staatsleben sei. Die Askanier wollten sich dagegen Geldwerte sichern. Dort war man der Meinung, dass dies im Gegensatz zu großem Grundbesitz am wenigsten auffällig und diskussionswürdig wäre. Mit Blick auf die bereits Fahrt aufnehmende Inflation war dies freilich zu kurz gedacht. Drittens war die Staatsregierung daran interessiert, eine schnelle und unproblematische Einigung mit den Askaniern zu erzielen, um den neuen Staat von möglicherweise schwierigen Altlasten und Hypotheken zu befreien.[48]

---

46 Vgl. Kupfer: Sozialdemokratie (wie Anm. 37), S. 63 f.
47 Hesse: Erinnerungen (wie Anm. 6), S. 138.
48 Vgl. Ralf Regener: Fürstliche Abfindungen. Die Askanier und der Freistaat Anhalt nach 1918, in: ders. (Hg.), 800 Jahre Anhalt. Ausstellungsschrift. Ausstellung vom 16. Januar bis 17. Dezember 2012 in der Universitätsbibliothek Magdeburg (Schriften der Universitätsbibliothek Magdeburg 1), Magdeburg 2016, S. 34–43.

Dagegen waren die Bemühungen, eine einvernehmliche Trennung zwischen dem Freistaat Anhalt und der Evangelischen Landeskirche zu beschließen, nicht von einem schnellen Erfolg gekrönt. Vor allem beim Thema der finanziellen Ablösung kirchlicher Rechte war man lange Zeit uneinig. Nach Klagen und einigen Vergleichsverhandlungen konnte eine vertragliche Auseinandersetzung zwischen Staat und Kirche erst 1930 erzielt werden.[49]

Vom letzten Beispiel abgesehen ist es verblüffend, wie schnell und scheinbar unkompliziert man in Anhalt wieder zu geordneten Verhältnissen zurückkehren konnte. Dafür verantwortlich war sicherlich das schon beschriebene politische Klima, geprägt von Sachorientierung und Kompromissbereitschaft. Darüber hinaus profitierten die handelnden Akteure von der schon vor dem Krieg stattgefundenen guten und erfolgreichen Kooperation. Dies führte einerseits zu einer gewaltlosen Revolution, die eine Zusammenarbeit zwischen Sozialdemokraten und Bürgerlichen auch unter den neuen Bedingungen schnell möglich machte. Andererseits waren die Ausprägung und Verstärkung der politischen Ränder, rechts wie links, erst sehr spät vonstattengegangen. Wichtig ist aber auch, dass Anhalt als Kleinstaat immer in der latenten Gefahr war, aufgelöst zu werden. Die revolutionäre Situation in Deutschland verstärkte das noch, denn gerade in Zeiten großer Umbrüche stand auch immer der Föderalismus an sich oder wenigstens die gegenwärtige Struktur zur Debatte.[50] Die Auflösung der vielen Kleinstaaten, die nach der Revolution auch nicht mehr durch die Institution des Monarchen geschützt wurden, wurde von vielen namhaften und einflussreichen Politikern ins Spiel gebracht und heftig in der Nationalversammlung diskutiert. Da man nun auf die nationale Entwicklung wenig Einfluss nehmen konnte, liefen alle Bestrebungen auf das Ziel hinaus, sich als würdiger Gliedstaat innerhalb des nun demokratisch verfassten Reiches zu zeigen, um keinen Anlass zu bieten, von außen einschreiten zu müssen. Fast alle Politiker Anhalts, auch die Sozialdemokraten, von denen man dies am wenigsten erwartet hätte, sprachen sich für den Erhalt der Kleinstaaten und des Föderalismus aus; sicherlich auch, um ihren überschaubaren Wirkungskreis und ihre exponierte Stellung darin erhalten zu können. Letztlich blieb alles beim Alten, kleine Staaten

---

49 HELGE KLASSOHN: Das Ende des landesherrlichen Kirchenregiments in Anhalt und die Verhandlungen zur Bildung einer eigenständigen evangelischen Landeskirche in den Jahren 1918–1920, in: Stefan Gerber (Hg.), Das Ende der Monarchie in den deutschen Kleinstaaten. Vorgeschichte, Ereignis und Nachwirkungen in Politik und Staatsrecht 1914–1939, Wien/Köln/Weimar 2018, S. 241–258.

50 Vgl. Volksblatt für Anhalt, 16.11.1918.

wie Anhalt existierten genauso weiter wie das übergroße Preußen. Die Nationalversammlung konnte sich nicht auf eine Neuordnung Deutschlands einigen.[51]

Unruhige Zeiten im Freistaat Anhalt

Die angespannten Jahre der Weimarer Republik zwischen 1919 und 1923 gingen freilich nicht spurlos an Anhalt vorbei, jedoch hatten viele Konfliktsituationen verglichen mit anderen Regionen des Reiches eine geringere Intensität. Die
reichsweiten Aufstände Anfang 1919 trafen Anhalt nur vereinzelt. Aufkeimende
Unruhen konnten wie schon im Jahr zuvor oftmals von etablierten Sozialdemokraten unterbunden werden. Heinrich Peus war beispielsweise in der Umgebung von Köthen tätig, sprach auf Versammlungen und versuchte, aufgebrachte
Arbeiter zu beruhigen. Größtenteils gelang ihm dies auch, nichtsdestotrotz eskalierte eine Situation zwischen Demonstrierenden und Soldaten, ein Todes-
opfer war zu beklagen. Zeitweise entlud sich in Köthen auch der Frust über die
immer noch angespannte Situation in der Lebensmittelversorgung. Im Juli 1919
kam es aufgrund dessen zu Unruhen, bei denen die Läden einiger Kaufleute geplündert wurden.[52]

In Dessau hatten die Proteste meist einen etwas anderen Charakter. Von der
schwierigen Phase Anfang des Jahres 1919 blieb die Stadt fast unberührt. Dagegen löste das Bekanntwerden der Bestimmungen des Versailler Vertrages heftige Protestkundgebungen aus.[53] Symptomatisch sind weiterhin die Umstände
der Feierlichkeiten anlässlich des 1. Mai 1919. Letztlich diskutierte die sozialde-
mokratisch-bürgerliche Koalition, wie man dem 1. Mai seinen bis dato vorhandenen klassenkämpferischen Charakter nehmen könne, um tatsächlich einen
Feiertag für alle Bevölkerungsschichten veranstalten zu können. Bis auf einige
Nuancen konnte man sich schnell einigen und den Tag gemeinsam begehen.[54]

---

51 Vgl. Mathias Tullner: Der Freistaat Anhalt und seine Eliten zwischen demokratischen Mus-
    terstaat und kleinstaatlicher Begrenztheit, in: Justus H. Ulbricht (Hg.), Anhalts Weg ins „Zeital-
    ter der Extreme" 1871–1945, Halle 2014, S. 15–28, hier S. 18.
52 Vgl. Kreiskommission zur Erforschung der Geschichte der örtlichen Arbeiterbewegung (Hg.):
    Zur Geschichte der deutschen Novemberrevolution 1918 im Kreise Köthen, Köthen 1958,
    S. 29 ff.
53 Vgl. Ulbrich: Dessau (wie Anm. 40), S. 97.
54 Vgl. Hesse: Erinnerungen (wie Anm. 6), S. 118 ff. Auf Beschluss der verfassungsgebenden Na-
    tionalversammlung sollte ein allgemeiner Feiertag eingeführt werden, „der dem Gedanken des
    Weltfriedens, des Völkerbundes und des internationalen Arbeiterschutzes geweiht ist" (Gesetz

Als im März 1920 der Putschversuch von Wolfgang Kapp und General Walther von Lüttwitz in Anhalt bekannt wurde, fanden die linken Parteien in vielen Orten relativ schnell eine gemeinsame Basis. Nachdem die Dessauer Arbeiter einen Generalstreik begonnen hatten, fand man sich im Tivoli zusammen und wählte paritätisch zusammengesetzt aus MSPD, USPD und KPD einen Streikaktionsausschuss. Bis auf wenige Ausnahmen hatten die Putschisten auch in bürgerlichen Kreisen keine aktive Unterstützung. Die anhaltischen Staatsorgane, Staatsrat und Landtag, traten geschlossen für die Legitimität der Reichsregierung ein. Einzige Ausnahme blieb der DNVP-Landtagsabgeordnete Hugo Jäntsch, der sich durch Verlassen des Landtags einer gegen den Putsch gerichteten Abstimmung entzog.[55] Eindeutige Aktionen erfolgten dagegen von einzelnen Militärs. Der Dessauer Rechtsanwalt und Leutnant des örtlichen Zeitfreiwilligen-Regiments Bernhard Heine bekundete gegenüber Bürgermeister Fritz Hesse unumwunden seine Sympathien für die Putschisten.[56] Als ihm vonseiten Hesses die Unterstützung versagt blieb, ging Heine anschließend mit mehreren Soldaten zum Ministerpräsidenten Heinrich Deist. Dieser sollte Neuwahlen veranlassen und Vertreter rechter Parteien in die Regierung aufnehmen. Letztlich fehlte dieser unüberlegten Aktion eine breite Basis. Bernhard Heine wurde wenig später verhaftet. Nicht so glimpflich verlief dagegen das Agieren des Regimentskommandanten Oberst Voigt. Als der Putsch bereits vorüber war, demonstrierten einige Arbeiter vor dem Redaktionsgebäude der *Anhaltischen Rundschau*, einer lokalen, deutschnational gesinnten Zeitung, die positiv über die Putschisten und deren Vorgehen in Berlin berichtet hatte. Auf Befehl von Oberst Voigt griffen Soldaten eines Zeitfreiwilligenverbandes in die Situation ein und eröffneten das Feuer auf die Demonstranten. Am Ende waren fünf Tote zu beklagen.[57] Die mit dem Kapp-Putsch zusammenhängenden Unruhen forderten weiterhin in Köthen ein Menschenleben. Beim Zusammenstoß von örtlichen Zeitfreiwilligen und aufgebrachten Arbeitern wurde der Schlosser Jakob erschossen.[58] Zwar gab es direkt in Bernburg keine blutigen Auseinandersetzungen. Jedoch sahen es dortige Arbeiter nach Beruhigung der örtlichen Lage als ihre Pflicht an, andere Genossen zu unterstützen. Da in Halle die Lage viel

---

über einen allgemeinen Feiertag, RGBl. 1919, Nr. 82, S. 393). Dieser Feiertag wurde während der Weimarer Republik einmalig am 1. Mai 1919 begangen.

55 Vgl. ZIEGLER: Parlamentarismus (wie Anm. 42), S. 27.
56 Vgl. HESSE: Erinnerungen (wie Anm. 6), S. 145 f.
57 Vgl. ULBRICH: Dessau (wie Anm. 40), S. 98.
58 Vgl. Novemberrevolution Köthen (wie Anm. 52), S. 32.

angespannter war und sie ein Übergreifen auf Anhalt befürchteten, fuhren bewaffnete Bernburger Arbeiter ins benachbarte Preußen. Diese Aktion kostete schließlich fünf von ihnen das Leben.[59]

Die Landtagswahlen vom 6. Juni 1920 bescherten der Regierungskoalition herbe Verluste. Das entsprach dem allgemeinen deutschen Trend, die zeitgleich abgehaltenen Reichstagswahlen waren gekennzeichnet von starken Stimmeneinbußen der Weimarer Koalition aus SPD, DDP und Zentrum. In Anhalt spielte das Zentrum grundsätzlich eine sehr untergeordnete Rolle. Die SPD kam auf 35,8 Prozent, was 13 Landtagssitze bedeutete. DDP, DNVP und USPD konnten ähnliche Wahlergebnisse erzielen und kamen jeweils auf sechs Abgeordnete. Die DVP schickte schließlich fünf Vertreter ins Parlament. Die regieren den Mehrheitssozialdemokraten hatte damit die Möglichkeit, sowohl mit der DDP als auch mit den Genossen von der USPD eine Koalition einzugehen. SPD und DDP verband ein vertrauensvolles und sachorientiertes Arbeitsklima, bestätigt von nicht wenigen Erfolgen der Regierungsarbeit. Gleichzeitig war das Verhältnis zwischen SPD und USPD in Anhalt weniger angespannt als in anderen Ländern. Das sieht man daran, dass zu bestimmten Anlässen, beispielsweise bei den Maßnahmen gegen den Kapp-Putsch, konstruktiv zusammengearbeitet werden konnte. Auch das Verhältnis der Parteiübertritte bei der endgültigen Auflösung der USPD ist bezeichnend. Im Jahr 1922 wechselten fünf der sechs USPD-Landtagsabgeordneten zur SPD zurück, nur einer schloss sich der KPD an.[60] Schlussendlich entschied sich die SPD nach der Landtagswahl von 1920 für eine Weiterführung der Koalition mit der DDP. Zum einen konnte man auf die erfolgreiche Zusammenarbeit verweisen. Zum anderen hieß es, dass man unbedingt verfassungstreu bleiben wolle und demzufolge keine Minderheitendiktatur oder Klassenherrschaft anstreben würde. Zumindest die Rhetorik der USPD schloss diese Optionen in Extremfällen nicht aus.[61]

Im Gegensatz zu den mitteldeutschen Märzkämpfen von 1921, die nahezu keine Beachtung fanden bzw. nicht zu Unruhen in Anhalt führten,[62] waren die politischen Morde in den Anfangsjahren der Weimarer Republik Anlass für verschiedene teils bemerkenswerte Begebenheiten. Die sicherlich prominentesten Beispiele sind die Attentate auf den Zentrums-Politiker Matthias Erzberger

---

59 Vgl. KREISLEITUNG DER SED BERNBURG (Hg.): Die Novemberrevolution 1918. Beiträge aus der Geschichte der Arbeiterbewegung des Kreises Bernburg, Bernburg 1958, S. 74 ff.
60 Vgl. ZIEGLER: Parlamentarismus (wie Anm. 42), S. 8.
61 Vgl. KUPFER: Sozialdemokratie (wie Anm. 37), S. 80.
62 Vgl. TULLNER: Anhalt (wie Anm. 51), S. 20.

(26. August 1921) und den Reichsaußenminister Walther Rathenau (24. Juni 1922). Bei der grundsätzlichen Verurteilung dieser Gewalttaten waren sich zunächst einmal die tonangebenden politischen Lager einig. SPD und USPD organisierten zum 27. Juni 1922 im Verbund eine Kundgebung mit ca. 8.000 Teilnehmern. Die DDP veranstaltete parallel dazu eine Trauerfeier. Die Umstände der Ermordung Rathenaus hatten zur Folge, dass die Demonstrationen einen starken antimonarchistischen Ton bekamen. Um die Situation wieder zu beruhigen, wurde von einigen Sozialdemokraten gefordert, nun auch die letzten Überbleibsel der Monarchie zu entfernen. Kritik erregten einerseits die letzten Reste an Hoheitszeichen in öffentlichen Gebäuden, andererseits sollten nun endlich, immerhin dreieinhalb Jahre nach der Revolution und dem Sturz der Askanier, die Büsten der anhaltischen Herzöge aus dem Sitzungssaal des Dessauer Gemeinderates entfernt werden. Ein entsprechender Antrag der Sozialdemokraten fand letztlich aber keine Mehrheit; die Situation ließ sich auch ohne diese symbolische Handlung beruhigen. In den Regierungsgebäuden des Landes war die Entfernung von alten Hoheitszeichen bereits unter der Regierung Wolfgang Heines, also kurz nach der Revolution, geschehen.[63]

Diese zunächst nebensächlich erscheinenden Aktionen sind bei genauerer Betrachtung doch bezeichnend für die anhaltischen Verhältnisse: Dreieinhalb Jahre nach der Revolution hatten noch immer nicht alle monarchischen Symbole weichen müssen. Das sagt im Nachhinein noch einmal viel über den Charakter der Novemberrevolution aus. Grundsätzlich macht dies darüber hinaus deutlich, wie wichtig Symbole und Räume im Zusammenhang mit politischem Agieren sind. Nüchtern betrachtet hätte das Entfernen von monarchischen Hoheitszeichen und herzoglichen Büsten keine unmittelbaren positiven oder negativen Auswirkungen. Ein politisches Gremium, wie ein Gemeinderat, sollte deswegen objektiv nicht besser oder schlechter arbeiten. Das Problem des Vorhandenseins gewaltbereiter rechtsextremer Gruppierungen, die vor politisch motivierten Morden nicht zurückschreckten, konnte damit genauso wenig gelöst werden. Nichtsdestotrotz darf man die Bedeutung der Forderungen nach der Entfernung von Symbolen der alten Ordnung nicht unterschätzen. Agieren, welches sich der Wichtigkeit von Symbolen und symbolischen Handlungen bewusst ist, nutzt diese nicht, um konkrete Probleme unmittelbar zu lösen, sondern um bestimmte Reaktionen hervorzurufen, die mittelbar auf das Geschehen einwirken sollen. Dies bestätigt sich auch in diesem konkreten Fall. Denn

---

63 Vgl. HESSE: Erinnerungen (wie Anm. 6), S. 161.

letztendlich ging es nicht um die Arbeit eines politischen Gremiums oder um den Mord an Walther Rathenau, sondern um die Beruhigung der Situation in Dessau und Anhalt.

Auch das vorerst letzte Krisenjahr der Weimarer Republik 1923 hatte im Vergleich zum Rest des heutigen Sachsen-Anhalts einen geringeren Widerhall.[64] Politisch motivierte Gewalttaten waren aber vereinzelt zu konstatieren. In Bernburg gab es mit dem stadtbekannten Stahlhelm- und NSDAP-Mitglied Albert Franze einen Toten.[65] Die immer noch sehr schlechte Versorgungslage vieler Menschen, bedingt durch Inflation und Arbeitslosigkeit, war ein guter Nährboden für Unruhen, nicht selten von Kommunisten initiiert. In Dessau führten zumeist spontane Aktionen zu Auseinandersetzungen mit der Polizei oder auch zu Diebstahl und Plünderungen.[66]

Die grundlegende Beruhigung der Lage und das Eintreten einer relativen Stabilität für die Weimarer Republik nach erfolgreicher Bekämpfung der Inflation 1923 wird in Anhalt vor allem durch die Umstände und Folgen der beiden Landtagswahlen des Jahres 1924 deutlich. In diesem Zuge kam es zu zwei größtenteils unproblematischen Regierungswechseln. In Krisenzeiten sind solche Situationen, also die Abwahl einer politischen Richtung und die Übernahme der Regierung durch eine andere, nicht selten Anlass für Protest und Tumult. Genau dies war 1924 nicht der Fall. Die am 22. Juni durchgeführte Wahl brachte einerseits mehr Gruppierungen in den Landtag, andererseits verlor die Regierungskoalition ihre Mehrheit. Zwar konnte die SPD ihr Ergebnis verteidigen und wieder 13 Sitze erringen, da aber die USPD als weitere Arbeiterpartei nicht mehr existierte, wirkte dies eher wie eine Niederlage. Herbe Verluste musste die DDP hinnehmen. Nur noch 3,5 Prozent der Stimmen bedeuteten lediglich einen Sitz, statt bis dato sechs. Die übrigen 36 Sitze verteilten sich folgendermaßen: DVP sechs, DNVP und KPD je fünf, Landbund drei, Völkische zwei, Anhaltischer Haus- und Grundbesitz, Hausbesitzer und Gewerbe sowie Bodenreformer je einen. Die extreme Zersplitterung und der Unwillen einiger Parteien, miteinander zu arbeiten, verhinderte eine rasche Regierungsbildung. Beispielsweise scheiterte eine Koalitionsbildung von SPD, DDP und DVP an der Abneigung der Letzteren gegenüber den Linksliberalen von der DDP. Nach einigem Hin und Her gelang es dem DNVP-Abgeordneten Willy Knorr, einen Rechtsblock

---

64 Vgl. TULLNER: Anhalt (wie Anm. 51), S. 20.
65 Vgl. HANS PEPER: Geschichte der Stadt Bernburg, Bernburg 1938, S. 411.
66 Vgl. ULBRICH: Dessau (wie Anm. 40), S. 99.

zu bilden und sich mit 17 Stimmen zum Ministerpräsidenten eine Minderheitsregierung wählen zu lassen. Bestand hatte diese Regierung nur wenige Monate. Im Bewusstsein der Instabilität der Regierung und im Glauben, den eigenen Stimmanteil erhöhen zu können, setzte die Regierung Knorr in Abstimmung mit den anderen Parteien einen baldigen Neuwahltermin an. Diese Rechnung ging nicht auf. Obwohl der Rechtsblock relativ geschlossen als „Volksgemeinschaft" in die Wahl ging, konnte die alte Koalition am 9. November 1924 Stimmen zurückgewinnen. Die SPD kam auf 15, die DDP auf drei Sitze. Die KPD hatte dagegen zwei Mandate verloren. Wenige Wochen später wurde Heinrich Deist mit den Stimmen der SPD, DDP und Bodenreformer wieder zum Ministerpräsidenten gewählt. Er hatte dieses Amt bis 1932 inne. Danach kam es im Freistaat Anhalt zur ersten NSDAP-geführten Landesregierung im Deutschen Reich.[67]

Fazit

Dass es im Freistaat Anhalt die erste NSDAP-geführte Landesregierung gab, mag sicherlich mit einer gewissen zeitlichen Zufälligkeit zu tun haben. Nach 1924 und 1928 war der nächste Landtagswahltermin turnusmäßig 1932. Das war die Hochphase der nationalsozialistischen Wahlergebnisse mit 37 bzw. 33 Prozent bei den Reichstagswahlen. Nichtsdestotrotz weist diese Zäsur auf regionale Besonderheiten hin. In Anhalt gab es eine starke Kontinuität der politischen Entscheidungsträger vom letzten Jahrzehnt des 19. Jahrhunderts bis zum Ende der Weimarer Republik. Die drei hervorstehenden Beispiele sind Heinrich Peus (in Anhalt seit 1891 tätig, von 1918 bis 1933 mehrmaliger Landtagspräsident), Heinrich Deist (ab 1903 in Anhalt tätig, von 1919 bis 1932 Ministerpräsident mit kurzer Unterbrechung)[68] und Fritz Hesse (Oberbürgermeister der Hauptstadt Dessau von 1918 bis 1933). Einerseits wirkte diese Kontinuität äußerst stabilisierend und beruhigend. Dies sieht man am Revolutionsverlauf 1918/19, der guten und dauerhaften Zusammenarbeit zwischen Sozialdemokraten und Linksliberalen sowie der geringeren Intensität von politischen Auseinandersetzungen in

---

67 Vgl. Kupfer: Sozialdemokratie (wie Anm. 37), S. 79–85.
68 Vgl. Ralf Regener: Heinrich Peus, Heinrich Deist und der eigentümliche Weg der anhaltischen Sozialdemokratie im Ersten Weltkrieg, in: Uli Schöler/Thilo Scholle (Hg.), Weltkrieg, Spaltung, Revolution. Sozialdemokratie 1916–1922, Bonn 2018, S. 180–193.

den Anfangsjahren der Weimarer Republik. Lange Amts- und Regierungszeiten bergen in sich jedoch schon ein gewisses Abnutzungspotenzial. Öffentliche Kritik an Fritz Hesse wurde nicht selten mit dem Schlagwort versehen, er gebe sich inzwischen wie der „ungekrönte Herzog"[69]. Heinrich Peus wurde von der USPD als „scheinsozialistischer Halbgott im schönen Ländle Anhalt"[70] bezeichnet; eine Formulierung, die nicht nur die parteipolitischen Gräben verdeutlicht, sondern auch die Omnipräsenz von Peus unterstreicht.

Ein weiteres Problem war, dass man das Potenzial und die Gefahren extremer und neuer politischer Erscheinungen schlichtweg übersah oder verharmloste. Vor allem Heinrich Peus ging davon aus, dass politisch extreme Positionen, rechte wie linke, nichts weiter als Randerscheinungen seien, die sich mit Stabilisierung der Lage schnell verflüchtigen würden. Das Auftreten einiger Personen, allen voran des NSDAP-Mitglieds Wilhelm Loeper,[71] tat sein Übriges, um Extremisten als Ruhestörer, Rüpel und Taugenichtse abzustempeln und letztlich zu unterschätzen.[72] Erst die nächste Generation in der anhaltischen SPD, angeführt von Gerhard Seger, erahnte die Gefahr und setzte sich stärker mit ihr auseinander. Bezeichnend ist, dass die alten Anführer nach der Machtergreifung der Nationalsozialisten zwar abgesetzt, aber nicht längerfristig inhaftiert oder verfolgt wurden. Gerhard Seger dagegen wurde als einer der Ersten verhaftet und ins KZ Oranienburg gebracht. Im Dezember 1933 gelang ihm die Flucht, was ihm wohl letztlich das Leben rettete.[73]

Die Ansiedlung und Etablierung des Bauhauses 1925 in Dessau kann man in eine ähnliche Richtung auslegen. Die Möglichkeit, die umstrittene Künstlerschule in die anhaltische Landeshauptstadt zu holen, war nur gegeben, weil es einflussreiche und etablierte Fürsprecher gab. Oberbürgermeister Fritz Hesse war im Verbund mit der Spitze der anhaltischen SPD die stärkste Triebkraft hinter dem Projekt. Ohne personelle Kontinuität in der Zusammenarbeit zwischen Liberalen und Sozialdemokraten wäre es kaum möglich gewesen, die Ansiedlung des Bauhauses durchzusetzen. Die andere Seite der Medaille war jedoch, dass das Bauhaus aus seinem eigenen Auftreten heraus und unter den Bedingungen der Ansiedlung als abgehobenes Elitenprojekt erschien. Vor allem der

69 Cöthener Zeitung, 20.08.1927.
70 Magdeburger Volks-Zeitung, 03.02.1920.
71 Vgl. Torsten Kupfer: Wilhelm Friedrich Loeper (1883–1935). NSDAP-Gauleiter und Reichsstatthalter, in: Mitteilungen des Vereins für anhaltische Landeskunde 11 (2002), S. 155–165.
72 Vgl. Marina Ahne: Anhalts Weg zur ersten nationalsozialistischen Regierung eines deutschen Landes, in: Regener (Hg.), 800 Jahre (wie Anm. 48), S. 44–48.
73 Vgl. Tullner: Anhalt (wie Anm. 51), S. 26 f.

Vorwurf, damit Finanzmittel zu verschwenden, die viel besser anders angelegt werden sollten, wurde immer wieder geäußert. Die Rechtskonservativen und später die Nationalsozialisten wussten das Thema Bauhaus geschickt zu nutzen, um gegen die vermeintliche Volksferne der Regierungsparteien Stimmung zu machen.[74]

So paradox es zunächst erscheint, so kann man doch sagen, dass die Phase der Kontinuität und Stabilität in Anhalt der Weimarer Republik die verfrühte und umfassende Machtergreifung der Nationalsozialisten begünstigte, da man den Generationswechsel verpasst hatte und das Radikalisierungspotenzial der regionalen Gesellschaft aus einer vermeintlich sicheren Position heraus einfach nicht ernst genug nahm.

---

74 Vgl. Rüdiger Fikentscher: Heinrich Peus, Heinrich Deist und die Rolle der Sozialdemokratie in Anhalt Zwischen Erstem Weltkrieg und Naziherrschaft, in: Ulbricht (Hg.), Anhalts Weg (wie Anm. 51), S. 50–68, hier S. 60–63.

1918–1921. Bewegte Zeiten auch in Zörbig. Eine Chronik der Ereignisse

Brigitta Weber

Die Kleinstadt Zörbig liegt im westlichen Teil des Landkreises Anhalt Bitter feld.[1] Am Beginn des 20. Jahrhunderts konnte man sie wegen zahlreicher landwirtschaftlicher Betriebe als Ackerbürgerstadt bezeichnen. Seit der Mitte des 19. Jahrhunderts gab es mehrere Fabrikgründungen. Drei davon beruhten auf dem Zuckerrübenanbau in der Umgebung: eine Zuckerfabrik und zwei Saftfabriken. Am Ende des Ersten Weltkriegs bestanden in Zörbig, einer Stadt mit nun rund 4.200 Einwohnern, 13 Fabriken, in denen jeweils zwischen 19 und 82 Arbeiter tätig waren, saisonbedingt auch mehr. Sechs größere landwirtschaftliche Betriebe beschäftigten jeweils zwischen 13 und 50 Landarbeiter bzw. Landarbeiterinnen. Die sozialdemokratische Bewegung lässt sich ab 1874 nachweisen. Sie nahm um die Jahrhundertwende deutlich zu. 1898 stimmten bei den Reichstagswahlen 399 Zörbiger für die SPD. 1911 kandidierte erstmals ein SPD-Mitglied, der Weber Oskar Berndt, für den Stadtrat.

Im Ersten Weltkrieg mussten mehr als 500 Zörbiger zum Militär, 188 fielen, viele gerieten in Kriegsgefangenschaft und konnten erst nach 1919 wieder heimkehren. Das bedeutete für die betroffenen Familien eine ungeheure Belastung. Große Probleme bereiteten Ernährung, Wohnraum und Heizung. 1917 trat der größere Teil der SPD-Mitglieder zur Unabhängigen Sozialdemokratischen Partei Deutschlands (USPD) über. Es bestand zudem eine kleine Gruppe von Anhängern des Spartakusbundes.

---

1 Dieser Beitrag beruht auf Archivalien, Zeitungen und Protokollen von Befragungen der Zeitzeugen aus den 1950er Jahren.

Viel Lärm um nichts? – Zugeständnisse an passive Revolutionäre 1918

Mit Bekanntwerden der revolutionären Ereignisse in Deutschland bildete sich in Zörbig am 13. November 1918 spontan ein Arbeiter- und Soldatenrat. Mit diesem schloss der Bürgermeister folgende Vereinbarung ab:

> „1. Von dem sich gebildeten A+S-Rat treten zwei Mitglieder als Beirat zur Stadtverwaltung; es sind dieses bis auf weiteres die Herren Albert Baumgarte vom Arbeiterrat und K. Kleine vom Soldatenrat. Denselben steht gemeinschaftlich zu:
>
> 2. Kontrolle und Einsicht über sämtliche Ein- und Ausgänge, auch der Kassenverwaltung durch den Arbeiter- und Soldaten-Rat;
>
> 3. Sicherstellung der örtlichen Ernährungsverhältnisse;
>
> 4. Übernahme des Wachdienstes und Sicherstellung des Privateigentums.
>
> 5. Alle bis zum heutigen Tage noch schwebenden und noch nicht verbüßten Polizeistrafen sind zu erlassen. Das Strafrecht bleibt unter der Kontrolle des Arbeiter- und Soldaten-Rates der Behörde.
>
> 6. Die zur Zeit sich hier aufhaltenden Militärpersonen unterstehen der Kontrolle des Soldatenrats durch Anordnungen des Bezirks- rsp. Generalkommandos in Magdeburg.
>
> 7. Alle Ausgaben des Arbeiter- und Soldaten-Rats für seine Tätigkeit in Zörbig, auch über die Verpflegung des Wachkommandos sind bis auf weiteres von der Stadtverwaltung zu übernehmen.

Zörbig, den 13.11.18   Der Bürgermeister
                                     Weps

Für den Arbeiterrat
Baumgarte, Vors.
Karbaum, Eckert,
als Ersatzmann O. Berndt, Richter
für den Soldatenrat Schmidt

Gesehen Zörbig, den 18.11.18   Der Magst.
                                     Weps, Gelmroth,
                                     Bärwald, A. Lederer, E. Schaaff,
                                     Rosahl"[2]

---

2 Historisches Stadtarchiv Zörbig (im Folgenden: HStAZ), Acta betr. Arbeiter- und Soldaten-Rat in Zörbig, 1918, Sign. 2846, unpag.

Auf dem Rathaus wurde eine rote Fahne gehisst. Sie wehte bis zum 2. März 1919. Das waren hier eigentlich die einzigen „revolutionären" Aktionen. Die Verwaltung blieb in den Händen des schon langjährig tätigen Bürgermeisters Wilhelm Weps (Abb. 1).

Der Vorsitzende des Arbeiterrats Albert Baumgarte nahm bis zum 1. April 1919 (letztmalig) als Gast an den Sitzungen des Magistrats teil.[3] Einfluss konnte er dabei kaum nehmen. Die städtischen Behörden blieben unverändert bestehen. Die noch nach dem

Abb. 1: Wilhelm Weps, Bürgermeister der Stadt Zörbig 1894–1930, Aufnahme 1930

Dreiklassenwahlrecht gewählten Stadtverordneten setzten sich aus Guts- und Fabrikbesitzern sowie Geschäftsleuten zusammen.

Entsprechend dem Aufruf zur Bildung von Bauernräten vom 12. November 1918 und einem Schreiben des Landrats organisierte der Bürgermeister die Wahl eines Bauernrats. In den Bauernräten sollten alle Berufsstände auf dem Lande vertreten sein (Landwirte, Landarbeiter, Handwerker) und ihre Anzahl den örtlichen Verhältnissen entsprechen. Vor allem sollten es Leute sein, die dem Bürgermeister bekannt waren. Man hatte Angst vor Hungersnot und daraus resultierenden Plünderungen und wollte so die Landbevölkerung schützen.

Die Aufgabe der Bauernräte bestand laut Festlegung in folgenden Punkten:

> „1. Organisation der Erfassung und Ablieferung von Lebensmitteln und Bekämpfung des Schleichhandels.
> 2. Unterbringen der durch die Demobilmachung freiwerdenden Arbeitskräfte.
> 3. Der Schutz der Lebensmittelvorräte und aller ihrer Erzeugung dienenden Anlagen.
> 4. Die Sicherung und Förderung der Erzeugung von Lebensmitteln."[4]

Pünktlich meldete der Bürgermeister am 25. November 1918 die Gründung eines Bauernrats, der aus folgenden Mitgliedern bestand: dem Oberamtmann Carl Dörries, den Gutsbesitzern Otto Jahn, Hermann Schoch, Wilhelm Gold,

---

3 Vgl. HStAZ, Protokollbuch des Magistrats Zörbig, 1.10.1918, Sign. 5774, unpag.
4 HStAZ, Acta betr. Bauernrath in Zörbig, 1918 ff., Sign. 1293, unpag.

E. Reiche, dem Böttchermeister E. Otto sen. und den landwirtschaftlichen Arbeitern Wilhelm Winkler, Heinrich Beyer, Hermann Müller, sämtlich in Zörbig ansässig.

Die Formierung der Arbeiter – der *Zörbiger Bote* als Instrument der Wahlwerbung 1919/20

Die geänderten politischen Verhältnisse – allgemeines Wahlrecht, das Wahlrecht für Frauen und der 8-Stunden-Tag – setzten sich auch in der Kleinstadt durch: Es formierte sich eine aktive Arbeiterbewegung, sowohl bei den Industrie- als auch bei den Landarbeitern.

Der USPD gelang es, Zörbiger Arbeiter für ihre politischen Ziele zu gewinnen. Viele Arbeitnehmer hatten sich im Fabrikarbeiter- oder Landarbeiterverband sowie darüber hinaus in Vereinen organisiert. Die Themen in den Versammlungen konzentrierten sich auf Wahlen, den Abschluss des Friedensvertrags und die wirtschaftlichen Bedingungen. Referenten kamen meist von außerhalb. Frauen und Jugendliche waren stets mit eingeladen. Außerdem wurden spezielle Versammlungen für die Jugend organisiert. Dadurch hatten Arbeiter die Möglichkeit, sich außer durch Berichte in der Lokalzeitung *Zörbiger Bote* oder im *Volksblatt*, einer Zeitung der USPD Halle, über das politische Geschehen zu informieren und auszutauschen. Neben politischen Veranstaltungen oder in Verbindung mit diesen fanden vielfach gesellige Zusammenkünfte statt, selbst bei den Landarbeitern, trotz der beginnenden und dann bereits um sich greifenden Inflation.

Im bürgerlichen Lager bildeten sich 1919/20 nach umfangreicher Werbung Ortsgruppen der Deutschen Demokratischen Partei (DDP), der Deutschnationalen Volkspartei (DNVP) und der Deutschen Volkspartei (DVP), welche Frauen ebenfalls einbezogen. Rechte Wehr- und Jugendbünde wie Stahlhelm, Werwolf und Jungdeutscher Orden fassten auch in Zörbig Fuß. Alle politischen Gruppierungen nutzten die Möglichkeit des Inserierens ihrer Veranstaltungen im *Zörbiger Boten*. Gastwirte stellten ihre Lokale weitgehend allen zur Verfügung. Unabhängig von ihrer politischen Einstellung erschloss sich ihnen damit eine Verdienstmöglichkeit. Im *Zörbiger Boten*, einem konservativen Blatt, erschienen meist nur Berichte über Veranstaltungen der bürgerlichen Parteien.

Grosse öffentliche

Wähler-Versammlung

Montag, den 13. Januar, 1919, abends 8 Uhr
im Schützenhause.

Thema: Die National-Versammlungswahlen und die bürgerlichen Parteien.
Bericht des A.- u. S.-Rates.

Alle Frauen und Männer sind hierzu eingeladen.

Die Unabhängige sozialdemokratische Partei·
Der Einberufer.

Abb. 2: Aufruf zur Wahlversammlung der USPD, Ortsverein Zörbig, Zörbiger Bote,
14. (sic!) Januar 1919

An Größe und Häufigkeit ihrer Inserate ist erkennbar, dass diese über weit mehr
finanzielle Mittel verfügten als die Arbeiterparteien und das Gewerkschaftskartell.

Der Arbeiterrat wurde von der örtlichen USPD dominiert. Dies zeigt sich u. a.
daran, dass der Rat bei einer großen öffentlichen Wählerversammlung der
USPD am 13. Januar 1919 mit dem Tagesordnungspunkt „Die Wahlen zur Nationalversammlung" einen Bericht erstattete (Abb. 2).

Die Wahlergebnisse vom Januar 1919 zeigen, dass die Politik von USPD und
Gewerkschaftskartell bei den Arbeitnehmern Zustimmung fand. Die USPD
erzielte bei den Wahlen zur Nationalversammlung am 19. Januar 1919 in Zörbig die Mehrheit über alle anderen Parteien. Sie hatte mit 1.112 Stimmen 82
mehr als diese zusammengenommen. Die DVP hatte mit 58 Stimmen die wenigsten.[5] Einen noch größeren Stimmenzuwachs erzielte die USPD eine Woche später bei den Wahlen zur preußischen verfassungsgebenden Landesversammlung in Zörbig (1.114 gegen 983 Stimmen), bei denen die SPD nur
relativ wenige Stimmen erhielt. Ähnliche Resultate verzeichneten die umlie-
genden Dörfer.

Nachdem von rechter Seite in der Zeitung Front gegen den Soldatenrat gemacht
wurde, ließ dieser am 13. Februar 1919 im *Zörbiger Boten* veröffentlichen, dass

---

5 Vgl. Zörbiger Bote, 21.01.1919.

seine Bildung auf rechtlicher Grundlage beruhe. Doch der Soldatenrat musste laut Verfügung des Magdeburger Zentral-Soldatenrats seine Tätigkeit einstellen. Im gleichen Jahr verließ K. Gustav Kleine, Mitglied des Soldatenrats, Zörbig und verzog nach Rahnsdorf. Der Zörbiger Soldatenrat wurde vermutlich kurz darauf aufgelöst bzw. stellte seine Tätigkeit ein.

Zu den Stadtverordnetenwahlen am 2. März 1919 strebte der Bürgerverein vergeblich eine gemeinsame Liste mit der USPD an. Seine Werbung lautete: „Wer will, daß in der zu wählenden Stadtverordneten-Versammlung keine einseitige Klassenpolitik getrieben wird, wer will, daß die allgemeinen Interessen stets den Berufsinteressen vorangehen, wer will, daß ohne Rücksicht auf Sonderwünsche einzelner nur das Wohl der ganzen Stadt ins Auge gefaßt werde, der gebe seine Stimme der Liste Herrmann"[6] Die USPD hielt dagegen: „Alle Wählerinnen und Wähler des werktätigen Volkes stimmen geschlossen für die Liste Berndt".[7] Die örtliche USPD und das Gewerkschaftskartell hatten bereits Anfang Februar eine Versammlung zu den bevorstehenden Stadtverordnetenwahlen einberufen. Dabei sollten ihre Kandidaten aufgestellt werden. Das Referat hielt Albert Baumgarte. Die Teilnehmer waren aufgefordert worden, das Mitgliedsbuch vorzuzeigen. Leser des *Volksblattes* und deren Angehörige sollten gegen Vorzeigung der Quittung Zutritt haben. Um zahlreiches Erscheinen wurde gebeten.

Die Wahlen für das Stadtparlament am 2. März bereiteten besonders die Arbeiter aktiv vor. Den Wahlvorschlag der USPD mit elf Kandidaten und einer Kandidatin unterstützten 92 Stimmberechtigte, darunter 43 Frauen, mit ihrer Unterschrift. Die Bürgerlichen zeigten sich weniger interessiert. Ihre Kandidaten wurden nur von 30 Männern und einer Frau benannt.[8]

Neue Verhältnisse? Nach den Wahlen 1919/20

Bei einer Wahlbeteiligung von 90 Prozent erzielte die USPD mit 1.066 Stimmen eine knappe Mehrheit. Auf die Kandidaten des Bürgervereins entfielen

---

6 Zörbiger Bote, 27.02.1919.
7 Zörbiger Bote, 01.03.1919.
8 Vgl. HStAZ, Acta Wahlen zur Stadtverordnetenversammlung begonnen 1919, Sign. 1328, unpag.

981 Stimmen. Damit erhielt jedes Lager sechs Sitze. Dabei kam als erste Frau Martha Jurischka ins Stadtparlament. Der Schneider Albert Baumgarte hatte ebenfalls ein Mandat erhalten. Die Funktion des Vorsitzenden erhielt der Buchführer Oskar Berndt. Nach dreimaliger Wahl mit Stimmengleichheit hatte das Los für ihn entschieden.[9]

Unmittelbar nach der Wahl stellte Bürgermeister Wilhelm Weps die Vertrauensfrage, nachdem er von den Stadtverordneten anonyme sogenannte „freundliche Briefe" und Missfallensäußerungen über seine Tätigkeit, auch hinsichtlich seines Verhaltens gegenüber dem Arbeiterrat, erhalten hatte. Bei einer weiteren Abstimmung sprachen ihm dann doch die elf anwesenden Stadtverordneten das Vertrauen aus, und Weps blieb bis 1930 im Amt.[10]

Bei der Bildung von Deputationen im Stadtrat wurden Martha Jurischka, von Beruf Hebamme, in die Armen- und Gesundheitskommission und Albert Baumgarte in die Schuldeputation gewählt. Gleich in der ersten Sitzung beantragte Baumgarte für sämtliche Schulkinder die Beschaffung von Unterrichtsmaterial. Diese Forderung lehnte der Magistrat ab. Eine erneute Abstimmung darüber fiel im Stadtrat unentschieden aus. Weil aber der Vorsitzende eine Doppelstimme hatte, wurde dem Antrag letztendlich stattgegeben. Martha Jurischka setzte sich für Stillprämien für bedürftige Mütter und die Errichtung einer Milchküche ein. Weitere Themen betrafen angesichts der großen Wohnungsnot die Beschaffung von Wohnraum.

Zur Regelung der Wirtschafts- und Ernährungsverhältnisse und Behebung der Missstände auf dem Gebiet der Obst-, Zucker-, Milch- und Kohlenversorgung bildeten Stadtverordnete und Vertreter der Bürgerschaft einen Ernährungs- und Wirtschaftsausschuss, dem sogar auf Antrag Polizeigewalt zugesprochen werden sollte. So groß war die Not.[11]

Zur Neuwahl des Bauernrats am 23. März 1919 durften nur noch Landwirte, deren Ehefrauen und deren Kinder, die über 20 Jahre alt waren, Vorschläge unterbreiten und an der Wahl teilnehmen. Landarbeiter waren schon nicht mehr zugelassen. Drei der größten Gutsbesitzer bildeten danach den Bauernrat.[12] Als

---

9   Vgl. HStAZ, Acta Protokolle der Stadtverordnetensitzungen 1909–1921, Sign. 2014 S. 322.

10 Vgl. HStAZ, Spezial-Akten über die Anstellungsbedingungen und Wahl (2) der Bürgermeister Weps usw., 1905, Sign. 3365, unpag.; und Acta Protokolle der Stadtverordnetensitzungen 1909–1921, Sign. 2014, S. 323.

11 Vgl. ebd., S. 323, 327, 331, 338, 341 und 358 f.

12 Vgl. HStAZ, Acta betr. Bauernrath in Zörbig, 1918 f., Sign. 1293, unpag.

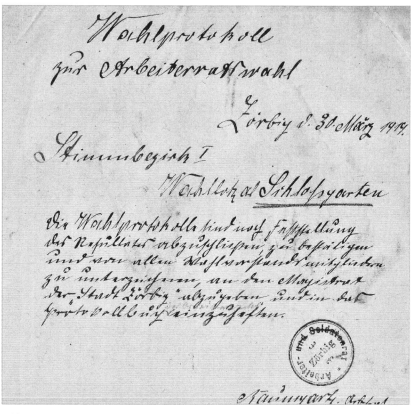

Abb. 3: Handschriftliches Wahlprotokoll der Arbeiterratswahl, 30. März 1919

dieser im Sommer die Einstellung eines Flurhüters beantragte, wurde dies abgelehnt.

Im gleichen Monat standen außerdem Wahlen für den Arbeiterrat an
(Abb. 3). Obwohl dieses Thema Tagesordnungspunkt bei der Mitgliederversammlung der USPD am 12. März 1919 gewesen war und in einem Inserat
mit Vorstellung der Kandidaten dafür geworben wurde, beteiligten sich nur
417 Personen an der Neuwahl. Das Interesse der Werktätigen hatte merklich nachgelassen. Albert Baumgarte erhielt aber 86 Prozent der Stimmen.[13]
Kurz darauf stellte der Arbeiterrat seine Tätigkeit ein. Die Vertreter der USPD

---

13 Vgl. HStAZ, Acta betr. Wahlprotokoll zur Arbeiterratswahl, Zörbig, den 30. März 1919,
Sign. 10536, unpag.

konnten nun im Stadtrat die Interessen ihrer Wähler wahrnehmen. Der Kreistag wurde entsprechend der Einwohnerzahl von den Stadtverordneten gewählt, Bürgermeister Wilhelm Weps und Schneider Albert Baumgarte errangen je ein Mandat.[14]

Bei den Magistratswahlen durch die Stadtverordneten gelang es den Vertretern der USPD ebenfalls, zwei Sitze zu gewinnen.

Im Frühjahr 1919 gründete sich ein Arbeiter-Sängerchor, der seinen ersten Auftritt bei der Maifeier hatte. Die Arbeiter-Sportbewegung von 1907 hatte unter Einbeziehung der Jugend regen Zulauf. Der Tischler Rudolf Dinsel, ein „gestandenes" SPD-Mitglied, gründete eine Jugendsportgruppe, bald darauf auch die Ortsgruppe der Freien Sozialistischen Jugend.

Der 1. Mai wurde bis 1923 als arbeitsfreier Tag mit Reden, Umzügen und Geselligkeit begangen. Der Landarbeiterverband setzte sich besonders für die Verbesserung der Lage der Landarbeiterinnen ein. Er verlangte für sie die Belieferung mit Fettzusatzkarten. Den Antrag bekam der Magistrat zur Erledigung. Ein Ergebnis ließ sich nicht ermitteln.

Zum Jahrestag der Novemberrevolution im Jahr 1919 (und auch in den Folgejahren) organisierten Gewerkschaftskartell und USPD entsprechende Gedenkveranstaltungen, z. T. mit Ball.

1920 standen Elternbeiratswahlen an. In einer Volksversammlung, organisiert von der USPD, lautete das Thema „Die gegenwärtige politische Lage und die Elternbeiratswahlen". Der Referent kam aus Halle. 50 Prozent der stimmberechtigten Eltern beteiligten sich. Die USPD warb: „Sorgt dafür, daß ihr wahrhaft revolutionäre, standhaft sozialistische Mitglieder in die Elternbeiräte bekommt! Die Elternräte werden nichts sein, wenn ihr die Bürgerlichen hinein laßt". Die Arbeitgeber mahnten: „Bei der beklagenswerten Saumseligkeit der bürgerlichen Kreise erhebt sich die große Gefahr, daß sie auch bei den Elternbeiräten ins Hintertreffen kommt."[15] Von 678 Wahlberechtigten wählten 331 Elternteile. Die Liste Bandmann (USPD) erhielt 196, die Liste Schoch 132 Stimmen. Damit errang die USPD acht Sitze, davon zwei Frauen, die Bürgerlichen fünf Sitze mit einer Frau darunter.[16]

---

14 HStAZ, Acta Protokolle der Stadtverordnetensitzungen 1909–1921, Sign. 2014 S. 340.
15 Zörbiger Bote, 04.03.1920, Inserat „Ein Mahnruf an die Eltern".
16 Vgl. Zörbiger Bote, 09.03.1920, „Die Wahlen zum Elternbeirat".

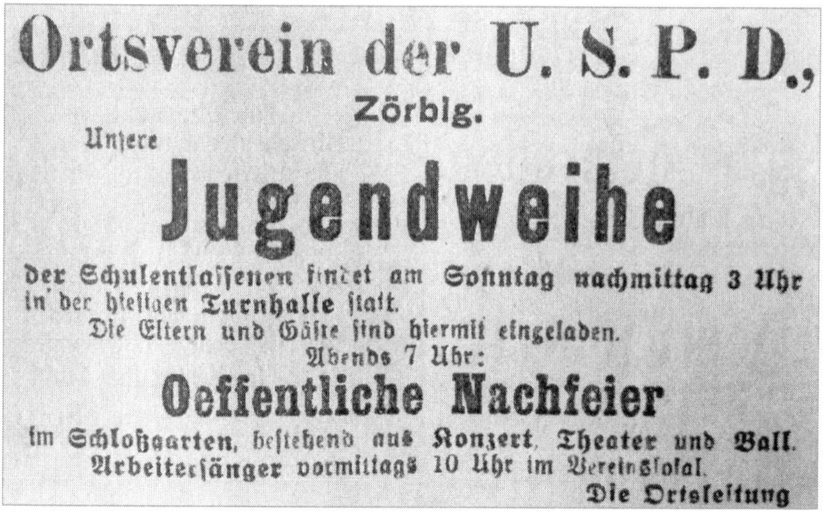

Ortsverein der U. S. P. D.,
Zörbig.
Unsere
Jugendweihe
der Schulentlassenen findet am Sonntag nachmittag 3 Uhr in der hiesigen Turnhalle statt.
Die Eltern und Gäste sind hiermit eingeladen.
Abends 7 Uhr:
Oeffentliche Nachfeier
im Schloßgarten, bestehend aus Konzert, Theater und Ball.
Arbeitersänger vormittags 10 Uhr im Vereinslokal.
Die Ortsleitung

Abb. 4: Aufruf der USPD, Ortsverein Zörbig zur Feier der Jugendweihe, 28. März 1920

Vier Schulabgänger erhielten 1920 Jugendweihe. Diese gab es auch in den Folgejahren, vor allem, als die Freidenkerbewegung im Ort Fuß fasste (Abb. 4).

Feste, Gedenken, Versammlungen – revolutionäres Gären zwischen Alltag, Gewalt und Propaganda 1920–1929

Während des Generalstreiks gegen den Kapp-Putsch wählten die Zörbiger Arbeiter einen Aktionsausschuss. In 32 Betrieben ruhte vom 15. bis 20. März 1920, bis auf Notstandsversorgung, die Arbeit. In der Landwirtschaft verrichteten die Besitzer mit Familienangehörigen notwendige Arbeiten selbst. Etwa 80 bewaffnete Aufständische aus Sandersdorf requirierten in Zörbig einen Kraftwagen sowie 50 Jagdpatronen und zwangen den Bürgermeister, weitere Munition und Waffen sicherzustellen.[17] Am 18. März gründete sich unter Vorsitz des Segeltuchwebereibesitzers Schotte der Unternehmerverband. Er handelte mit dem Arbeitnehmerverband die Beendigung des Generalstreiks zum 20. März aus.

17 Vgl. HStAZ, Acta des Magistrats zu Zörbig betr. Anmeldung und Erstattung von Tumultschäden und Streiks, 1920 ff., unpag., Nr. 3184.

Im Mai trennten sich nach einem Vortrag zu den Reichstagswahlen, der vom SPD-Kandidaten Professor Heinrich Waentig gehalten wurde und an dem ca. 90 bis 100 Personen teilnahmen, mehrere Genossen von der USPD und bildeten wieder eine eigene Ortsgruppe der SPD. Deren Vorstand gehörten ein Telegrafenarbeiter, ein Amtsgerichtssekretär und ein Bohrmeister an. Hierüber berichtete sogar der konservative *Zörbiger Bote*.[18]

Bei der Reichstagswahl am 6. Juni 1920 waren in Zörbig insgesamt 2.229 stimmberechtigte Bürger zur Wahl aufgerufen, die mit einer Wahlbeteiligung von nahezu 98 Prozent endete: Dabei erreichten USPD, SPD und KPD 1.258 Stimmen, die DNVP, DVP, DDP insgesamt 935 Stimmen. In Zörbig hatten die Arbeiterparteien damit eine Mehrheit von 320 Stimmen. Im Juni traten die Maurer in den Lohnstreik. Sie forderten 7,20 Mark Stundenlohn. Es gelang der Abschluss von Tarifverträgen für die gewerblichen Arbeiter im Baugewerbe Zörbig und Umgebung.

Der Arbeiter-Männer-Turnverein organisierte im Juli 1920 unter Teilnahme zahlreicher Vereine ein Sommerfest. Gewerkschaft und Arbeiterparteien nutzten ihre Möglichkeiten, die Arbeitnehmer über das Geschehen und ihre Rechte aufzuklären. Die SPD kündigte für das Winterhalbjahr eine ständige Vortragsreihe über politische, ökonomische und andere Themen für Zörbig und Umgebung an.

Im September berief die USPD eine außerordentliche Mitgliederversammlung ein. Eine „Stellungnahme zur III. Internationale" stand auf dem Programm. Damit deutete sich auch in Zörbig die Spaltung der USPD an. Am 30. September gründete sich im „Gasthaus zum Löwen" unter Beitritt der USPD-Mitglieder eine Ortsgruppe der VKPD. 50 Genossen sollen es laut Zeugenaussagen gewesen sein. Vorsitzender wurde Albert Schlurick.[19]

Am 15. Januar 1921 führte die KPD gemeinsam mit der Kommunistischen Jugend eine Gedenkveranstaltung für Karl Liebknecht und Rosa Luxemburg durch. Redner waren Wilhelm Koenen aus Merseburg, der öfter in Zörbig in Versammlungen referierte, und Albert Baumgarte.

Im gleichen Monat trennte sich ein Teil der früheren USPD-Genossen wieder von der VKPD. Einlader zu dieser Versammlung waren die Genossen Dinsel,

---

18 Vgl. Zörbiger Bote, 06.05.1920, „Lokales und Provinzielles".
19 Vgl. HStAZ, Bericht des Genossen Paul Müller, aufgezeichnet von den Oberschülern Reinhard Meyer und Peter Knoll, 1958, in: Kreismuseum Bitterfeld, Sign. VI 299-001 T 1923, und Befragung von Zeitzeugen zur Arbeiterbewegung durch den Museumsleiter Otto Schmidt, Zörbig, 1945, handschr. Manuskript im Heimatmuseum Zörbig.

Voigt und Schmidt. Die kommunistische Zeitung *Der Klassenkampf* konterte, dass die USPD in Zörbig „tot" sei. Nunmehr bestanden KPD, SPD und USPD als Arbeiterparteien nebeneinander.

Zu den Landtags- und Kreistagswahlen im Februar 1921 überflügelten in Zörbig die Arbeiterparteien wieder die bürgerlichen Parteien. Die Wahlbeteiligung lag bei ca. 85 Prozent. Das Gesamtergebnis im Kreis war jedoch ein ganz anderes.

Die im März 1921 um sich greifenden Unruhen tangierten auch Zörbig. Eine Versammlung des Landarbeiterverbands zur Abstimmung über den General-streik fiel aus. Bei der VKPD entschied sich die Mehrheit der Anwesenden in einer Versammlung, in welcher der Zörbiger Metallarbeiter Michaelis über den „Streik in Mitteldeutschland" sprach, dafür. Doch nur in einzelnen Betrieben ruhte stundenweise die Arbeit. 20 Mann der Reichswehr suchten nach Waffen und Munition.

Ein weiterer Bezug zu Zörbig findet sich in einem Polizeibericht: „Nach einem Gefecht mit der Sipo [Sicherheitspolizei] bei Beesenstedt flohen drei Hoelz-Anhänger mit dem PKW des [Zörbiger] Fabrikbesitzers Kotzsch, den dieser lenken mußte." Im Mai traf Schutzpolizei in Zörbig ein, um „kommunistische Hetzer zu finden und zu entwaffnen".[20]

Die USPD distanzierte sich in einer Versammlung über „Die politische Lage und die kommunistische Märzaktion 1921" von der VKPD.

Im Mai 1921 schlossen sich fünf Arbeitersportvereine in einem Kartell zusam-men.[21] Der Arbeitersängerchor hatte seinen Beitritt abgelehnt. Wenige Wochen danach konnte der „Sportklub von 1907" endlich seinen eigenen Fußballplatz einweihen. Der Antrag dazu war bereits 1919 gestellt worden.

In den Sommermonaten fanden wieder einige Versammlungen des Landarbei-terverbands statt, deren Themen sich jedes Mal auf die wirtschaftliche Lage der Landarbeiter konzentrierten. Im September organisierten die drei sozialisti-schen Parteien gemeinsam mit dem Gewerkschaftskartell eine Protestversamm-lung „Über politischen Mord – gegen die Reaktion".[22] Am 11. November wollte die KPD in einer Massenversammlung „Der 9. November und die Arbeiter-klasse" der Revolution gedenken, doch es beteiligten sich nur 46 Männer und

---

20 HStAZ, Acta der Polizeiverwaltung zu Zörbig betr. die Ausübung der politischen Polizei, 1921 f., Sign. 4038, unpag.

21 Zum Arbeitersportkartell gehörten: Arbeiter-Männer-Turn-Verein „Frisch auf", Sportklub von 1907, Arbeiter-Radfahrer-Verein „Frisch auf" Zörbig, Arbeiter-Radfahrer-Bund „Solidarität" Ortsgruppe Löberitz, Arbeiter-Radfahrer-Verein „Frisch auf" Löberitz.

22 HStAZ, Acta betr. Öffentliche Versammlungen 1920–1932, Nr. 1502, unpag.

13 Frauen daran. Am 6. Oktober 1921 verstarb Albert Baumgarte. Das war nicht nur für seine Frau und seine minderjährige Tochter ein großer Verlust, sondern auch für die hiesige Arbeiterbewegung.

Bis zum Ende der Inflation verschlechterte sich die Lage der Bevölkerung, besonders der Schulkinder, enorm. Das geht aus einem Aufruf vom 13. September 1923 in der Zeitung *Der Klassenkampf* hervor. Dort hieß es zu Zörbig: „Proletarier heraus, die Zahl der Arbeitslosen häuft sich, das erste Hundert ist überschritten, weitere Entlassungen und Kurzarbeit stehen bevor". Im Oktober 1923 streikten die Landarbeiterinnen einiger Betriebe mitten in der Rübenernte erfolgreich um höheren Lohn.[23]

In den Folgejahren setzten sich die Arbeiterparteien weiterhin für die Erreichung ihrer politischen Ziele ein, wobei lokale Interessen stets im Vordergrund standen. 1931 bis 1933 erschien als örtliches Organ der KPD regelmäßig *Die rote Fackel* als hektografiertes Blatt. Die Ortsgruppe bemühte sich um die „Einheitsfront des Proletariats". Diese kam jedoch auch in Zörbig nicht zustande: KPD, SPD, Roter Frontkämpferbund und Reichsbanner Schwarz-Rot-Gold bestanden weiterhin nebeneinander.

Mit Beginn und im Verlauf der Weltwirtschaftskrise schlossen bis auf die Zucker- und eine Saftfabrik alle bestehenden Unternehmen. Wieder steigerte sich die Not der Arbeiter ins Unermessliche. Die NSDAP hatte in Zörbig längst Fuß gefasst. Doch nach Ausscheiden des Bürgermeisters Wilhelm Weps 1930 folgte mit Diplomvolkswirt Walter Hageneier ein SPD-Mitglied ins Amt. Sein Schicksal nach der Machtergreifung durch die Nationalsozialisten und das mehrerer Funktionäre der Arbeiterparteien ließ sich bis zu ihrem Tod verfolgen. Sie waren trotz erlittener Repressalien ihrer Überzeugung treu geblieben.

---

23 Der Klassenkampf, 16.10.1923.

Wilhelm Koenen – ein vergessener Revolutionär der mitteldeutschen Rätebewegung

Vincent Streichhahn

Das Anliegen dieses Beitrags[1] wird durch ein kurzes Zitat aus einem Artikel Helga Grebings zur Aktualität regionalgeschichtlicher Forschung trefflich beschrieben: „Die mitteldeutschen Regionen zwingen dazu, dem traurigen Kapitel der vorgezogenen (vorgeschobenen?) ‚Bolschewismus- Furcht' der offiziellen Sozialdemokratie einige Abschnitte hinzuzufügen."[2] Diese in dem Sammelband *Demokratie und Emanzipation zwischen Saale und Elbe* formulierten Zeilen können als Versuch einer Bestandsaufnahme nach der Wende von 1989 betrachtet werden. Den westdeutschen Historikern war die Archivarbeit auf dem Gebiet der damaligen DDR weitgehend versagt, während die ostdeutschen Historiker die Geschichte unter Berücksichtigung der offiziellen Parteiideologie zu schreiben hatten. So fristete die (kritische) Geschichtsschreibung der mitteldeutschen Arbeiterbewegung ein kümmerliches Dasein. Der Zusammenbruch des Ostblocks bot in diesem Sinne neue Möglichkeiten der wissenschaftlichen Behandlung. Das ist bisher zwar vereinzelt, aber weiterhin nicht hinreichend geschehen.

Anhand des Partei- und Gewerkschaftsfunktionärs Wilhelm Koenen (1886–1963), der von 1911 bis 1920 im Regierungsbezirk Halle-Merseburg erst in der SPD und danach in der USPD aktiv war, um sich in der Folge der KPD anzuschließen, soll gezeigt werden, dass in der Rätebewegung nach Gesellschafts-

---

1 Bei dem vorliegenden Artikel handelt es sich um eine überarbeitete Version des Vortrags, den der Verfasser auf dem 8. Tag der sachsen-anhaltischen Landesgeschichte am 27. Oktober 2018 im hallischen Volkspark gehalten hat.

2 Helga Grebing: Zur Aktualität von regionalen Forschungen zur Geschichte der demokratischen Bewegung in Ostdeutschland, in: dies./Hans Mommsen/Karten Rudolph (Hg.), Demokratie und Emanzipation zwischen Saale und Elbe. Beiträge zur Geschichte der sozialdemokratischen Arbeiterbewegung bis 1933, Essen 1993, S. 341–348, hier S. 346.

konzeptionen jenseits der durch den Ersten Weltkrieg zeitweilig stark diskreditierten politischen Ordnung wie auch des sowjet-russischen „Modells" gesucht wurde. Wilhelm Koenen war als Räteaktivist der führende Vertreter eines solchen Weges in Mitteldeutschland. In dieser Funktion ist er jedoch weitgehend in Vergessenheit geraten. Ein biografisch angelegter Zugang soll helfen, diese nicht zum Zuge gekommene historische Option aufzuzeigen.

In dem Beitrag wird zunächst auf den äußerst bescheidenen Forschungsstand und die Quellenbasis eingegangen, bevor einige kursorische Bemerkungen zur Person Wilhelm Koenen gemacht werden. Darauf aufbauend wird das für die Rätebewegung entscheidende Organisationskonzept der Betriebsvertrauensleute vorgestellt, das in der Region Halle-Merseburg eng mit Koenen verbunden war. Auf Grundlage von zwei Beispielen, dem Antikriegsstreik im August 1917 und dem Generalstreik im Februar/März 1919, werden schließlich die zentrale Bedeutung der Betriebsvertrauensleute für diese Aktionen und die Rolle Koenens gezeigt.

Vorweg sollen an dieser Stelle zwei Thesen formuliert werden: 1) Durch das Netzwerk der Betriebsvertrauensleute konnte die Aktionsfähigkeit der SPD, später der USPD, auch in Kriegszeiten aufrechterhalten werden. 2) Das System der Betriebsvertrauensleute sorgte auch nach Ende des Krieges für eine feste Verankerung der USPD in der regionalen Arbeiterklasse und bildete damit das Fundament für die mitteldeutsche Rätebewegung.

Forschungsstand und Quellenbasis

Schon der Forschungsstand liefert ein Indiz dafür, dass es sich bei der Biografie Koenens als eines herausragenden Vertreters der mitteldeutschen Rätebewegung um ein Desiderat der Forschung handelt. Zwar fehlt Koenen in keiner Darstellung der mitteldeutschen Arbeiterbewegung.[3] Allerdings tritt er dort meist ausschließlich in seiner Funktion als SPD-, ab 1917 USPD- und ab 1920 KPD-Funktionär auf. Erwähnt wird Koenen selbstverständlich auch des Öfteren in der Darstellung von Hans-Walter Schmuhl über Halle in der Weimarer

---

3 Vgl. ROSWITHA MENDE/KARL-HEINZ LEIDIGKEIT: Von der Jahrhundertwende bis zum Roten Oktober. Geschichte der sozialdemokratischen Bezirksorganisation Halle-Merseburg (1900 bis 1917), Halle 1987; HELGA SCHUBERT: Der Generalstreik in Mitteldeutschland 1919, Halle 1958.

Republik und im Nationalsozialismus,[4] wobei seine Rolle in der Rätebewegung nicht näher thematisiert wird.

Es gibt zu Koenen lediglich eine etwas längere biografische Studie, etwa 70 Seiten, aus dem Jahr 1973 von Horst Naumann.[5] Bereits zwei Jahre zuvor veröffentlichte Naumann in den *Beiträgen zur Geschichte der Arbeiterbewegung* eine kürzere biografische Skizze, die eine Vorarbeit zu seiner Studie darstellt.[6] Naumann und Koenen kannten sich gut, was nicht verhinderte, dass die beiden Beiträge Naumanns die ideologische Färbung der DDR tragen.[7] Während in den letzten Jahren zu anderen zentralen Figuren der KPD-Führung politische Biografien erschienen sind, ist Koenen einer der Letzten aus diesem Kreis, dem diese „Ehre" noch nicht zuteilwurde.[8]

In dem bereits erwähnten Sammelband *Demokratie und Emanzipation zwischen Saale und Elbe* widmet sich Hans-Dieter Klein der Geschichte der hallischen USPD.[9] Dabei kommt er auch auf Koenen zu sprechen, sogar die Betriebsvertrauensleute werden thematisiert. Für Klein haben die Betriebsvertrauensleute, von denen manche Kontakt zur Spartakusgruppe gehabt haben sollen, das Profil der SPD im Regierungsbezirk maßgeblich geprägt und zu einer weiteren Linksentwicklung beigetragen.[10]

Ansonsten erstreckt sich die wissenschaftliche Beschäftigung mit Koenen bis dato auf verstreute Anmerkungen in der Sekundärliteratur zur Rätebewegung. So findet Koenen in den klassischen Darstellungen zur Rätebewegung zumindest am Rande Beachtung.[11] Erfreulicherweise verweist Axel Weipert in seiner 2015 publizierten Dissertation auf Koenen in Zusammenhang mit der mittel-

---

4 Vgl. HANS-WALTER SCHMUHL: Halle in der Weimarer Republik und im Nationalsozialismus (Studien zur Landesgeschichte 15), Halle 2007.

5 Vgl. HORST NAUMANN: Wilhelm Koenen. Zur Geschichte der Arbeiterbewegung im Bezirk Halle (Biographien und Erinnerungen 10), Leipzig 1973.

6 Vgl. HORST NAUMANN: Verkörperung des Kampfes dreier Generationen der revolutionären deutschen Arbeiterbewegung, in: Beiträge zur Geschichte der Arbeiterbewegung 13 (1971), S. 287–295.

7 Diese Angabe stammt aus einem Gespräch, das der Verfasser im Herbst 2018 mit der in Berlin lebenden Enkelin Koenens, Inge Münz-Koenen, geführt hat.

8 Vgl. FLO WILDE: Ernst Meyer (1887–1930) – vergessene Führungsfigur des deutschen Kommunismus. Eine politische Biographie, Diss. – Hamburg 2012; MARIO KESSLER: Ruth Fischer. Ein Leben mit und gegen Kommunisten 1895–1961 (Zeithistorische Studien 51), Köln 2013.

9 Vgl. HANS-DIETER KLEIN: Zwischen Burgfrieden und Komintern. Die Unabhängige Sozialdemokratie in Halle-Merseburg 1917–1920, in: Grebing/Mommsen/Rudolph (Hg.), Demokratie und Emanzipation (wie Anm. 2), S. 181–195.

10 Ebd., S. 185.

11 Vgl. PETER VON OERTZEN: Betriebsräte in der Novemberrevolution, Düsseldorf 1976; EBERHARD KOLB: Die Arbeiterräte in der deutschen Innenpolitik 1918–1919, Düsseldorf 1962.

deutschen Rätebewegung.[12] Doch eine systematische Untersuchung fehlt bislang, was auch daran liegt, dass die Bewegungen in Berlin und im Ruhrgebiet größere Aufmerksamkeit erfahren und Mitteldeutschland bislang historiografisch in ihrem Schatten liegt.

An der Quellenlage kann das kaum liegen. Es existieren einige von Koenen verfasste Monografien, die in öffentlichen Bibliotheken zu finden sind.[13] Darüber hinaus gibt es eine Vielzahl an Zeitungsartikeln und Reden Koenens, die anscheinend nie systematisch untersucht wurden. Die publizistische Arbeit Koenens erstreckt sich von den Zeiten des deutschen Kaiserreichs, beispielsweise als Redakteur beim hallischen *Volksblatt* (1911–1919), bis zur DDR-Zeit, in der Koenen unter anderem in der Zeitschrift *Beiträge zur Geschichte der Arbeiterbewegung* publizierte. Darüber hinaus befindet sich der Nachlass Koenens, der fünf laufende Meter bemisst, im Sonderbestand der Stiftung Archiv der Parteien und Massenorganisationen der DDR (SAPMO) im Bundesarchiv Berlin-Lichterfelde.

Der vorliegende Beitrag basiert einerseits auf den bislang erwähnten Ausführungen und Anmerkungen in der Sekundärliteratur, andererseits auf der partiellen Sichtung des Nachlasses, wobei vor allem die Anfang der 1960er Jahre verfassten Lebenserinnerungen Koenens für diesen Beitrag von Bedeutung sind.[14] Diese stammen aus dem sogenannten Erinnerungsarchiv der DDR, das in den 1950er Jahren vom Institut für Marxismus-Leninismus beim Zentralkomitee der SED eingerichtet wurde. Das Ziel des Institutes bestand darin, Materialien und Dokumente zur Geschichte der Arbeiterbewegung zu sammeln, die Linientreue der Genossinnen und Genossen zu prüfen und mit den für die Geschichtspolitik der SED kompatiblen Aufzeichnungen Agitation zu betreiben. Es ging bei der Geschichts- und Erinnerungspolitik der DDR um die Produktion von Quellen, die zum 40. Jahrestag der deutschen Novemberrevolution ihren Höhepunkt fand.[15] Unter den Erinnerungsberichten befinden sich nicht

---

12 Vgl. Axel Weipert: Die zweite Revolution: Rätebewegung in Berlin 1919/20, Berlin 2015.

13 Vgl. Wilhelm Koenen: Meine Begegnungen mit Lenin, Berlin 1957; ders.: Zur Entwicklung der Demokratie in Deutschland, Berlin 1957; ders.: Die Novemberrevolution 1918 in Deutschland, Halle 1958.

14 Die von Koenen verfassten Erinnerungen sind in der fertigen Fassung nicht Bestandteil des Nachlasses, in dem sich allerdings einige Entwürfe dazu finden. Sie sind jedoch wie der Nachlass im Sonderbestand der Stiftung Archiv der Parteien und Massenorganisationen der DDR (im Folgenden: SAPMO) einzusehen (Wilhelm Koenen, Erinnerungen, SAPMO, BArch SgY 30/355; Wilhelm Koenen, Nachlass, SAPMO, BArch NY 4074).

15 Auch in Halle gab es eine Konferenz zum 40. Jahrestag der Novemberrevolution, auf der Koenen der Hauptredner war. Nicht nur Koenens Rede wurde abgedruckt, sondern ebenso die Er-

nur diejenigen späterer SED-Funktionäre, sondern auch von weniger bekannten Zeitzeugen der revolutionären Ereignisse. Des Weiteren wurden auf den Bezirksebenen der DDR verschiedene Kommissionen zur „Erforschung der Geschichte der Arbeiterbewegung" gegründet, in deren Rahmen auch die biografische Studie Naumanns erschienen ist.

Diese Erinnerungsberichte müssen kritisch gelesen werden. Zum einen ist der große zeitliche Abstand zu den Ereignissen der Novemberrevolution zu nennen. Zum anderen muss die Funktion dieser Quellen betont werden. Das Zentralkomitee der SED legte den ideologischen Rahmen für diese Quellen weitgehend fest. Es ist davon auszugehen, dass es eine gewisse „Selbstzensur" im vorauseilenden Gehorsam gab. Allerdings hatten die Zeitzeugen durchaus einen Gestaltungsspielraum bei der Aufzeichnung ihrer Erinnerungen. Auch eine parteipolitische Zensur kann, und sei es noch so gering, durch Umschreibungen umgangen werden. Relevant ist auch, welche Ereignisse thematisiert werden. Im Falle Koenens geht es eben gerade nicht ausschließlich bzw. überwiegend um die KPD, die im Geschichtsbild der SED den zentralen Stellenwert innehatte.

Natürlich sind diese Berichte deswegen nicht als rein deskriptive Tatsachenberichte zu verstehen, sondern es handelt sich in unterschiedlicher Qualität um „ideologisch gefärbte Rückinterpretationen", die geschichtspolitisch genutzt werden sollten und genutzt wurden.[16]

Dennoch ist der Wert dieser Erinnerungsberichte, in diesem Fall derjenige Koenens, nicht zu unterschätzen. Weipert schreibt in seiner Studie zur Berliner Rätebewegung über den Quellenwert: „Diese Quellen sind hier von erheblichem Interesse, da sie oft die Sicht von Basisaktivisten wiedergeben oder einzelne Begebenheiten schildern, die in anderen Quellen überhaupt nicht oder nur sehr knapp Erwähnung finden. Sie stellen also eine der wenigen Möglichkeiten dar, den Akteuren an der Basis der Bewegung eine Stimme zu geben, nach ihren

---

innerungsberichte anderer ehemaliger „Parteiveteranen", wie es in dem Bericht heißt. Der Titel der Publikation deutet die vorgegebene DDR-Interpretation an. Da die KPD allerdings im Bezirk Halle-Merseburg in der Zeit nach ihrer Gründung zunächst keine größere Rolle spielte, geht es vordergründig um andere Entwicklungen. Koenen beschreibt das Verbleiben im USPD auch nicht explizit als Fehler, wie es in der DDR-Geschichtsschreibung üblich war (WILHELM KOENEN: Zu einigen Fragen der Novemberrevolution und Gründung der KPD, Halle 1958).

16 KATHLEEN CANNING: Das Geschlecht der Revolution – Stimmrecht und Staatsbürgertum 1918/19, in: Alexander Gallus (Hg.), Die vergessene Revolution von 1918/19, Göttingen 2010, S. 84–116, hier S. 106.

Intentionen, Aktivitäten und Erlebnissen zu fragen."[17] Koenens Bericht gibt einen wertvollen Einblick in die damalige Arbeit der Sozialdemokratie im Regierungsbezirk Halle-Merseburg, der trotz seiner ideologischen Färbung mit der klassischen DDR-Erzählung eines teleologischen Prozesses hin zur KPD bricht und die Möglichkeit eines „dritten Weges" aufzeigt.

Zur Person Wilhelm Koenen

Wilhelm Heinrich Koenen wurde am 7. April 1886 in eine sozialdemokratischen Funktionärsfamilie in Hamburg geboren. Sein Vater, Heinrich Koenen, war 1889 bei der Gründung der II. Internationale in Paris anwesend. Seine Mutter, Sophie Koenen, gehörte in den 1870er Jahren zu den Gründerinnen des Hamburger Vereins für Arbeiterfrauen und -mädchen. Koenen selbst beschreibt den Hamburger Hafenarbeiterstreik als politisierendes Ereignis seiner Kindheit, bei dem er Flugblätter an die streikenden Arbeiter und Arbeiterinnen verteilte: Die „große Hafenarbeiterbewegung von 1896/97 [war] für mich als Zehnjährigen das erste tiefe politische Erlebnis. Zum ersten Mal lag der Hamburger Hafen still, was bis dahin für einen Hamburger ganz unvorstellbar gewesen war."[18] 1903 trat Koenen mit 17 Jahren in die SPD ein. Anfang 1907 wurde er in Kiel Zeitungsberichterstatter, aber wechselte bereits Ende des Jahres zur *Königsberger Volkszeitung*. Von dort wurde er schließlich 1910 für einen halbjährigen Lehrgang an die Parteischule in Berlin geschickt, wo er unter anderem von Rosa Luxemburg unterrichtet wurde und andere Parteifunktionäre kennenlernte. Von dort „entsandte" der linke Flügel der SPD Koenen nach Halle (Saale), wo eine Stelle als Redakteur beim *Volksblatt* frei war, die Koenen 1911 antrat und bis 1919 innehaben sollte. Es ging darum, den linken Flügel der Partei in der Saalestadt zu stärken.

Bereits in den Jahren vor Halle entwickelte Koenen sich zu einem revolutionären Sozialdemokraten und Vertreter des linken Parteiflügels. Vor allem Luxemburgs Konzept des politischen Massenstreiks sollte ihn nachhaltig prägen. So schreibt Koenen, den man getrost als Schüler Luxemburgs bezeichnen kann, rückblickend selbst: „1905 haben uns die russischen Freunde den Gedanken

---

17 Weipert: Die zweite Revolution (wie Anm. 12), S. 38.
18 Zitiert nach Naumann: Wilhelm Koenen (wie Anm. 5), S. 7.

des Massenstreiks praktisch vorexerziert. Damals haben wir begriffen, daß der Massenstreik kein leeres Wort ist, sondern eine handfeste Losung, die man realisieren muß. Was Rosa Luxemburg daraus abgeleitet hat, haben wir uns vorgenommen in die Praxis zu überführen. So war uns Rosa Luxemburg, solange wir Lenin nicht kannten, wirklich die größte Kraft, die stärkste Persönlichkeit, der leuchtende Stern, dem wir gefolgt sind."[19]

Das Konzept des politischen Massenstreiks entwickelte Luxemburg aufgrund ihrer Erfahrungen in der Russischen Revolution von 1905. Nach ihrer Rückkehr aus Russland versuchte sie, das Konzept in der SPD durchzusetzen, was ihr nicht gelang. Dennoch beeinflusste Luxemburg als eine der einflussreichsten Theoretikerinnen der Sozialdemokratie am Anfang des 20. Jahrhunderts Teile der Partei. Das Konzept des Massenstreiks wird, wie noch zu zeigen ist, eine bedeutende Rolle für das mitteldeutsche System der Betriebsvertrauensleute spielen.

In Halle angekommen, gelangte Koenen schnell in hohe Funktionen. 1912 wurde er zum stellvertretenden Vorsitzenden des Gewerkschaftskartells in Halle und ein Jahr später in den SPD-Bezirksvorstand gewählt. Die weitere Entwicklung der Partei sollte Koenen in den folgenden Jahren maßgeblich prägen. Ab 1919 nahm er zunehmend überregionale Funktionen in der Partei wahr. Er wurde als USPD-Abgeordneter in die Nationalversammlung gewählt und im Sommer 1919 in die USPD-Parteizentrale berufen. Ab Juni 1920 war er Abgeordneter des Reichstages, dem er bis 1932 angehörte. Im Exil setzte er sich unermüdlich für eine „Volksfront" gegen Hitler ein, arbeitete zeitweise bei einem revolutionären Radio in England und war eine Weile in Kanada interniert.[20] Nach Kriegsende sollte er noch bis zu seinem Tod 1963 in der DDR Funktionen ausüben, wobei er zeitweilig in Konflikt mit der DDR-Führung geriet.[21]

---

19 Ebd., S. 10 f.
20 Koenen ist 1933 vor der Verfolgung durch das NS-Regime zunächst nach Paris geflohen. Er sollte ursprünglich für den Reichstagsbrand angeklagt werden. Da die deutschen Nationalsozialisten seiner Person nicht habhaft werden konnten, beließ man es bei seiner Ausbürgerung (Mitteldeutsche National-Zeitung, 04.12.1936: Kommunistischer Hetzer ausgebürgert. Wilhelm Koenen ist kein Deutscher mehr).
21 So erhielt Koenen Anfang der 1950er Jahre von der SED eine „strenge Rüge wegen mangelnder Wachsamkeit", die er bei seiner Redakteurstätigkeit in der DDR an den Tag gelegt hätte. Die Parteistrafe wurde 1956 aufgehoben. Eigentlich ging es jedoch um Koenens West-Exil. So gab es von 1950 bis 1953 eine „Überprüfung des Verhaltens von Funktionären in der ‚westlichen' Emigration und Kriegsgefangenschaft", in deren Rahmen Koenen ebenfalls befragt wurde. Die entsprechenden Untersuchungsberichte finden sich im SAPMO (BArch DY 30/IV 2/4/123). Konkret ging es um Koenens Kontakte zum Office of Strategic Services, einem Nachrichten-

Das Konzept der Betriebsvertrauensleute

Das Konzept der Betriebsvertrauensleute kann auf eine längere Tradition zurückblicken. Bereits zur Zeit der Sozialistengesetze (1878–1890) unter dem Reichskanzler Otto von Bismarck gab es vor allem auf gewerkschaftlicher Seite „Vertrauenspersonen", die die politische Arbeit unter den Rahmenbedingungen der Illegalität der Parteiorganisation zumindest behelfsmäßig aufrechterhalten sollten.[22] Während die SPD ihre politische Arbeit ab 1890 wieder in größerem Ausmaß aufnehmen konnte, war es Frauen noch bis zur Änderung des Reichsvereinsgesetzes 1908 im Grunde verboten, sich politisch zu organisieren. Es gab verschiedene Strategien, dieses Verbot zu umgehen. Dazu zählten auch die „Vertrauensfrauen", die die politische Arbeit ermöglichen sollten.[23] Es wird ersichtlich, dass das Konzept der „Vertrauenspersonen" in der Regel dazu diente, trotz Illegalität politisch aktiv zu werden bzw. zu bleiben.

Ein wesentlicher Unterschied zwischen den „Vertrauenspersonen" und den Betriebsvertrauensleuten ist, dass Letztere ihre Grundlage auf Betriebsebene fanden und dort Informationen an die Belegschaft weitergaben und agitierten. Laut Koenen waren die Betriebsvertrauensleute „eine organisatorische Form auf betrieblicher Grundlage neben dem Gewerkschaftskartell, das auf beruflicher Basis beruhte".[24] Das Konzept war, hier wird die historische Kontinuität ersichtlich, eine Reaktion auf die Bedingungen des Krieges: „Die alten Organisationsformen und Kampfmethoden genügten jetzt nicht mehr und mußten durch andere, der neuen Situation entsprechende ersetzt werden. So kam es zum Beispiel im Bezirk Halle-Merseburg zur Schaffung von politischen Betriebsvertrauensleuten in den entscheidenden Großbetrieben."[25]

In seinen Erinnerungen erwähnt Koenen, dass diese Entwicklung Parallelen aufwies, u. a. zur Entstehung der revolutionären Obleute in Berlin,[26] aber auch zur Rätebewegung im Rheinland. Nach Kriegsausbruch sei das politische Sys-

---

dienst des Kriegsministeriums der Vereinigten Staaten von 1942 bis 1945 und zum US-amerikanischen Marxisten Noel Field.

22 Vgl. RALF HOFFROGGE: Sozialismus und Arbeiterbewegung in Deutschland und Österreich. Von den Anfängen bis 1914, Stuttgart 2017, S. 81–85.

23 Vgl. ebd., S. 87–95.

24 Zitiert nach KLEIN: Zwischen Burgfrieden und Komintern (wie Anm. 9), S. 185.

25 KOENEN: Fragen zur Novemberrevolution (wie Anm. 15), S. 15.

26 Vgl. RALF HOFFROGGE: Richard Müller. Der Mann hinter der Novemberrevolution (Geschichte des Kommunismus und Linkssozialismus 7), Berlin 2008.

tem der Betriebsvertrauensleute in allen Großbetrieben Mitteldeutschlands mit aller Kraft halblegal und illegal weiterentwickelt und gefestigt worden.[27]

Für den linken Flügel der SPD in Halle, später die USPD, waren die Betriebsvertrauensleute das wichtigste Bindeglied zu den Großbetrieben. In den Jahren des Krieges konnte sich die SPD- bzw. USPD-Führung um Koenen den Zugang zu etwa 100 Betrieben des Regierungsbezirkes sichern, darunter befanden sich 39 als kriegswichtig eingestufte Betriebe, die ab 1916 entstehenden Leuna-Werke mit eingeschlossen.[28] Für die Regierungsstellen wäre das natürlich eine problematische Entwicklung gewesen, jedoch vollzog diese sich weitgehend unterhalb des Radars der Behörden, was in erster Linie an dem klandestinen Vorgehen der Betriebsvertrauensleute lag.

Dennoch wurde deren Arbeit durch die Einberufungspraxis der Behörden massiv erschwert. Unliebsame Sozialdemokraten, die nicht aufgrund eines Straftatbestandes vor Gericht gestellt und verurteilt werden konnten, wurden von den Behörden einfach an die Front geschickt, um sich ihrer zu entledigen. Laut Mende waren im September 1914 bereits 20 Prozent und im März 1915 etwa die Hälfte der Parteimitglieder der Bezirksorganisation einberufen worden.[29] Die Parteistrukturen waren dadurch in der Fläche stark ausgedünnt. Die Betriebsvertrauensleute trugen einen großen Anteil daran, dass die politische Arbeit nicht zum Erliegen kam.

Die Betriebsvertrauensleute waren weder von der Partei noch von den Gewerkschaften gewählt. Der Bezirksvorstand der SPD/USPD berief pro Betrieb einen Vertreter, der einerseits zuverlässig sein und andererseits eine enge Verbindung zur Belegschaft haben musste. Die Beratungen wurden formell als gewerkschaftliche Zusammenkünfte angegeben. In einem Turnus von vier Wochen trafen sich die Vertreter in den Kolonnaden des hallischen „Volksparks".[30] Dieses 1907 gebaute Versammlungshaus der Arbeiterbewegung war der Sozialdemokratie in den Kriegsjahren entzogen und zu einem Kriegslazarett umfunktioniert worden. Bei den dortigen Besprechungen der Vertrauensleute ging es vor allem um den Austausch von politischen Informationen, Berichte über die Stimmung in den Betrieben und die Planung von Aktionen. Bemerkenswert ist, dass es laut

---

27 Vgl. SAPMO, BArch SgY 30, Bl. 1.

28 Vgl. MENDE/LEIDIGKEIT: Jahrhundertwende (wie Anm. 3), S. 173.

29 Vgl. ROSWITHA MENDE: Arbeiterschaft und Arbeiterbewegung in Halle im Ersten Weltkrieg, in: Grebing/Mommsen/Rudolph (Hg.), Demokratie und Emanzipation (wie Anm. 2), S. 171–180, hier S. 175.

30 Bei diesen Vertretern handelt es sich, soweit dem Verfasser bekannt, ausschließlich um Männer.

Koenen während der gesamten Kriegszeit auf diesen Treffen zu keinerlei Zwischenfällen gekommen sei.[31]

Viele der Betriebsvertrauensleute waren Reklamierte[32] mit Fronterfahrung für die kriegswichtige Industrie, wie zum Beispiel Koenens Bruder Bernard, der Vertrauensmann in den Leuna-Werken wurde. Gerade in politisch riskanten Zeiten scheinen persönliche Netzwerke eine wichtige Bedeutung gehabt zu haben. Diese neuen Genossen prägten als Funktionäre das Profil der USPD und trugen zu deren weiterer Linksentwicklung und einer nachhaltigen Verankerung in der Arbeiterschaft im Bezirk Halle-Merseburg bei.[33] Der Aufbau eines Netzwerks von Betriebsvertrauensleuten lässt sich exemplarisch an den Leuna-Werken zeigen.

Die Betriebsvertrauensleute der Leuna-Werke

Als der Bau der Leuna-Werke im Sommer 1916 begann, waren Wilhelm Koenen und andere Genossen schon zur Stelle, um in akribischer Kleinstarbeit die Arbeiterschaft für ihre Sache zu gewinnen. Koenen schreibt in seinen Erinnerungen: „Als dann Mitte August die ersten vier Baracken mitten im Feld [...] errichtet worden waren, waren auch wir schon da. Als erstes begannen wir mit der Abonnentenwerbung für das Hallische ‚Volksblatt‘, [...] in dem ich alle Leunafragen bearbeitete.“[34]

Fortan zogen regelmäßig zwei bis vier USPD-Mitglieder in den Baracken mit dem *Volksblatt* von Bett zu Bett, um Abonnenten zu werben. Derweil wurden vor den Baracken Reden gehalten: „Es hat über ein Jahr lang keinen solchen Freitag gegeben, an dem ich nicht wenigstens mit einem weiteren führenden Funktionär draußen agitierte. Das Ergebnis war, daß wir mit dem Fortschreiten der Bauarbeiten schon nach wenigen Monaten über 1.000 Abonnenten hatten.“[35] Ein paar Monate später betrug die Abonnentenzahl schon ca. 2.000. Die Belegschaft war ein Jahr nach Baubeginn auf 12.000 angewachsen.[36] Der

---

31 Vgl. NAUMANN: Wilhelm Koenen (wie Anm. 5), S. 20.
32 Zum Krieg eingezogene Soldaten konnten „reklamiert“ werden, d. h. sie konnten für den Einsatz im zivilen bzw. kriegswichtigen Bereich vom Kriegsdienst befreit werden.
33 Vgl. KLEIN: Zwischen Burgfrieden und Komintern (wie Anm. 9), S. 185.
34 SAPMO, BArch SgY 30, Bl. 21.
35 Ebd., Bl. 22.
36 Unter der Belegschaft befanden sich 1917 auch 1.000 Frauen, 1918 dann 2.000, die jedoch mit

hohe Anteil der Abonnenten an ihr lässt darauf schließen, dass die Ansichten und Positionen der SPD und später der USPD, soweit es die Kriegszensur zuließ, unter der Arbeiterschaft breit bekannt waren.

Etwa ein Dreivierteljahr nach Grundsteinlegung der Leuna-Werke gründete sich im März 1917 schließlich eine Parteigruppe in den Werken selbst, die unter maßgeblicher Beteiligung von Bernard Koenen entstand. Diese Betriebsgruppe trat gar nicht erst in die SPD ein, sondern schloss sich der im April 1917 gegründeten USPD an. Im Regierungsbezirk übernahm die USPD fast die gesamte Infrastruktur der Sozialdemokratischen Partei – die eigentliche Neugründung, anders als in nahezu allen anderen Regionen Deutschlands, war in Halle-Merseburg die MSPD, die vorerst wenig Einfluss hatte. „Dieser starke, politisch bewusste Kern hatte, wie in anderen Großbetrieben Mitteldeutschlands, sofort die Schaffung eines Systems von Betriebsvertrauensleuten in allen Bauabschnitten und Abteilungen des inzwischen riesig entwickelten Betriebes begonnen."[37] Die erste politische Aktion im Betrieb fand am 16. April 1917 als Reaktion auf die Kürzung der Brotration statt. Gut ein Viertel der Belegschaft verließ zeitweise den Betrieb, um für höhere Löhne zu streiken.[38] Die Streikbewegung erreichte zwar bei weitem nicht die Intensität der Streiks in Berlin und Leipzig, aber sie zeigte deutlich, dass sich eine Opposition zu formieren begann.[39] Dieser beharrliche Organisationsaufbau, hier exemplarisch an den Leuna-Werken beschrieben, bildete das Fundament, auf dem die revolutionären Aktionen der folgenden Zeit gedeihen konnten.

Revolutionäre Anläufe

Im abschließenden Teil des Artikels wird zum einen näher auf den Antikriegsstreik im August 1917, zum anderen auf den Generalstreik im Februar/März 1919 eingegangen. Anhand dieser zwei politischen Aktionen sollen die nachhaltige Wirkung der Betriebsvertrauensleute und die Rolle Wilhelm Koenens herausgestellt werden.

---

knapp 40 Prozent nur einen Bruchteil im Vergleich zu den Männern verdienten, vgl. MENDE: Arbeiterschaft (wie Anm. 29), S. 177 f.

37 SAPMO, BArch SgY 30 Bl. 24.

38 Ebd., Bl. 25 f.

39 Vgl. MENDE/LEIDIGKEIT: Jahrhundertwende (wie Anm. 3), S. 325.

Drei Monate nachdem rund ein Viertel der Leuna-Belegschaft gegen die steigenden Brotpreise gestreikt hatte, wurde ein Antikriegsstreik vorbereitet. „Auf einer solch durchorganisierten Basis konnten wir Ende Juli zur Vorbereitung eines gemeinsamen Antikriegsstreiks der mitteldeutschen Großbetriebe übergehen. Als Bezirksvorsitzender der USPD zusammen mit unserem Parteisekretär veranstalteten wir eine Konferenz von 22 führenden Parteifunktionären, die an der Spitze der Betriebsvertrauensleute standen."[40] Aus einer von Wilhelm Koenen angefertigten und im Nachlass verwahrten Anwesenheitsliste geht hervor, dass insgesamt 24 linke USPD-Funktionäre, die illegal unter der Leitung Koenens im Gasthaus „Müllers Hotel" in Halle tagten, zusammenkamen. Darunter waren (ausschließlich männliche) Vertreter aus Halle, Merseburg Leuna, Mansfeld, Bitterfeld und Wittenberg, die verschiedene Industriebereiche repräsentierten.[41]

Am Ende des illegalen Treffens stand der Beschluss zur Durchführung eines Antikriegsstreiks: „Hier wußten wir, daß infolge der bereits in den vorherigen Kriegsjahren geschaffenen Betriebsvertrauensleute jeder erschienene Genosse wirklich verantwortlich für die Gesamtbelegschaft sprechen und entscheiden konnte. So wurde in dieser Konferenz der Beschluß für den gemeinsamen Antikriegsstreik der mitteldeutschen Großbetriebe für den 15. August aus Anlaß der Kürzungen der Fleischrationen einmütig gefaßt."[42] Es wurden auch Abmachungen über den geplanten Ablauf getroffen. Zunächst sollten einige Traditionsbetriebe in Halle am Morgen die Arbeit niederlegen. Danach sollte es dann zu einer Ausweitung des Streiks kommen, der zu einem deutschlandweiten Generalstreik zur Beendigung des Krieges anwachsen sollte.

Zum Ablauf des Streiks schreibt Wilhelm Koenen: „Nach unserem Plan fing dieser Antikriegsstreik in Halle in den Metallbetrieben an. Daraufhin begannen auf ein Zeichen unseres Vertrauensmannes aus dem Werk dann die Bauarbeiter in Leuna von den Gerüsten zu klettern. Es war ein eindrucksvolles Bild: Plötzlich, für die Werkleitung und Polizei völlig überraschend, belebten sich die Gerüste. Überall kletterten und kletterten die Bauarbeiter, Maurer und Zimmerer herunter, strömten die Metall- und Chemiearbeiter aus den Toren und ein riesiger Demonstrationszug der 12.000 marschierte in Richtung Merseburg."[43]

---

40 SAPMO, BArch SgY 30, Bl. 26 f.
41 Vgl. SAPMO, BArch NL 74 230, Bl. 28.
42 SAPMO, BArch SgY 30, Bl. 27.
43 Zitiert nach NAUMANN: Wilhelm Koenen (wie Anm. 5), S. 22.

Der Streik zielte vordergründig auf bessere Arbeitsbedingungen. Doch den Genossen um Koenen ging es darüber hinaus darum, den „Antikriegsgedanken" ins Zentrum des Bewusstseins der Arbeiter und Arbeiterinnen zu rücken. Das sollte durch das Verteilen von Zetteln mit Antikriegsbotschaften im Demonstrationszug vorangetrieben werden. Die grundlegende Strategie dahinter lässt sich mit dem Konzept des politischen Massenstreiks in geeigneter Weise beschreiben. Es ging ihnen um die Verzahnung des politischen und wirtschaftlichen Streiks, die sich Luxemburg zufolge gegenseitig verstärken und die politische in eine sozialistische Revolution verwandeln würden.[44] Für diese Verzahnung waren die Betriebsvertrauensleute als geschulte sozialistische Funktionäre die Akteure par excellence.

Die Effektivität dieses Organisationskonzeptes deutet der Bericht des Regierungspräsidenten Wolf von Gersdorff an, der am 15. August nach Berlin schrieb: „Eure Exzellenz beehre ich mich in Verfolg meiner Telegramme gehorsamst zu berichten, daß die Streikbewegung im hiesigen Bezirke zweifellos noch im Zunehmen begriffen ist. Gestern war die Arbeiterschaft, wie die Nachrichten aller beteiligten Behörden übereinstimmend ergaben, noch vollständig ruhig."[45] Die Namen der Agitatoren, die zur Niederlegung der Arbeit aufriefen, musste Gersdorff zugeben, waren trotz Nachforschungen „leider bisher geheim geblieben".[46]

Am 18. August 1917 wurde der Streik nach Erfüllung einiger der wirtschaftlichen Forderungen geschlossen abgebrochen, was für eine realistische Einschätzung der damaligen Kräfteverhältnisse spricht.[47] Der Streik war noch nicht dazu in der Lage, weiter auszugreifen. „Dieser Streik war der erste und größte Antikriegsstreik im Regierungsbezirk Merseburg im Ersten Weltkrieg. […] Obwohl das zentrale Ziel des Auguststreiks 1917, die Auslösung eines Generalstreiks in ganz Deutschland, nicht erreicht wurde, waren doch deutliche Zeichen dafür gesetzt, daß ein großer Teil der Menschen in Halle und in den Industriezentren des Regierungsbezirks Merseburg auf Frieden drängte und für seine Erreichung zu kämpfen bereit war."[48]

Der Erste Weltkrieg sollte sich noch ein weiteres Jahr hinziehen. Wilhelm Koenen wurde einige Zeit nach dem Antikriegsstreik trotz schwerer Kurzsichtigkeit

---

44 Rosa Luxemburg: Unser Programm und die politische Situation, in: Günter Radczun (Hg.), Rosa Luxemburg. Politische Schriften, Leipzig 1970, S. 401.
45 Ebd., S. 23.
46 Ebd.
47 Vgl. Mende/Leidigkeit: Jahrhundertwende (wie Anm. 3), S. 328.
48 Mende: Arbeiterschaft und Arbeiterbewegung (wie Anm. 29), S. 178 f.

noch eingezogen, was eine verbreitete Strategie der staatlichen Behörden war, um sich „lästiger Quälgeister" zu entledigen.[49] Er selbst führte seine Einberufung auf die Antikriegsdemonstration der Jugendinternationale zurück, die Anfang September 1917 in Halle stattfand. Koenen war als Bezirksleiter der Arbeiterjugend Halle-Merseburg an der Organisation beteiligt. Der im Zuge dessen gegen ihn eingeleitete Hochverratsprozess verzögerte sich zunächst, da die Zeugen alle nichts sagten. Schließlich wurde der Prozess durch die Novemberrevolution zur Makulatur. Etwa ein Jahr war er jedoch nur bedingt handlungsfähig. Erst nach dem Matrosenaufstand in Kiel, also mit dem Ausbruch der Revolution, „konnte ich wirklich wieder aktiv werden", schreibt er selbst.[50]

Beim Ausbruch der Novemberrevolution befand Wilhelm Koenen sich als Soldat in Grabow bei Burg. Zurück in Halle wurde er Mitte November zu einem der drei Kommissare des Bezirks-Arbeiter- und Soldatenrates in Merseburg gewählt. Dieser delegierte ihn und Alfred Oelßner für den Ersten Reichsrätekongress der Arbeiter- und Soldatenräte, der Mitte Dezember im Berliner Abgeordnetenhaus tagte.[51] Das zeigt, welche Popularität Wilhelm Koenen unter der Arbeiterschaft genossen haben muss, und seine Wahl zum Delegierten liefert ein weiteres Indiz dafür, dass der Arbeiter- und Soldatenrat in Merseburg linker war als die weitgehend von der MSPD dominierten Räte im restlichen Land. Was auch daran lag, dass die MSPD nach der Trennung von der USPD im April 1917 kaum politischen Einfluss im Bezirk vorzuweisen hatte.[52]

Auf dem Reichsrätekongress unterstützte Wilhelm Koenen den von Ernst Däumig als Vertreter der Berliner Obleute eingebrachten Antrag zur Übertragung der gesamten Macht an die Räte.[53] Der von der MSPD dominierte Kongress sprach sich für die baldige Wahl zur Nationalversammlung aus. Der Sozialisierung wurde ein eigener Tagungsordnungspunkt auf dem Kongress gewidmet. Die Forderung nach einer Sozialisierung war auf der Versammlung klares Ziel

---

49 Vgl. SAPMO, BArch SgY 30, Bl. 2.
50 Ebd., Bl. 4.
51 Vgl. ebd., Bl. 52.
52 Vgl. MENDE, Arbeiterschaft und Arbeiterbewegung (wie Anm. 29), S. 178.
53 Wolfgang Mommsen behauptet in Referenz auf die Arbeit David Morgans zur USPD, dass Koenen von den revolutionären Obleuten käme (WOLFGANG MOMMSEN: Die deutsche Revolution 1918–1920. Politische Revolution und soziale Protestbewegung, in: Geschichte und Gesellschaft 4 [1978], S. 362–391, hier S. 381). Das stimmt nicht. Wilhelm Koenen stand den revolutionären Obleuten zwar inhaltlich nahe und kannte deren Vertreter. Von den revolutionären Obleuten aus Berlin kommt er aber nicht. In Berlin besuchte Koenen nur etwa ein halbes Jahr die SPD-Parteischule, kurz bevor er in Halle Redakteur beim Volksblatt wurde. Nach Berlin zog es ihn dann erst durch seine Wahl in die Nationalversammlung und später in den Reichstag.

der hallischen Delegierten. In einer Rede auf dem Kongress forderte Koenen die Vergesellschaftung der Stickstoffindustrie, des Bergbaus und der Großbanken. Den Arbeitern käme es darauf an, „daß kein kapitalistischer Profit aus den Betrieben mehr gezogen wird".[54] Der Rat der Volksbeauftragten hatte bereits am 18. November 1918 entschieden, dass alle „reifen" Industriezweige sozialisiert werden sollten. Zuvor sollte sich jedoch eine Kommission aus Nationalökonomen mit dieser Frage befassen.[55] Zu einer Sozialisierung kam es nie.

Auf dem Reichsrätekongress, zu dem insgesamt nur zwei Frauen delegiert waren, kam es zu ersten Versuchen, die Rätebewegung im ganzen Land zu koordinieren. Es gab, wie Wilhelm Koenen beschreibt, Verbindungen und Absprachen zwischen Mitteldeutschland, Rheinland-Westfalen und Berlin: „Wir stellten eine enge Verbindung zu den Arbeiter- und Soldatenräten von Rheinland-Westfalen und Berlin her, die dann zwischen Otto Braß, Düwell, Geyer, Merges und mir in Weimar noch lebhafter wurden. Wir wollten die Aufgabe lösen, die 1916 aus der SPD ausgeschlossenen linken Bezirke in Ländergruppen zusammenzufassen. Es war unser entschlossener Wille, aus der halben Revolution die ganze werden zu lassen."[56] Die parlamentarische Arbeit wurde also von den oben genannten USPD-Abgeordneten dazu genutzt, die Rätebewegung gemeinsam handlungsfähig zu machen. Um aus der halben die ganze Revolution zu machen, wurde ein gemeinsamer Generalstreik geplant. „Der Plan für den Generalstreik sah vor, daß der Bezirk Halle am 23. Februar mit dem Streik für die Rechte der Betriebsräte beginnen sollte. Am 25. Februar sollten sich Leipzig und Thüringen anschließen, in diesen Tagen sollte der Streik auch in Rheinland-Westfalen beginnen. Etwas später sollte Berlin folgen. Das Ziel war: Errichtung des Räte-Systems und Aufbau des Sozialismus."[57] So einfach war es dann nicht. Berlin war schließlich zu spät, das Rheinland zu früh dran. Der Generalstreik wurde, auch wegen der militärischen Übermacht der Freikorps, in Mitteldeutschland nach zwei Wochen abgebrochen. Aber erst, so versichert Koenen, „nachdem uns in Weimar die Zusage der Anerkennung der freigewählten Betriebsräte als mitbestimmende Organe gegeben worden war."[58]

---

54 ZENTRALRAT DER SOZIALISTISCHEN REPUBLIK DEUTSCHLANDS: Allgemeiner Kongreß der Arbeiter- und Soldatenräte Deutschlands. Vom 16. bis 21 Dezember 1918 im Abgeordnetenhaus zu Berlin. Stenographische Berichte, Berlin 1919, S. 169.
55 Vgl. HEINRICH AUGUST WINKLER: Weimar. Die Geschichte der ersten deutschen Demokratie 1918–1933, München 1993, S. 46.
56 SAPMO, BArch SgY 30, Bl. 52.
57 Ebd., Bl. 55.
58 Ebd., Bl. 4.

Die Anerkennung der Betriebsräte durch die Regierung war das vorab formulierte Ziel des Generalstreiks. Der Streik wurde von der MSPD abgelehnt, und die Gewerkschaften weigerten sich, die Streikenden materiell zu unterstützen. Zum Höhepunkt des Streiks am 27. Februar waren drei Viertel der Betriebe im mitteldeutschen Industriebetrieb betroffen. Mit roten Fahnen ausgestattet, zog eine Massendemonstration von 40.000 bis 50.000 Arbeitern und Arbeiterinnen durch Halle. Die Regierung in Weimar verkündete derweil: „Die Sozialisierung ist da!"[59] Gleichzeitig wurde ein Freikorps unter der Führung von General Georg Maercker nach Halle geschickt. Maercker betonte 1921 retrospektiv, dass es der Regierung allein darum gegangen sei, die politische Macht zu erhalten und nicht, wie sie behauptete, Ordnung herzustellen.[60] Der Streik in Halle verlief bis zum Einmarsch des Freikorps weitgehend friedlich. Am 8. März war der Streik in Mitteldeutschland überall beendet. Die Anerkennung der Betriebsräte wurde beschlossen. „Ihr Ziel, durch die Einsetzung der Betriebsräte mit weitreichenden Befugnissen die sofortige Sozialisierung der Wirtschaft zu erzwingen, hatten die streikenden Arbeiter jedoch weit verfehlt."[61]

Das Narrativ einer koordinierten Planung des Generalstreiks durch führende Akteure der USPD bedeutet nicht, dass die Arbeitermassen einfach dem Ruf der Partei gefolgt wären. Noch während der Kriegszeit kam es immer wieder zu relativ spontanen Streikbewegungen, wie beispielsweise dem Munitionsarbeiterstreik im Januar 1918. Die regionalen Generalstreiks ein Jahr später sind sicherlich auch auf spontane Ausstände der vom Weltkrieg geplagten Belegschaften zurückzuführen. Eine Revolution plant man nicht am Reißbrett. Doch es wäre falsch, die Leistung der parteilichen Organisation schematisch der Spontaneität der Arbeiter und Arbeiterinnen gegenüberzustellen und diese Gleichung in eine Richtung auflösen zu wollen.

Das lässt sich anhand von Rosa Luxemburgs Denken über die Dialektik von Spontaneität und Organisation erklären. Diese seien nicht voneinander zu trennen, sondern zwei verschiedene Momente desselben Prozesses, die einander bedingen. „Ihr eigentlicher Führer [der Sozialdemokratie, V.S.] ist in Wirklichkeit die Masse selbst, und zwar dialektisch in ihrem Entwicklungsprozeß aufgefaßt. Je mehr sich die Sozialdemokratie entwickelt, wächst, erstarkt, um so mehr nimmt die aufgeklärte Arbeitermasse mit jedem Tage ihre Schicksale, die

---

59 Zit. nach SCHMUHL: Halle (wie Anm. 4), S. 37.
60 Vgl. GEORG MAERCKER: Vom Kaiserheer zur Reichswehr, Leipzig 1921, S. 161 f.
61 SCHMUHL: Halle (wie Anm. 4), S. 38.

Leitung ihrer Gesamtbewegung, die Bestimmung ihrer Richtlinien in die eigene Hand", schreibt Luxemburg.[62]

Die Losungen der Bewegung, die Richtung des Streiks, ja gar die Hoffnung auf eine progressive Veränderung seitens der Belegschaften fällt nicht einfach vom Himmel, sondern ist bereits Resultat der politischen Agitation und Aufbauarbeit durch die Arbeiterparteien. Der Streik mag spontan ausbrechen, aber je besser die politische Organisationsarbeit im Vorfeld war, was auf viel mehr als die konkreten Streikplanungen bezogen ist, desto besser wird es den Akteuren gelingen, Einfluss auf die Bewegung zu nehmen. Nicht zufällig war es u. a. Wilhelm Koenen, der mit der Regierung in Weimar über die Frage der Betriebsräte verhandelte. Spontaneität ist also durch Organisation vermittelt, so wie Organisation sich durch Spontaneität vermitteln muss.

Nach Ende des Generalstreiks wurde Wilhelm Koenen in der Nationalversammlung und Presse vorgeworfen, die Arbeiter und Arbeiterinnen getäuscht zu haben. Die Regierung hätte nämlich am Ende das beschlossen, was sie schon vorab garantiert habe. Der Grund für diese Perspektive, die freilich auch dazu beitragen sollte, den Generalstreik rückwirkend weiter zu diskreditieren, liegt in der unterschiedlichen Auffassung über die Betriebsräte begründet. In den Arbeiter- und Soldatenräten sei die „Wünschbarkeit der Sozialisierung und deren konkrete Realisierung höchst unterschiedlich und im allgemeinen ziemlich vage gewesen", konstatiert Wolfgang Mommsen.[63]

Wilhelm Koenen hatte sich auf dem Ersten Reichsrätekongress im Dezember 1918 dazu recht eindeutig geäußert. Ihm ging es vor allem um den Bergbau, die Stickstoffindustrie und die Großbanken. Aus diesen sollte, wie bereits erwähnt, kein kapitalistischer Profit mehr gezogen werden. Die Belegschaft sollte alle relevanten Entscheidungen treffen. Ob es sich aber um eine Vergesellschaftung oder Verstaatlichung handeln sollte, da war Koenen nicht ganz präzise. Die Formulierung, man müsse zunächst die „Arbeiter für die Arbeit interessieren", deutet jedenfalls darauf hin, dass es sich zunächst um eine Verstaatlichung unter maßgeblicher Beteiligung der Belegschaften handeln sollte. Koenen sprach auch weiterhin von Löhnen, was diese Interpretation stützen würde und dem unmittelbaren Bedürfnis der Belegschaften entsprach. Bei den Großbanken war er hingegen eindeutig, hier sollte es eine Verstaatlichung geben.[64]

---

62 ROSA LUXEMBURG: Der politische Führer der deutschen Arbeiterklasse, in: Die Gleichheit 20 (1910), Nr. 10, S. 146–149, hier S. 146.
63 MOMMSEN: Die deutsche Revolution (wie Anm. 53), S. 366.
64 Vgl. ZENTRALRAT: Allgemeiner Kongreß (wie Anm. 54), S. 169 f.

Ganz konkret ging es der Bewegung um Koenen, da ist Mommsen zuzustimmen, um Veränderungen unmittelbarer Art, was die direkte Einflussnahme der Belegschaften und bessere Arbeits- und Lohnbedingungen betraf.[65] Die Regierung hingegen garantierte zunächst nur „Ausschüsse", die die Wünsche der Belegschaften den Unternehmern vortragen sollten – was keineswegs mit Betriebsräten gleichzusetzen ist.[66] Es ist anzunehmen, dass in der Arbeiterschaft verschiedenste Vorstellungen über die Ausgestaltung der Betriebsräte existierten. Bini Adamczak spricht auf Russland bezogen vom „Missverständnis der Revolution",[67] da Akteure unter den gleichen Begriffen teils völlig konträre Dinge meinten – das wird in Deutschland damals nicht anders gewesen sein.

Hat Wilhelm Koenen die Belegschaften seiner Region also bewusst getäuscht? Die Anerkennung der Betriebsräte war vor dem Streik keineswegs gewiss. Das Kontrollrecht in Betriebsangelegenheiten wurde durch die Regierung versagt und die endgültige Entscheidung der Nationalversammlung überlassen.[68] Das war nun gewiss nicht vereinbar mit der Position Koenens. Dass die Kontrollrechte auch nach dem Streik nicht bewilligt wurden, ist nun nicht ihm anzulasten und schwerlich mit einer vorherigen Täuschung in Verbindung zu bringen. Die Regierung ließ die regionalen Generalstreiks durch die Freikorpsverbände niederschießen und minimierte dadurch die Verhandlungsmacht der Belegschaften. Vor einem Massenstreik ist nie klar, was am Ende erreicht wird.

Fest steht: Der USPD-Bezirksverband Halle-Merseburg hatte eine deutlich radikalere Vorstellung von der Sozialisierung als weite Teile der Gesamtpartei und der Regierung. Dass der rechte Flügel der USPD um Karl Kautsky, Eduard Bernstein und anderen keineswegs auf ein reines Rätesystem zielte, wird durch folgende Episode deutlich. Parallel zum Generalstreik fand nämlich der sogenannte „Revolutionsparteitag" der USPD statt, was Koenen als Frechheit empfand: „Ich verhinderte damals die Entsendung einer Delegation des Bezirks aus Protest gegen die Tagung des Parteitags während des Generalstreiks."[69] Der Parteitag führte jedoch auch ohne die hallische Delegation zu einer weiteren Linksentwicklung der USPD. Der Flügel Koenen ging – trotz Abwesenheit – gestärkt aus der Auseinandersetzung hervor: „Die Stärke unserer Organisation

---

65 Vgl. MOMMSEN: Die deutsche Revolution (wie Anm. 53), S. 381.
66 SCHUBERT: Der Generalstreik (wie Anm. 3), S. 21.
67 Vgl. BINI ADAMCZAK: Beziehungsweise Revolution. 1917, 1968 und kommende, Berlin 2017, S. 56–76, hier S. 56.
68 Vgl. SCHUBERT: Der Generalstreik (wie Anm. 3), S. 21.
69 SAPMO, BArch SgY 30, Bl. 5.

und unserer Kampfposition führte wenige Monate später im Juli 1919 auf Vorschlag Hugo Haases zu meiner Berufung in das Zentralkomitee der USPD."[70] Haase, der Ende desselben Jahres an den Folgen eines Anschlages starb, war damals Parteivorsitzender der USPD, zählte aber keineswegs zum linken Flügel der Partei. Koenen kannte Haase noch aus seiner Zeit in Königsberg, was diese Entscheidung vielleicht beeinflusste.

Abschließend soll zumindest erwähnt sein, dass Wilhelm Koenen beinahe ein ähnliches Schicksal wie den Matrosen Karl Meseberg ereilt hätte. Das nach der Besetzung Halles von General Maercker aus Studenten, Schülern und anderen bürgerlichen Hallensern aufgestellte Freikorps schickte nämlich auch in seine Wohnung in Halle ein Mordkommando: „In der Nacht, die ich in Leipzig verbracht hatte, waren vier schwer bewaffnete Maercker-Banditen nach Mitternacht in meine Wohnung eingedrungen. Da sie mein Bett unberührt fanden, auch von Frau und Kind keine Auskunft erhielten, rückten sie polternd wieder ab."[71]

Ausblick

Wilhelm Koenen war während des Krieges und in den Anfangsjahren der Weimarer Republik in der Region Halle-Merseburg in unermüdlichem Einsatz für die Rätebewegung aktiv. Dabei fühlte er sich vor allem mit den revolutionären Obleuten in Berlin und der Rätebewegung in Rheinland-Westfalen verbunden. So gab es Versuche der gemeinsamen Koordination und Aktion, was jedoch schlussendlich nicht erfolgreich war. Aus der halben Revolution wurde keine ganze. Dennoch, das Konzept der revolutionären Betriebsvertrauensleute sicherte der in Kriegszeiten nicht nur durch Einberufungen geplagten Sozialdemokratischen Partei, wie gezeigt werden sollte, zunächst die politische Handlungsfähigkeit.

Das Netzwerk der Betriebsvertrauensleute war darüber hinaus eine Voraussetzung für den großen Antikriegsstreik im August 1917, der zumindest einige Zugeständnisse wirtschaftlicher Natur brachte und der Arbeiterschaft zeigte, dass Veränderung möglich war. Das Organisationskonzept hat auch nach Kriegs-

---

70 Ebd., Bl. 5.
71 Ebd., Bl. 57.

ende zu einer starken Verankerung in der regionalen Arbeiterklasse geführt, die im Februar/März 1919 einen revolutionären Anlauf unternahm. Es ließe sich positiv formulieren, dass die Institution der Betriebsräte damals erkämpft wurde. Genauso stimmt: Die weitgehende Entmachtung der Räte war besiegelt.

Wilhelm Koenen ist ein weitgehend vergessener Revolutionär der Rätebewegung, die keineswegs von Anfang an auf „leninistischem Kurs" war. Sie zeigte vielmehr, dass es durchaus andere historische Optionen gegeben hätte. Fest steht, dass die Bedeutung Koenens in einem eklatanten Widerspruch zu dessen wissenschaftlicher Behandlung steht. Dieser Artikel soll das Verschüttete der Geschichte zumindest ein Stück weit freilegen.

Von der Revolution in Anhalt bis zum Kapp-Putsch in Berlin. Wolfgang Heines politisches Denken und Handeln

Sebastian Elsbach

Die Geschichte der Weimarer Republik erfährt gegenwärtig eine Neuinterpretation,[1] in der den Chancen und Möglichkeiten der Demokratie vermehrt Raum gewährt wird, während in der älteren Forschung vor allem das Wie und Warum des Scheiterns im Vordergrund standen.[2] Dieses Paradigma des Scheiterns hatte Auswirkungen auf alle historischen Teilfragen und bestimmte auch die biografische Forschung. In Bezug auf Wolfgang Heine (1861–1944), einen der führenden Köpfe des rechten Parteiflügels der SPD in der Kaiserzeit, hatte das zur Folge, dass seine politischen Leistungen lediglich anhand eines vermeintlichen Scheiterns seiner Bemühungen als verantwortlicher Innenminister um eine Reform der preußischen Polizei gemessen wurden. Daneben blieben seine Rolle in der Revolution des Freistaats Anhalt wie auch seine politische Persönlichkeit insgesamt in der breiteren Literatur unberücksichtigt.[3] Seine Amtszeit als Staatsratsvorsitzender und erster Ministerpräsident des Landes wird in der regionalspezifischen Fachliteratur natürlich erwähnt, doch auch hier liegt der Fokus auf anderen Akteuren wie Heinrich Peus und Heinrich Deist.[4]

---

1 Ich möchte insbesondere Marcel Böhles, Andreas Braune und Ronny Noak für konstruktive Beiträge zum Text danken. Dank gebührt auch Peter Beule, der eine kleine Diskussionsrunde zu Heine in der Friedrich-Ebert-Stiftung anregte, die im Dezember 2018 stattfand.

2 Siehe Andreas Braune/Michael Dreyer: Weimar als Herausforderung. Die Weimarer Republik und die Demokratie im 21. Jahrhundert, Stuttgart 2016.

3 Siehe Mark Jones: Am Anfang war Gewalt. Die deutsche Revolution 1918/19 und der Beginn der Weimarer Republik, S. 282 ff.; Heinrich August Winkler: Von der Revolution zur Stabilisierung. Arbeiter und Arbeiterbewegung in der Weimarer Republik 1918 bis 1924, Bonn 1985, S. 322 f., 339 f. In der Überblicksliteratur bleibt es bei knappen Erwähnungen Heines im Kontext des Kapp-Putsches. So bei Ursula Büttner: Weimar. Die überforderte Republik 1918–1933, Bonn 2008, S. 142.

4 Siehe Justus H. Ulbricht (Hg.): Anhalts Weg ins „Zeitalter der Extreme" 1871–1945, Halle 2014, Personenregister; Ralf Regener: Heinrich Peus, Heinrich Deist und der eigentümliche

Richtig an dieser Sichtweise ist, dass Peus und Deist, anders als Heine, über viele Jahre hinweg in Anhalt tätig waren. Ähnliches gilt für das Amt des preußischen Innenministers, welches gemeinhin mit dem über zehn Jahre darin wirkenden Carl Severing assoziiert wird und nicht mit dem auch an dieser Stelle nur kurzzeitig amtierenden Heine. Die Amtsgeschäfte Anhalts leitete Heine vom November 1918 bis Juli 1919. Seine Amtszeit als preußischer Innenminister währte vom März 1919 bis zum März 1920. Hinzu kommt seine Amtszeit als preußischer Justizminister von November 1918 bis März 1919. Dies sind für sich genommen nur kurze Zeitabschnitte, doch etablierten sich die Freistaaten Anhalt und Preußen in genau diesen Perioden. Heine leistete wesentliche Beiträge zum Verfassungsprozess beider Länder, und auch seine sicherheitspolitischen Initiativen sind einen genaueren Blick wert. Den Entwurf für die Verfassung Anhalts arbeitete Heine persönlich aus, während der Entwurf für die preußische Verfassung unter seiner Schirmherrschaft als Innenminister entstand. Selbstverständlich wurden beide Entwürfe diskutiert und abgeändert, aber Heine war jeweils die wichtigste Einzelperson, die an diesen Verfassungsprozessen auf Landesebene beteiligt war und kann insofern ohne weiteres als der „Vater" zweier Länderverfassungen betrachtet werden.[5] Nicht zu vergessen ist zudem sein Beitrag zum Verfassungsprozess auf Reichsebene. Heine gehörte von Beginn an der Weimarer Nationalversammlung an und beteiligte sich insbesondere an den Debatten zum Thema Föderalismus, wobei er sich gegen seiner Meinung nach übertriebene Zentralisierungsbestrebungen aussprach.[6]

Wolfgang Heines Beitrag zur Weimarer Demokratie ist somit nicht auf eine knappe Fußnote zu reduzieren, sondern bedarf einer genaueren Betrachtung seines politischen Denkens und seiner Sichtweise auf das politische Geschehen. In diesem Artikel wird zunächst die programmatische Entwicklung der SPD skizziert, an der sich Heine insbesondere über die revisionistisch orientierten *Sozialistischen Monatshefte* beteiligte (Abschnitt 1). Während hierbei vor allem

---

Weg der anhaltischen Sozialdemokratie im Ersten Weltkrieg, in: Uli Schoeler/Thilo Scholle (Hg.), Weltkrieg, Spaltung, Revolution: Sozialdemokratie 1916–1922, Bonn 2018, S. 180–193.

5 Siehe für Heines Beitrag zur preußischen Verfassung: MICHAEL DREYER: Hugo Preuß. Biografie eines Demokraten, Stuttgart 2018, S. 423 f.; HERBERT HÖMIG: Das preussische Zentrum in der Weimarer Republik, Mainz 1979, S. 74–83. Zum Beitrag zur anhaltischen Verfassung: TORSTEN KUPFER: Sozialdemokratie im Freistaat Anhalt 1918–1933, Weimar/Köln/Wien 1996, S. 58 ff.; RALF REGENER: Fürstliche Abfindungen. Die Askanier und der Freistaat Anhalt nach 1918, in: ders. (Hg.), 800 Jahre Anhalt, Magdeburg 2016, S. 34–43, hier S. 34 ff.

6 Hierzu insb. Heines Redebeitrag in der 63. Sitzung der Nationalversammlung vom 22. Juli 1919 (siehe Verhandlungen der verfassunggebenden Deutschen Nationalversammlung, Bd. 328, Bl. 1808C, URL: www.reichstagsprotokolle.de/Blatt2_wv_bsb00000012_00356.html (27.06.2019).

die grundlegenden Gemeinsamkeiten im Vordergrund stehen sollen, die Heine mit anderen Vertretern des rechten Parteiflügels teilte, geht es danach um einen Abriss seiner eigentlichen politischen Biografie (Abschnitt 2). Heines Lebensweg war nicht geradlinig, doch lassen sich bestimmte grundlegende Aspekte seiner politischen Anschauung ausmachen, die insgesamt als sozialliberal zu charakterisieren ist. Die Revolution im späteren Freistaat Anhalt bot Heine in diesem Sinne die Möglichkeit, politiktheoretische Grundüberzeugungen in der Praxis anzuwenden, und im überschaubaren Rahmen Anhalts gelang dies Heine durchaus mit Erfolg (Abschnitt 3). Im vermeintlichen Kontrast hierzu steht sein Wirken als preußischer Innenminister, wobei dessen sicherheitspolitische Dimension im Abschluss behandelt wird (Abschnitt 4). Dieses Vorgehen bietet sicherlich weder einen Ersatz für eine umfassende Biografie Heines noch eine detaillierte Analyse des Revolutionsgeschehens in Anhalt 1918. Es lässt sich anhand dieses biografischen Fallbeispiels jedoch zeigen, mit welchen Herausforderungen Heine als „wehrhafter Demokrat" konfrontiert wurde (Abschnitt 5) und wie konfliktgeladen, aber aus diesem Grund auch chancenreich, die Errichtung der ersten deutschen Demokratie war.

1 Heine im reformerischen Flügel der SPD

Das Verhalten der Sozialdemokratie im Weltkrieg und zu Beginn der Weimarer Republik ist mit unterschiedlichen Argumenten kritisiert worden. Das Bündnis mit den alten Eliten in Armee und Verwaltung, die verpasste Verstaatlichung zentraler Industriezweige und die Beendigung von rätedemokratischen Experimenten dürften die wesentlichsten Anklagepunkte sein.[7] Die Kritik an die-

---

7 Siehe BERNWARD ANTON: Wolfgang Heine und die „Erfindung" der Burgfriedenspolitik. Die lange Vorgeschichte der sozialdemokratischen Parteispaltung im Ersten Weltkrieg, in: Uli Schoeler/ Thilo Scholle (Hg.), Weltkrieg, Spaltung, Revolution: Sozialdemokratie 1916–1922, Bonn 2018, S. 73–85, wo Anton auf seine Dissertation zurückgreift (siehe BERNWARD ANTON: „Selbst wenn Fehler gemacht werden, sollten sie geschlossen gemacht werden […]. Deshalb war es ein unkluges, politisch sehr schädliches Beginnen, daß die ‚unabhängige' Partei sich gegründet hat." Die Spaltung der bayerischen Sozialdemokratie im Ersten Weltkrieg und die Entstehung der USPD. Vorgeschichte – Verlauf – Ursachen, Augsburg 2015). Es ist jedoch nicht ersichtlich, inwiefern Antons Beitrag zu Heine über die Arbeit Dieter Frickes hinausgeht, wo Heine als „rechtsextremer Sozialdemokrat" bezeichnet wird (vgl. DIETER FRICKE: Opportunismus und Nationalismus. Zur Rolle Wolfgang Heines in der deutschen Sozialdemokratie bis zum Beginn des ersten Weltkrieges, in: Zeitschrift für Geschichtswissenschaft 22 [1974], S. 844–869, hier S. 844).

sen Politikentscheidungen sollte sich allerdings genauso darüber im Klaren sein wie deren Verteidigung, dass diese Weichenstellungen nicht allein aus situativen Notwendigkeiten heraus erfolgten. Vielmehr spiegelte das Regierungshandeln der damals Verantwortlichen durchaus die langfristig gebildeten und damit grundlegenden Überzeugungen dieser Männer wider. Es ist in diesem Sinne nicht überraschend, dass Wolfgang Heine einer der wichtigsten Unterstützer der Burgfriedenspolitik war, was neben seinen Parlamentsreden der Kriegsjahre mehrere Artikel und Broschüren bezeugen. Gleichzeitig betrachtete Heine die Politik der herrschenden „Militärdespotie" sehr kritisch, da er dieser Politik die maßgebliche Verantwortung für den Ausbruch und den verlustreichen Verlauf des Krieges gab. Folgerichtig unterstützte er die sozialdemokratischen Bemühungen um einen Verständigungsfrieden und knüpfte eigene Kontakte jenseits der Parteien, was er in seinen Lebenserinnerungen umfassend darstellte. So hatte Heine zusammen mit Harry Graf Kessler und anderen Gleichsinnten 1917 eine internationale Friedensinitiative vorangetrieben.[8]

„Die Ereignisse der letzten Wochen [seit Ausbruch des Krieges, S. E.] zeigen uns, daß die Gefahren, die unserer ganzen nationalen Existenz drohen, viel größer sind als die meisten sich vorgestellt hatten. Man wollte an diesen Krieg nicht glauben, der so sinnlos in seiner Begründung, so barbarisch und mittelalterlich in seiner Gestaltung, so verwüstend in seinen Folgen werden mußte. Nun ist er plötzlich da, und er übertrifft das Schlimmste, das die Phantasie sich ausmalen konnte. Es geht nicht um Elsaß und Lothringen und einige Kolonieen, sondern die verbündeten Feinde zielen ausdrücklich darauf ab, die deutsche Jugend in jahrelangen Kämpfen verbluten zu lassen. Sie wollen den deutschen Handel zerstören. Das bedeutet, die Bürger zu Bettlern machen und die Arbeiter unseres reich bevölkerten Landes zur Auswanderung in alle Welt zwingen. Schon reden sie von der Aufteilung Österreichs und der Herabdrückung Deutschlands zu politischer Ohnmacht. Das wäre das Ende der deutschen Kultur."[9]

---

8 Siehe Bundesarchiv Berlin-Lichterfelde (im Folgenden: BArch), NL Wolfgang Heine, N2111/144. Ein anderer Blick auf Heines Wirken im Ersten Weltkrieg bei: DIETER GROH/PETER BRANDT: „Vaterlandslose Gesellen". Sozialdemokratie und Nation 1860–1990, München 1992, S. 164, wo Heine als „Sozialimperialist" bezeichnet wird. Das Problem dieser „Sozialimperialismus"-These ist erneut die Nähe zur DDR-Historiografie (siehe ebd., S. 370, Anm. 34).

9 WOLFGANG HEINE: Sozialistische Landesverteidigung, in: Sozialistische Monatshefte 20 (1914), S. 1122–1124, hier S. 1123 f. Ebendort spricht sich Heine gegen koloniale Erwerbungen aus und

Die Basis der Burgfriedenspolitik war somit auch aus Heines Sicht die Notwendigkeit der Verteidigung Deutschlands vor ausländischer Unterdrückung. Etwaige Zugeständnisse an den Kaiser oder die herrschende Klasse insgesamt waren stets an diese Bedingung eines Verteidigungskrieges mit dem Ziel eines für alle Seiten „ehrenhaften Friedens" geknüpft.[10] In der Anfangsphase der Weimarer Republik konnte die SPD, quasi als späten Ertrag der Burgfriedenspolitik, zentrale Regierungsposten besetzen, wobei der rechte Flügel neben Heine u. a. Eduard David, Gustav Noske, Gustav Bauer, Albert Südekum, Paul Hirsch und Georg Gradnauer in hohe Ämter entsenden konnte. Der linke Parteiflügel war in der Regel nicht an einer Zusammenarbeit mit den bürgerlichen Parteien interessiert und blieb insofern bei der Ämtervergabe meist außen vor. Zumal die prominentesten Köpfe des ehemaligen linken Flügels sich ohnehin 1917 mit der USPD abgespalten hatten und von dort zum Teil noch weiter nach links gerückt waren. Alle genannten Männer entstammten der „Generation Ebert"[11] und hatten ihre politische Sozialisation im Kaiserreich erlebt. Eine auffällige Gemeinsamkeit der rechten Sozialdemokraten war, dass sie vielfach aus einem bürgerlichen Elternhaus stammten, akademisch gebildet waren und sich insofern nicht wie die große Mehrzahl der SPD-Funktionäre in einem gewerkschaftlichen Umfeld hochgearbeitet hatten. Aus verschiedenen Gründen, meist aufgrund einer Empörung über die sozialen Zustände oder die nationalistisch-imperialistische Politik des Kaiserreiches, kam es jedoch zu einem Bruch mit dem bürgerlichen Wertekanon und dem Eintritt in die SPD.[12] Kurt Tucholsky beschrieb diesen Typus von Sozialdemokraten ironisch als „entlaufene Bürger"[13], aber jenseits der Ironie liegt in dieser Aussage eine treffende Beschreibung. Für David oder Heine stellte ihr politisches Engagement für die SPD einen scharfen Bruch mit ihrem sozialen Umfeld dar, wobei sie ihre Sozialisation nicht vergessen konnten

---

fordert stattdessen eine „innere Kolonisation" des Reiches, d. h. eine Steigerung des Lebensstandards der deutschen Bevölkerung.

10 Vgl. Wolfgang Heine: Die politische Zukunft Deutschlands und die Sozialdemokratie, in: SPD Stuttgart (Hg.), Zwei Reden, Stuttgart 1915, S. 20–41, hier S. 24. Zum parteiinternen Streit um das Argument der Landesverteidigung: Susanne Miller: Burgfrieden und Klassenkampf. Die deutsche Sozialdemokratie im Ersten Weltkrieg, Düsseldorf 1974, S. 179 ff.

11 Siehe Bernd Braun: Die „Generation Ebert", in: Klaus Schönhoven/Bernd Braun (Hg.), Generationen in der Arbeiterbewegung, München 2005, S. 69–86.

12 Siehe exemplarisch Max Bloch: Albert Südekum (1871–1944). Ein deutscher Sozialdemokrat zwischen Kaiserreich und Diktatur. Eine politische Biographie, Düsseldorf 2009, S. 15–43. Noske stammte hingegen nicht aus einem bürgerlichen Umfeld (siehe Wolfram Wette: Gustav Noske. Eine politische Biographie, Düsseldorf 1988, S. 33–49).

13 Kurt Tucholsky: Die Rolle des Intellektuellen in der Partei, in: Die Front Nr. 9 Jg. 1929, S. 250, URL: www.textlog.de/tucholsky-intellektuellen.html (27.06.2019).

und in mancherlei Hinsicht Reibungsflächen mit ihrer neuen politischen Heimat entstanden. Dementsprechend tendierten diese Männer zu eigentlich bürgerlichen Formen der Interessenvergemeinschaftung in Form von Salons oder Klubs wie dem David-Kreis.[14] Auf gewerkschaftlich sozialisierte Sozialdemokraten musste solches Verhalten elitär wirken. Die zahlenmäßig wenigen Sozialdemokraten mit einem akademischen Bildungshintergrund waren nichtsdestotrotz für die Partei sehr wertvolle Experten in Rechts- und anderen Fachfragen. Erst dank ihrer Sachkompetenz und ihrer relativen Nähe zu den späteren bürgerlichen Partnern der SPD konnten sie zu zentralen Akteuren des politischen Übergangs vom Kaiserreich zur Weimarer Republik werden.

Als (partieller) Anhänger der reformistischen Ideen Eduard Bernsteins sprach sich Wolfgang Heine bereits in der Kaiserzeit gegen ein dogmatisch orthodoxes Festhalten am Marxismus aus.[15] In dieser Zeit beginnt auch sein umfangreiches publizistisches Schaffen. So veröffentlichte Heine in den Jahren seiner politischen Aktivität mehrere Hundert Zeitungsartikel und ein halbes Dutzend Broschüren. Nach seiner erzwungenen Emigration in die Schweiz konzentrierte sich Heine ab 1933 auf die Schreibarbeit und verfasste eine Reihe unveröffentlichter Manuskripte, in denen er sich seiner eigenen Biografie, der Geschichte der Weimarer Republik sowie geschichtsphilosophischen und wirtschaftlichen Fragen widmete. Letzteres stand explizit in der Tradition Bernsteins, dessen theoretisches Werk Heine fortzusetzen gedachte.[16]

So formulierte Heine bereits 1903 die Ansicht, dass die SPD aufgrund ihrer Größe und des absehbaren Wachstums keine Klassenpartei mehr sein werde, sondern zu einer Partei heranwachse, „die die Zukunft der gesamten Nation vertritt".[17] Heine forderte und konstatierte somit früh die Wandlung der SPD

---

14 Siehe Karludwig Rintelen: Der David-Kreis und die Linke Mehrheit. Anmerkungen zum Problem des „Handlungsspielraums" der Mehrheitssozialdemokratischen Führung bis 1918/1919, in: Internationale Wissenschaftliche Korrespondenz zur Geschichte der Deutschen Arbeiterbewegung 26 (1990), S. 14–34. Allgemein: Frank-Michael Kuhlemann/Michael Schäfer (Hg.): Kreise – Bünde – Intellektuellen-Netzwerke. Formen bürgerlicher Vergesellschaftung und politischer Kommunikation 1890–1960, Bielefeld 2017.

15 Siehe zum Revisionismus-Streit: Dimitrij Owetschkin: Conrad Schmidt, der Revisionismus und die sozialdemokratische Theorie. Zur theoretischen Entwicklung der Sozialdemokratie vor 1914, Essen 2003, insb. Kap. 3. Heine geriet in diesem Kontext mehrfach in heftige Auseinandersetzungen mit dem Parteivorsitzenden August Bebel (siehe ebd., S. 101; Veli-Matti Rautio: Die Bernstein-Debatte. Die politisch-ideologischen Strömungen und die Parteiideologie in der Sozialdemokratischen Partei Deutschlands 1898–1903, Helsinki 1994, S. 120 ff.).

16 Zu Bernsteins theoretischen Ansichten: Matthias Lemke: Republikanischer Sozialismus. Positionen von Bernstein, Kautsky, Jaurès und Blum, Frankfurt am Main 2008. Zudem vergleichend: Thomas Meyer (Hg.): Liberalismus und Sozialismus, Marburg 1987.

17 Wolfgang Heine: Der 16. Juni, in: Sozialistische Monatshefte 7 (1903), S. 475–478, hier

---

zu einer linken Volkspartei. Freilich war er mit dieser Forderung innerhalb seines Parteiflügels nicht allein. Das grundsätzliche Problem bei der Wahrnehmung des sozialdemokratischen Revisionismus besteht jedoch im Falle Heines und praktisch aller anderen Vertreter darin, dass diese Debatte in der Literatur meist auf den Gegensatz zwischen Eduard Bernstein und Karl Kautsky verkürzt wird. Die Bewegung innerhalb der SPD zur Revision des Marxismus ist natürlich berechtigterweise mit dem Namen Bernsteins eng verbunden, aber der Revisionismus war keineswegs eine abgeschlossene geistige Strömung. Was die Revisionisten verband, war die Kritik an einer als dogmatisch empfundenen Auslegung des Marxismus, wie sie insbesondere Kautsky vertrat. Absicht und Form der Kritik waren jedoch recht unterschiedlich. In Ablehnung der Verelendungs- bzw. Zusammenbruchstheorie, die nach Meinung der Revisionisten lediglich die passive Abstinenzhaltung der SPD („Attentismus") verewigte, sprach sich Heine für die aktive Errichtung des Sozialismus aus. Dies müsse über den Weg von Reformen und nicht einer Revolution geschehen, da das Proletariat aufgrund der Entwicklung der Militärtechnik, welche der herrschenden Klasse eine enorme Machtkonzentration ermöglicht habe, eine Revolution nicht gewinnen könne.[18]

Die sozialdemokratischen Revisionisten der Kaiserzeit engagierten sich später mehrheitlich für eine Koalitionsbildung mit dem Zentrum und den Linksliberalen, wobei auch Wolfgang Heine keine Ausnahme war. Diese als Weimarer Koalition bekannte Interessengemeinschaft war hierbei zwar das Grundmodell des politischen Handlungsrahmens, aber Heine suchte die Zusammenarbeit mit dem gesamten liberalen Lager und bedauerte dessen parteipolitische Spaltung in DDP und DVP im Zuge der Revolution 1918.[19] Freilich musste eine solche Ko-

---

S. 477. Der Kontext dieser Aussage war eine Kritik Heines an der Politik der Freisinnigen Volkspartei, deren Wähler die SPD gewinnen müsse. Man müsse danach trachten „die l i b e r a l e n P a r t e i e n n i c h t e i n f a c h a b z u s e t z e n , s o n d e r n z u e r s e t z e n, indem man es übernimmt, die Ideen der staatsbürgerlichen und geistigen Freiheit *nicht aufzulösen, sondern zu erfüllen*" (ebd., Hervorhebungen i. O.).

18 Vgl. WOLFGANG HEINE: Die Bernstein-Frage und die politische Praxis der Sozialdemokratie, in: Sozialistische Monatshefte 3 (1899), S. 478–493, hier S. 484 ff. Konkreter heißt es: „Auch der begeistertste Anhänger einer revolutionären Richtung wird zugeben, dass die Revolution ein Mittel zum Zweck sein soll, und dass wir nur eine s i e g r e i c h e Revolution brauchen könnten." (ebd., S. 488, Hervorhebung i. O.).

19 In Anhalt hatte es 1918 noch keine Spaltung des Liberalismus gegeben. Später konnte trotz entsprechender Versuche die DVP aber nicht in die Landesregierung integriert werden (siehe KUPFER: Anhalt [wie Anm. 5], S. 81 f.). 1929 äußerte Gustav Stresemann jedoch seine Anerkennung für Heines Bemühen, welches durch die Entwicklung der SPD seit dem Görlitzer Parteiprogramm leider zunichtegemacht worden sei (vgl. EBERHARD KOLB/LUDWIG RICHTER

operation zwangsläufig in ein Spannungsverhältnis mit der Umsetzung sozialistischer Forderungen geraten, doch anders war eine demokratische Mehrheitsbildung seit der Reichstagswahl 1920, als die Weimarer Koalition ihre Mehrheit verlor, nicht mehr möglich.

2 Politische Biografie

Die Biografie Wolfgang Heines war an Spannungen nicht arm. Sein politischer Werdegang war in Anbetracht seines zeitlichen und familiären Umfeldes mehr als ungewöhnlich. Als Sohn eines Gymnasialdirektors, der sich auch in der evangelischen Kirche stark engagierte, wuchs Heine in bürgerlichen Wertvorstellungen auf. Nach seinem Jurastudium in Breslau, Tübingen und Berlin arbeitete er zunächst für den preußischen Justizdienst. 1898 eröffnete er eine Anwaltskanzlei in Berlin, die er bis 1933 betreiben sollte. Lediglich in der Zeit seiner Regierungstätigkeit in Anhalt und Preußen unterbrach Heine seine Anwaltstätigkeit, wobei er ebenfalls seit 1898 bis 1918 für die SPD im Reichstag wirkte. Diese Kombination aus parlamentarischer und juristischer Praxisarbeit sowie die hiermit verbundene Fachkompetenz machten Heine für die Sozialdemokratie sehr wertvoll. Die von der SPD erhoffte und vorangetriebene Demokratisierung des Reiches musste schließlich sowohl innerhalb als auch außerhalb des Reichstages erarbeitet werden.[20] Es ist jedoch nicht offensichtlich, warum Heine überhaupt zur SPD stieß, die als Teil der Arbeiterbewegung kaum akademisch gebildete Funktionäre vorweisen konnte. Sowohl die Herkunft als auch die Publikationstätigkeit legten eigentlich eine Affinität zum Linksliberalismus nahe, da er nicht nur für sozialdemokratische Blätter, sondern auch für die bedeutendsten linksliberalen Organe seiner Zeit – die *Vossische Zeitung*, das *Berliner Tageblatt* und die *Frankfurter Zeitung* – zahlreiche Artikel verfasste. Seit den 1890er Jahren hatte sich Heine für die Durchsetzung der Freiheit von Wissenschaft und Kunst eingesetzt, wobei er sein Wissen aus der Rechtspraxis einfließen lassen konnte. Hinzu kam Heines kulturpolitisches Engagement

---

[Bearb.]: Nationalliberalismus in der Weimarer Republik. Die Führungsgremien der Deutschen Volkspartei 1918–1933, 2. Halbbd.: 1926–1933, Düsseldorf 1999, Dok. 76, S. 861).

20 Zur Bedeutung der parlamentarischen Arbeit für die Ausbildung einer demokratischen Kultur: THOMAS MERGEL: Parlamentarische Kultur in der Weimarer Republik. Politische Kommunikation, symbolische Politik und Öffentlichkeit im Reichstag, 3., überarb. Aufl., Düsseldorf 2012.

für die Deutsche Kunstgemeinschaft und im Rahmen des Sachverständigenausschusses für die Presserechtsreform. Als führendes Mitglied des Vereins zur Abwehr des Antisemitismus war Heine im Kampf gegen den Judenhass aktiv, was ihn in kulturpolitischer Hinsicht aber nicht davon abhielt, eine Sonderbehandlung der Religionsgemeinschaften gelten zu lassen. So trat er dementsprechend Vertretern der jüdisch-orthodoxen Gemeinde ebenso entgegen wie Vertretern der christlichen Kirchen, wenn diese in einem Kunstwerk eine Verletzung ihrer religiösen Gefühle erblickten. Heine war der Ansicht, dass Wissenschaft, Kunst und Kultur ebenso von jeglicher Zensur frei sein müssten wie die Religionsausübung. So trat er selbst Initiativen zur Illegalisierung bzw. Ächtung des Schächtens entgegen, was innerhalb der Sozialdemokratie und auch in den liberalen Parteien keineswegs selbstverständlich war.[21]

Für einen genuin liberalen Demokraten wie Heine war die SPD zu Zeiten August Bebels kein leichtes Umfeld. Formulierungen im Gothaer Parteiprogramm von der „reaktionären Masse", welche die übrige nichtsozialdemokratische Gesellschaft in den Augen der SPD bildete, waren Ausdruck einer dezidiert klassenexklusiven Denk- und Lebensweise. Für Bebel und die Mehrheit der Genossen war die Partei ein Instrument der Arbeiterklasse, die als Summe der Industriearbeiter, Handwerker und anderer abhängig Beschäftigter definiert wurde, in der Akademiker oder Beamte, aber auch Landarbeiter keinen Platz hatten. Die SPD war in diesen Jahren eine reine Protestbewegung, die an konstruktiver parlamentarischer Arbeit oder gar Absprachen mit den übrigen Parteien kein Interesse hatte.[22] Dass Heine während seiner Zeit im preußischen Staatsdienst einen Weg zur Sozialdemokratie fand, muss insofern vor allem als Zeichen seiner grundsätzlichen Unzufriedenheit mit dem Staat der Hohenzollern gewertet werden. In seinen Erinnerungen verurteilte er den Klassencharakter des Kaiserreiches, aber auch die Anfälligkeit der liberalen Parteien für die nationalistische Propaganda und die Gewaltbereitschaft antisemitisch gestimmter Korpsstudenten.[23] Im Jahr 1899 äußerte Heine, dass eine Demokra-

---

21 Siehe BArch, NL Wolfgang Heine, N2111/212. Zur Stellung der demokratischen und rechtsliberalen Parteien zum Antisemitismus: Susanne Wein: Antisemitismus im Reichstag. Judenfeindliche Sprache in Politik und Gesellschaft der Weimarer Republik, Frankfurt am Main 2014, S. 111–137.

22 Siehe Detlef Lehnert: Sozialdemokratie zwischen Protestbewegung und Regierungspartei 1848–1983, Frankfurt am Main 1983.

23 So wurde 1899 eine drastische Verschärfung der Strafen gegen Streikende debattiert (siehe BArch, NL Wolfgang Heine, N2111/483, Bd. 3, S. 469 ff.). 1897 musste ein vielbeachteter Vortrag Heines in der Berliner Universität von gut 100 „herkulischen" Ordnern der SPD geschützt werden, da von den Studenten Gewalttätigkeiten erwartet worden waren (vgl. ebd., S. 429 ff.).

tisierung Deutschlands angesichts der reaktionären Haltung des Bürgertums kaum möglich sei und eine Zusammenarbeit der SPD mit gemäßigteren Liberalen sogar zur Radikalisierung des übrigen Bürgertums beitragen könne.[24] Die SPD war in diesem Sinne eine geeignete Plattform für Heines Kritik am Obrigkeitsstaat. Seine Einordnung auf dem rechten Flügel der Partei hatte freilich seine Ursache in Heines oben beschriebenen revisionistischen Grundposition. Der Marxismus war für ihn keine glaubensmäßig zu erfassende „Heilslehre", sondern eine wissenschaftliche Theorie und als solche nur durch kritisches Denken zu erschließen.[25]

Neben seinem Beitrag zur Theoriedebatte der Kaiserzeit trat Heines juristische Arbeit. Nach dem Ende des Sozialistengesetzes vertrat er den Parteivorstand und andere Genossen in einer Reihe von Justizprozessen. Auch in der Weimarer Republik arbeitete er weiter als Anwalt für prominente Sozialdemokraten, wie etwa Carl Severing oder Reichspräsident Friedrich Ebert.[26] Heine war somit ein durchaus wichtiger Mann für die SPD, und es überrascht nicht, dass er 1918/19 die oben dargestellte Ämterfülle erlangte. Doch er genoss aufgrund der beschriebenen Klassendifferenz nicht den unbedingten Rückhalt der Partei und ihrer gewerkschaftlichen Basis. Es kann daher nicht verwundern, dass Heine, wie auch andere Vertreter des rechten Flügels, politisch schnell an den Rand gedrängt wurde. Nach dem Rücktritt aus seinem Ministeramt 1920 war er in keinem Parteiamt mehr aktiv, aber er wirkte zeitweise am Staatsgerichtshof zum Schutz der Republik.[27] Spätestens nach der Vereinigung von SPD und USPD 1922 traten die rechten Sozialdemokraten ohnehin tendenziell in den Hintergrund. An späteren Sammlungsversuchen des rechten SPD-Flügels, wie dem Hofgeismarer Kreis oder den *Neuen Blättern* für den Sozialismus, nahm Heine

---

24 Vgl. HEINE: Bernstein-Frage (wie Anm. 18), S. 490.

25 Vgl. ebd., S. 479 f.; und WOLFGANG HEINE: Wie ist wissenschaftlicher Sozialismus möglich?, in: Sozialistische Monatshefte 5 (1901), S. 661–669.

26 Siehe WALTER MÜHLHAUSEN: Friedrich Ebert 1871–1925. Reichspräsident der Weimarer Republik, Bonn 2006, S. 925, 936–966. Heine vertrat Ebert im berüchtigten Magdeburger Beleidigungsprozess. Zu Heines juristischer Arbeit auch: DIRK SCHUMANN: Politische Gewalt in der Weimarer Republik 1918–1933. Kampf um die Straße und Furcht vor dem Bürgerkrieg, Essen 2001, S. 36 f.

27 Siehe GOTTHARD JASPER: Der Schutz der Republik. Studien zur staatlichen Sicherung der Demokratie in der Weimarer Republik 1922–1930, Tübingen 1963; WOLFGANG HEINE: Zur Aufhebung des Staatsgerichtshofes zum Schutz der Republik, in: Sozialistische Monatshefte 32 (1926), S. 203–209.

nicht mehr Anteil. Maßgeblichen Einfluss auf die Parteilinie konnte der rechte Flügel ohnehin nicht mehr ausüben.[28]

Freilich blieb Heine den politischen Entwicklungen gegenüber nicht indifferent. Aus seinem Schweizer Exil beobachtete er die Entwicklung des NS-Regimes aufmerksam und versuchte sich an einer geschichtsphilosophischen Einordnung. Unter dem Arbeitstitel „Abkehr von der Vernunft" entwickelte Heine zwischen 1936 und 1944 eine großangelegte Auseinandersetzung mit den wichtigsten politischen Denkern des 19. und 20. Jahrhunderts. Insgesamt, so Heines Grundthese, habe sich der europäische Geist von den Werten der Aufklärung und insbesondere der Vernunft fortbewegt, aber nur deren konsequente Verteidigung verspreche eine Abwehr der doppelten, „totalitären" Herausforderung durch Nationalsozialismus und Bolschewismus.[29]

3 Sozialliberale politische Praxis in Anhalt

Vor diesem Hintergrund ist Heines politische Praxisarbeit in der Novemberrevolution zu sehen. Ihm ging es keineswegs darum, sozialistische Politikziele zu „verraten" bzw. aus nationalistischen oder gar rassistischen Gründen mit den bürgerlichen Parteien zusammenzuarbeiten.[30] Vielmehr entsprach Heines Einsatz für eine sozialliberale Koalition im Freistaat Anhalt seinen demokratischen Grundüberzeugungen. Zwar hatte die SPD in den verfassungsgebenden Landtagswahlen im Dezember 1918 eine eigene komfortable Mehrheit erlangt, dennoch wurde eine Koalition mit der DDP geschlossen, die zusammen

---

28 Siehe HEINRICH AUGUST WINKLER: Der Schein der Normalität. Arbeiter und Arbeiterbewegung in der Weimarer Republik 1924 bis 1930, Bonn 1988, S. 653 ff.

29 Siehe BArch, NL Wolfgang Heine, N2111/487-493 (unpag.). Heine ordnete sich mit dieser Diagnose in die frühen Totalitarismusdebatten des Exils ein (siehe ALFONS SÖLLNER: Das Totalitarismuskonzept in der Ideengeschichte des 20. Jahrhunderts, in: ders./Ralf Walkenhaus/Karin Wieland (Hg.), Totalitarismus, Berlin 1997, S. 10–23; MIKE SCHMEITZNER (Hg.): Totalitarismuskritik von links. Deutsche Diskurse im 20. Jahrhundert, Göttingen 2007). Zum „Anti-Totalitarismusdiskurs" innerhalb des sozialdemokratischen Revisionismus bis 1924: LEMKE: Sozialismus (wie Anm. 15), passim.

30 So STEFAN VOGT: Social Democracy and Radical Nationalism in Weimar Germany, in: Journal of Contemporary History 45/2 (2010), S. 253–281, hier S. 260; KLAUS GEITINGER: Der Konterrevolutionär. Waldemar Pabst – eine deutsche Karriere, Hamburg 2009, S. 36; WOLFGANG WIPPERMANN: Antislavismus, in: Uwe Puschner/Walter Schmitz/Justus H. Ulbricht (Hg.), Handbuch zur „Völkischen Bewegung" 1871–1918, München 1996, S. 512–524, hier S. 520.

über 90 Prozent der Stimmen auf sich vereinigen konnte.[31] Was war das Kalkül hierbei?

In einem Artikel für die *Sozialistischen Monatshefte* entwickelte Heine im Januar 1918 seine diesbezüglichen Überlegungen, ohne zu wissen, dass er sie wenige Monate später in Anhalt als Regierungschef würde umsetzen können. Man müsse als Sozialist zur Kenntnis nehmen, so beginnt Heine, dass einfache Appelle an die Gerechtigkeit nicht genügen würden, um jene mit gänzlich anderen Interessen umzustimmen. Daher sei das Argument von zentraler Bedeutung, dass ohne eine Demokratisierung des Reiches selbiges nicht erhalten werden könne. Die Parteienlandschaft sei zu zerklüftet, die Parteien ihrerseits zu machtscheu, und auch die wichtigsten Parteiführer würden die Übernahme von „Verantwortung für das Staatsganze" meiden. Viele – auch in den bürgerlichen Parteien – hielten es für bequemer, Opposition zu machen, als in die Regierung zu gehen. Doch, so Heines Erwiderung, Parteikoalitionen und die hiermit verbundenen Kompromisse seien unvermeidlich, um in Deutschland politisch etwas bewegen zu können. Man könne neue Rechte nicht erwerben, ohne seinerseits Pflichten zu übernehmen. Man könne eine wahre Volksherrschaft, d.h. insbesondere eine Bindung der Regierung an den Willen des Parlaments, nicht errichten, ohne einen entsprechenden Machtwillen des Parlaments. Wenn diese Parlamentarisierung erst erreicht sei, dann würde dies wiederum starke Lernprozesse nicht nur in der Politik, sondern auch im Volk auslösen und die Demokratie festigen.[32]

„Der Kern aber, dass das Volk selbst durch die Parteien die Geschäfte führt, und dass ohne das Vertrauen der Parlamentsmehrheit keine Regierung im Amt bleiben kann, ist auch für uns unabweisbare Forderung, weil Volkskraft und Volkswille dadurch erweckt und wachgehalten werden. Gerade England beweist in diesem Kriege, welche ungeahnten Kräfte, welche Geschlossenheit des Handelns aus einer solchen Volkspolitik hervorgehen können."[33]

---

31 Siehe KUPFER: Anhalt (wie Anm. 5), S. 79 f. Regener betont das allgemein gemäßigte politische Klima im Freistaat, welches sich in dieser Koalition ausdrückte (vgl. REGENER: Abfindungen [wie Anm. 5], S. 36).

32 Vgl. WOLFGANG HEINE: Der Weg zur Demokratie, in: Sozialistische Monatshefte 24 (1918), S. 1–7. Zum Komplex des parlamentarischen Erlernens von Demokratie: MERGEL: Reichstag (wie Anm. 19).

33 HEINE: Weg (wie Anm. 32).

Es waren diese Überlegungen, denen Heine bei der Revolution im Freistaat Anhalt folgte. Er gehörte 1918/19 wohl zu den Anhängern direktdemokratischer Initiativen, wobei er die Schweiz als Vorbild nannte.

> „In diesem Sinne arbeitete ich die Verfassung für Anhalt aus. In Anlehnung an die Verfassung von einigen Schweizer Kantonen, also ähnlichen kleineren Staatsgebilden, verband ich im Staatsrat gesetzgebende und Verwaltungsbefugnisse, um den Aufbau so einfach wie möglich zu gestalten. Die Volksvertretung blieb natürlich eigentlicher Träger der Staatshoheit. Der Entwurf ist nicht wesentlich verändert nach meinem Weggange von Anhalt angenommen worden."[34]

Später war Heine direktdemokratischen Volksentscheiden gegenüber eher abgeneigt, da er angesichts ihrer praktischen Anwendung in ihnen ein konservatives Strukturelement erblickte, welches sogar zur Anheizung politischer Konflikte beitragen konnte.[35] Gleichwohl stand 1918/19, neben dem Schweizer Vorbild der direkten Demokratie, auch der englische Parlamentarismus für Heines Verfassungsentwurf Pate. In Paragraf 8 der anhaltischen Verfassung hieß es dementsprechend: „Der Landtag [...] überwacht die gesamte Politik und Verwaltung."[36] Das Primat der Legislative über die Exekutive schien somit gesichert. Eine zu starke Exekutive war aus dieser Perspektive schon allein deswegen zu vermeiden, weil dies eine Schwächung des Parlamentes als Lernort der Demokratie für Volk und Parteien bedeutet hätte. Hierzu kamen die Länder, welche Heine als weitestgehend eigenverantwortliche Teilglieder des Staates erhalten wollte. Er setzte sich in diesem Sinne auch für die weitere Erhaltung Anhalts als ein von Preußen unabhängiger Freistaat ein.

> „Dieses glückliche Land [Anhalt], reich durch seine Forsten und seine Kalisalzgrube Leopoldshall, hatte keine Staatsschulden und kannte keine nennenswerte Einkommensteuer. Der Gedanke, in das verschuldete und mit hohen Steuern belastete Preussen einverleibt zu werden, konnte die Anhalter nicht locken. Es war aber auch nach meiner Ansicht [...] das Richtige, den Neuaufbau des Reiches und die Herstellung geordneter Verhältnisse

---

34 BArch, NL Wolfgang Heine, N2111/484, Bd. 4, S. 270.
35 Hierzu bereits Kupfer: Anhalt (wie Anm. 5), S. 60, Anm. 78.
36 Vgl. Die Verfassung für Anhalt vom 18. Juli 1919, URL: http://www.verfassungen.de/sah/anhalt/verf19.htm (27.06.2019).

nicht zu komplizieren und nicht neue Reibungen zu schaffen durch die Zerstörung der Bundesstaaten und Umbau ihrer Grenzen und Verwaltung."[37]

Analog lehnte Heine eine Aufteilung Preußens, wie sie Hugo Preuß im Winter 1918/19 ausgearbeitet hatte, entschieden ab.[38] Er sah richtig voraus, dass der Versuch einer solchen Teilung enorme politische Spannungen erzeugt und keineswegs automatisch ein Mehr an Demokratie gebracht hätte.[39] Preuß musste diese Spannungen am eigenen Leib erfahren, als die Teilungspläne an die Öffentlichkeit gelangten. Selbst aus seiner eigenen Partei wurde er mit zum Teil antisemitischen Schmähungen bedacht, und die preußische DDP wollte ihm sogar sein Landtagsmandat entziehen, was aber am Widerstand der süddeutschen Liberalen scheiterte.[40] Die historisch gewachsenen Länder waren für Heine somit, trotz ihres dynastischen Ursprunges, unverzichtbare Bausteine für die Demokratisierung Deutschlands. Entsprechend zufrieden beschreibt er in seinen Erinnerungen die parlamentarische Arbeit in Anhalt.

„[Im Arbeiter- und Soldatenrat in Dessau] wurde weder über die Revolution noch über Sozialisierung gepredigt, es wurden keine flammenden Reden über ‚Menschenrechte' gehalten, sondern der Brotpreis und die Sicherung der öffentlichen Ordnung bildeten den Gegenstand höchst sachlicher und unpathetischer Verhandlungen."[41]

Bereits die provisorische Volksvertretung handelte aus Heines Sicht volksnah, d.h. orientierte sich an den tatsächlichen Sorgen und Bedürfnissen der Menschen vor Ort, die nach vier Kriegswintern enorm unter der allgemein schlechten Versorgungslage litten. In diesem Kontext erschien es Heine als unbedingte Notwendigkeit, nicht nur das Volk, sondern auch die Beamtenschaft und die

---

37 BArch, NL Wolfgang Heine, N2111/484, Bd. 4, S. 269 f.
38 Siehe ebd., Bd. 5, S. 338 f.
39 Siehe REICHSVORSTAND DES DEUTSCHEN REPUBLIKANISCHEN REICHSBUNDES (Hg.): Welche Wege führen zum deutschen Einheitsstaat, Verhandlungsbericht der Führertagung des Deutschen Republikanischen Reichsbundes am 25. und 26. September 1926 im Rathaus zu Berlin, Frankfurt am Main 1927, S. 31–35, wo Heine seinen Standpunkt in dieser Sache ausführt. Der Föderalismus könne demnach nicht auf den falschen Gegensatz von undemokratischer Zentralisierung und demokratischer Dezentralisierung reduziert werden. Das demokratische Preußen habe bewiesen, dass ein zentral regiertes Land eine feste Stütze der Republik sein könne (vgl. ebd., S. 34).
40 Siehe DREYER: Preuß (wie Anm. 5), S. 216 ff.
41 BArch, NL Wolfgang Heine, N2111/484, Bd. 4, S. 238.

bürgerlichen Parteien in die Verantwortung zu nehmen. Dies stand unverkennbar im Einklang mit seinen oben dargelegten Überlegungen über den „Weg zur Demokratie".

> „Unsere Partei dachte [nach der Landtagswahl am 15. Dezember] aber nicht daran, nunmehr eine rein sozialdemokratische Regierung zu bilden. Es war uns gerade wichtig, die Demokraten und die damals noch sich ‚nationalliberal' nennenden Kreise nicht in die Opposition zu treiben, vielmehr sie an der Verantwortlichkeit für die Erhaltung und den Wiederaufbau der staatlichen Ordnung zu beteiligen."[42]

Lernen, ohne Verantwortung für die Konsequenzen des eigenen Handelns zu empfinden, ist aus dieser Sicht unwahrscheinlich bis unmöglich. Die von Heine geleitete sozialliberale Koalition hielt mit einer kurzen Unterbrechung bis 1932 und war ein Beispiel für gelungene demokratische Landespolitik in unruhigen Zeiten. Geführt wurde sie zwar nur zu Beginn von Heine, aber er erkannte Heinrich Deist als politisch verwandten Geist und machte ihn zu seinem Stellvertreter, der nach seinem selbstgewählten Abgang aus der anhaltischen Politik das Ruder übernehmen konnte.[43]

4 Heine als preußischer Innenminister

Wenn Wolfgang Heine also eine erfolgreiche Karriere als sozialliberaler Publizist, Jurist und Politiker vorweisen kann, wie kann es dann sein, dass sein Bild in der Literatur hiervon so stark abweicht? Der Hauptgrund liegt, worauf bereits hingewiesen wurde, in Heines Tätigkeit als preußischer Innenminister. Zwar war das Handeln des Innenministers Heine von den gleichen sozialliberalen Einstellungen geleitet wie das des Ministerpräsidenten Heine in Anhalt. Doch könnte die Bilanz dieser zwei Ämter kaum unterschiedlicher sein. Nach Heines freiwilligem Fortgang aus Anhalt folgte eine gut zwölf Jahre während Periode relativer politischer Stabilität. Nach seinem erzwungenen Fortgang aus dem

---

42 Ebd., S. 246. Zur Einbindung der Beamtenschaft: ebd., S. 239.
43 Siehe Rüdiger Fikentscher: Heinrich Peus, Heinrich Deist und die Rolle der Sozialdemokratie in Anhalt zwischen dem Ersten Weltkrieg und Naziherrschaft, in: Justus H. Ulbricht (Hg.), Anhalts Weg ins „Zeitalter der Extreme" 1871–1945, Halle 2014, S. 50–68.

preußischen Innenministerium im unmittelbaren Nachhall des Kapp-Putsches folgten der Aufstand der Roten Ruhrarmee und die Wahlniederlage der Weimarer Koalition bei den Reichstagswahlen. Im Reich verlor die SPD infolgedessen den Schlüsselposten des Reichskanzlers bis 1928. Insgesamt war durch den Ausbruch der Kämpfe, die Flucht der Reichsregierung nach Stuttgart, den Generalstreik, die folgenden bewaffneten Auseinandersetzungen zwischen Armeeformationen und Arbeiterwehren eine massive Verschärfung der ohnehin hohen Polarisierung der politischen Gruppierungen zu konstatieren. Weder die von Heine aufgebaute Sicherheitspolizei (Sipo) noch die als Hilfspolizei gedachten Einwohnerwehren leisteten entschiedenen bewaffneten Widerstand gegen die Putschisten.[44] Hierfür trug Heine als preußischer Innenminister, unabhängig von konkretem Verschulden, eine starke politische Mitverantwortung, da ihm die Sicherung der Ordnung in Preußen und insbesondere der Reichshauptstadt überantwortet worden war. Innerhalb der SPD brachten die Ergebnisse eine deutliche Schwächung des rechten Flügels, was die Entwicklung hin zu einer klassenübergreifenden, linksrepublikanischen Volkspartei stark erschweren sollte. Die Freien Gewerkschaften, deren politischer Ziehsohn er eben nicht war, forderten erfolgreich Heines Rücktritt. Auch Gustav Noske und Albert Südekum mussten ihre Ämter abgeben.[45]

In der Literatur wurde Heines eigener Standpunkt bislang nicht eigens untersucht, sondern der zeitgenössischen, parteiintern geübten Kritik an seiner Amtsführung gefolgt.[46] Vorgehalten wurde Heine insbesondere, dass es im Lager der Putschisten Pläne gegeben habe, ihn und andere rechtsstehende Sozialdemokraten in die Kapp-Regierung einzubinden.[47] Das bloße Vorhandensein solcher Pläne ist aber kein besonders tragfähiges Argument gegen Heine. Entscheidend ist, dass er sich, anders als etwa der damalige Oberpräsident von Ostpreußen August Winnig (SPD), solchen Plänen gegenüber eben nicht offen

---

44 Zur Sipo: PETER LESSMANN: Die preußische Schutzpolizei in der Weimarer Republik. Streifendienst und Straßenkampf, Düsseldorf 1989, S. 44–103. Zur den Einwohnerwehren: RÜDIGER BERGIEN: Die bellizistische Republik. Wehrkonsens und „Wehrhaftmachung" in Deutschland 1918–1933, München 2012, S. 91–120; SCHUMANN: Gewalt (wie Anm. 26), S. 70–81.

45 Siehe u. a. ERWIN KÖNNEMANN/GERHARD SCHULZE (Hg.): Der Kapp-Lüttwitz-Ludendorff-Putsch. Dokumente, München 2002, S. 271, 360 f. Heine bedauerte den erzwungenen Rücktritt Noskes, da ihm klar war, dass die SPD einen anderen Kandidaten für das Amt des Wehrministers nicht vorzuweisen hatte (siehe MÜHLHAUSEN: Ebert [wie Anm. 26], S. 333 f.).

46 So u. a. HÖMIG: Zentrum (wie Anm. 5), S. 86.

47 Siehe JOHANNES ERGER: Der Kapp-Lüttwitz-Putsch. Ein Beitrag zur deutschen Innenpolitik 1919/20, Düsseldorf 1967, S. 101; KÖNNEMANN/SCHULZE (Hg.): Dokumente (wie Anm. 47), S. 36, 80.

zeigte.[48] Die Unterstützer der Putschisten innerhalb der Sicherheitspolizei hatten ihren Chef bewusst über die Sicherheitslage angelogen, was nahelegt, dass sie eben kein besonderes Vertrauen in Heines Kooperationsbereitschaft hatten. Vielmehr ließ ihn sein ehemaliger Untergebener Traugott von Jagow, der „Innenminister" Kapps, verhaften.[49] Schon die weit milderen Gedankengänge Wilhelm Groeners hinsichtlich der Einrichtung eines Regierungsdirektoriums und der Schwächung des Parlaments hatte Heine 1919 entschieden abgelehnt, so dass seine Haltung während des Kapp-Putsches nicht überraschen kann.[50] Von Rechts- und Linksradikalen war Heine denn auch starken Anfeindungen bis hin zu Morddrohungen ausgesetzt.[51] Anders als Noske, der bereits 1920 seine Version der Revolutionszeit bis zum Kapp-Putsch in Buchform verbreiten konnte,[52] schrieb Heine erst Jahre später über seine Sichtweise auf das chaotische Geschehen. Dieses Manuskript von Heines politischen Erinnerungen enthält Aufschlussreiches über seine sicherheitspolitischen Ansichten und zum Komplex des Kapp-Putsches.[53]

Gehen wir zunächst einen Schritt zurück und blicken erneut auf die Revolution in Anhalt. Heines autobiografische Schilderung deckt sich weitgehend mit der Darstellung dieser Zeit in der Literatur als ausgesprochen friedlicher, geradezu harmonischer Übergangsprozess.[54] Im Kontrast hierzu steht folgende Passage aus Heines Erinnerungen:

---

48 Siehe ERGER: Putsch (wie Anm. 49), S. 169 f. Diese Willensbekundung Kapps erfolgte jedoch lediglich zur Beruhigung der DVP, die von ihm die Ausrufung baldiger Neuwahlen und die Rückkehr zu parlamentarischen Regierungsverhältnissen gefordert hatte (siehe EBERHARD KOLB/ LUDWIG RICHTER [Bearb.]: Nationalliberalismus in der Weimarer Republik. Die Führungsgremien der Deutschen Volkspartei 1918–1933, 1. Halbbd.: 1918–1925, Düsseldorf 1999, Dok. 22, S. 258 ff.). Ob Kapp tatsächlich an der Einbindung von Heine und anderen Sozialdemokraten interessiert war, ist sehr zweifelhaft (so bereits BLOCH: Südekum [wie Anm. 12], S. 261).

49 Siehe ERGER: Putsch (wie Anm. 52), S. 133, 210. Heine hatte nach eigenen Angaben der politischen Gesinnung, insbesondere der höheren Offiziere der Sicherheitspolizei, bereits seit längerem misstraut (siehe BArch, NL Wolfgang Heine, N2111/485, Bd. 5, S. 399 f., 423–477).

50 Siehe MÜHLHAUSEN : Ebert (wie Anm. 26), S. 263.

51 Siehe WINKLER: Revolution (wie Anm. 3), S. 358, Anm. 423; RAUTIO: Bernstein-Debatte (wie Anm. 14), S. 44 ff.; WEIN: Judenfeindliche Sprache (wie Anm. 21), S. 119, 159, 161.

52 Siehe GUSTAV NOSKE: Von Kiel bis Kapp. Eine Geschichte der deutschen Revolution, Berlin 1920.

53 Einen knappen Auszug über den Kapp-Putsch aus Heines Manuskript zur Geschichte der Weimarer Republik wurde bereits veröffentlicht (siehe KÖNNEMANN/SCHULZE [Hg.]: Dokumente [wie Anm. 47], S. 599 ff.). Hier wird Heines Wille zum bewaffneten Widerstand gegen den Putsch aber ausgespart (siehe hierzu unten).

54 Siehe REGENER: Abfindungen (wie Anm. 5); STEFAN GERBER (Hg.): Das Ende der Monarchie in den deutschen Kleinstaaten: Vorgeschichte, Ereignis und Nachwirkungen in Politik und Staatsrecht 1914–1939, Wien/Köln/Weimar 2018.

„Rings um uns zogen sich sehr bedenkliche Wolken zusammen. In Halle tobte der Bürgerkrieg in scheusslichster Form. Kommunistisch verhetzte Arbeiter rissen ohne jede Veranlassung einen Oberst in Uniform von der Strassenbahn herunter und ermordeten ihn in viehischer Weise. […] Bei einer Soldatenrätetagung in Magdeburg wurde offen ein Überfall auf Dessau angekündigt […] Ich habe einmal wochenlang Truppen nach Je[ß]nitz gelegt, um einen von [Bitterfeld] drohenden Anmarsch aufzufangen. Aber diese sogenannten Revolutionäre fanden es am Ende bequemer, ihren Radikalismus daheim auszutoben. Anhalt jedenfalls blieb verschont."[55]

Zwar steht das Bedrohungsgefühl im Vordergrund dieses Berichtes, aber die Pointe ist eindeutig Heines Erkenntnis, dass keine ernsthafte Gefahr für den Freistaat vonseiten der Linksradikalen drohte. Bemerkenswert ist, wie er auf Basis dieser Feststellung nicht nur seine Angst, sondern auch seinen Respekt vor den wichtigsten Köpfen des Spartakusbundes verlor.

„Rosa Luxemburg, Liebknecht und die revolutionären Obleute wollten sich nicht darein finden, dass man ihnen am 10. November das Heft aus der Hand genommen hatte. Sie waren nichts weniger als Idealisten, denen ein demokratischer und sozialer Aufbau Deutschlands vorgeschwebt hätte, sondern kaltherzige doktrinäre Zerstörer, die nichts wussten, als dass sie Deutschland zu Grunde richten wollten."[56]

Zwar würden Liebknecht und Luxemburg die parlamentarische Demokratie gerne zerstören, aber, so konstatiert Heine, sie seien hierzu aufgrund ihres mangelhaften Rückhaltes in den Massen und fehlender Organisationsfähigkeit nicht in der Lage, wie bereits am 10. November klargeworden sei. Die deutschen „Kaffeehausrevolutionäre" würden zwar sehr laut reden, aber zu mehr seien sie nicht fähig, so heißt es an anderer Stelle.

„In Berlin aber fand ich [zwischen Weihnachten und Neujahr 1918, S. E.] alles ruhig, und nur unklare Gerüchte von bevorstehenden weiteren Kämpfen, von geplanten Plünderungen am Kurfürstendamm schwirrten um. In den Wohnungen des Berliner Westens bebte man vor Furcht, während die

---

55 BArch, NL Wolfgang Heine, N2111/484, Bd. 4, S. 250.
56 Ebd., S. 253 f.

Literaten und Künstler in den Kaffeehäusern sich höchst revolutionär und bolschewistisch frisierten. Ich konnte am folgenden Tage mit meinem Wagen unbehelligt nach Berlin fahren, meine Geschäfte erledigen und dann wieder nach Dessau zurückkehren."[57]

Heine musste aufgrund seiner Doppelbelastung zwischen Berlin und Dessau pendeln und war hierdurch in der Lage, einigen Abstand zu beiden Orten zu gewinnen. Die „Bolschewismusangst" des Berliner Besitzbürgertums teilte er nicht. Vielmehr übte er in diesen Wochen sein Amt als Justizminister, welches er sich mit Kurt Rosenfeld (USPD) teilte, in den Umständen entsprechender kollegialer Weise mit den mitregierenden Linkssozialisten aus. Zwar habe er Rosenfeld persönlich nicht geschätzt, was ob der vergangenen innerparteilichen Auseinandersetzungen nicht überraschen kann, aber an dessen Amtsführung habe er nichts auszusetzen gehabt. Gemeinsam habe man an der Regelung des Verhältnisses mit dem entmachteten Herrscherhaus der Hohenzollern gearbeitet, ohne dass damals über eine entschädigungslose Enteignung debattiert worden sei.[58]

Es ist also nicht der Fall, dass Heine jegliche Kooperation mit der USPD abgelehnt hat. Er trug die aus MSPD und USPD gebildete Übergangsregierung Preußens persönlich mit, auch wenn dies nicht seine Wunschkoalition war. Zur Bildung einer Regierung aus MSPD und Linksliberalen waren jedoch selbstverständlich erst geordnete, allgemeine Wahlen nötig. Trotz der Spannungen in Berlin, denen Heine als Pendler nicht permanent ausgesetzt war, sprach er sich dafür aus, die Übergangskoalition bis zu den Wahlen weiterzuführen, um sie danach zugunsten eines sozialliberalen Bündnisses zu tauschen. Alles sollte nach parlamentarischen Regeln geschehen, so sein Wunsch. Dass es hierzu nicht kam und die Übergangskoalition nach den Weihnachtskämpfen auseinanderbrach, konnte er lediglich mit ansehen, aber eine Provokation der USPD durch die MSPD lehnte Heine ab. Man müsse die allgemeinen Spannungen dämpfen und nicht neue erzeugen, so seine Prämisse. Aus diesem Grund sprach er sich intern entschieden gegen eine Absetzung des Berliner Polizeipräsidenten Emil Eichhorn (USPD) aus, wie sie Anfang Januar dennoch versucht wurde. Heine spart

---

57 Ebd., S. 256.
58 Vgl. ebd., S. 226 ff. Zum Kontext: ULRICH SCHÜREN: Der Volksentscheid zur Fürstenenteignung 1926: die Vermögensauseinandersetzung mit den depossierten Landesherren als Problem der deutschen Innenpolitik unter besonderer Berücksichtigung der Verhältnisse in Preußen, Düsseldorf 1978, S. 26–32.

an dieser Stelle seiner Erinnerungen nicht an verbalen Verurteilungen der verantwortlichen MSPD-Politiker. Der Berliner Stadtkommandant Anton Fischer wäre ein „wirklich dummer Kerl" und der angedachte Ersatzmann für Eichhorn sei völlig ungeeignet, naiv und unvorbereitet für diese Aufgabe gewesen.[59] Heine erkannte, dass der missglückte Versuch einer Absetzung Eichhorns dem Spartakusbund erst die Gelegenheit für den Januaraufstand gab. Diese Eskalation der Lage hätte somit vonseiten der Regierung vermieden werden können und müssen. Heine hatte diese Eskalation abgelehnt und war nicht bereit, sich hiervon anstecken zu lassen. Während des Januaraufstandes ging er unbeeindruckt seiner Arbeit in Berlin nach. Was ihn überraschte war nicht der militärische Sieg der Regierung, sondern die Ermordung Liebknechts und Luxemburgs durch Regierungstruppen.

> „Am 15. Januar 1919 war ich wieder in Berlin. Die Kämpfe waren zu Ende, Liebknecht, Luxemburg und andere Führer [des Aufstandes] waren flüchtig. Nach der Tagesarbeit war ich abends mit Ilse im Deutschen Theater [...]. Als wir dann im Restaurant [.] zu Abend aßen, hörten wir wieder lebhaftes Schiessen in der Gegend des Reichstags. Wir wollten nach Hause [...]. Die [Cornelius-]Brücke und die Umgegend lag still und menschenleer. Als am nächsten Morgen erzählt wurde, dass an dieser Stelle ein tumultarischer Menschenhaufen die Luxemburg aus dem Wagen gerissen und weggeschleppt hätte, erschien mir dies ganz unglaubhaft."[60]

Wenn die Bedrohung durch den Spartakus aus Heines Perspektive nicht wirklich real war, so konnte er auch Mord als eine durch gefühlte „Bolschewismusangst" hervorgerufene Überreaktion nicht verstehen.[61] Tatsächlich war der hier vollzogene politische Mord etwas für die deutsche politische Kultur sehr Neues. Bis dahin galt die deutsche Innenpolitik, im Vergleich mit der der meisten anderen europäischen Großmächte, als besonders friedlich, ja geradezu konfliktscheu. Heine versuchte auf diese neue Herausforderung mit rechtsstaatlichen Mitteln zu reagieren. Als preußischer Justizminister war er darauf bedacht, eine strafrechtliche Verfolgung der Mörder zu erwirken, was jedoch an der Hal-

---

59 Vgl. BArch, NL Wolfgang Heine, N2111/484, Bd. 4, S. 257–269 (das direkte Zitat auf S. 261).
60 Ebd., S. 268 f.
61 Siehe John Horne/Robert Gerwarth: Bolschewismus als Fantasie. Revolutionsangst und konterrevolutionäre Gewalt 1917 bis 1923, in: dies. (Hg.), Krieg im Frieden: Paramilitärische Gewalt in Europa nach dem Ersten Weltkrieg, Göttingen 2013, S. 94–107.

tung der zuständigen Richter scheiterte.[62] Dies ist ein sehr wichtiger Punkt, der insbesondere von den Kritikern Eberts gern übergangen wird, da solche Bemühungen um einen ordentlichen Prozess zeigen, dass die MSPD-Regierung eben nicht als Auftraggeber in den Mord verstrickt war.[63] Sonst hätte Ebert wohl kaum eine Wiederaufnahme des zunächst niedergeschlagenen Verfahrens erwirkt. Heine zeigt hier den für ihn typischen und oben ausführlich dargestellten Grundanspruch, dass Gewalt und Willkür nur durch das Recht gebrochen werden können. Sicherlich waren die aufständischen Spartakisten im Unrecht, aber ihre Mörder und deren richterliche Unterstützer waren es auch. Der Mord an Liebknecht und Luxemburg löste eine weitere Eskalation der Berliner Politik aus, von der Heine dann ebenfalls erfasst wurde. Der Märzaufstand wurde von ihm leidenschaftlich verurteilt, und am 14. März rechtfertigte er den Einsatz der Regierungstruppen vor der preußischen Landesversammlung. Heine war jedoch nicht aktiv an dessen Niederschlagung beteiligt. Vielmehr hatte er als Justizminister versucht, dem Handeln der Militärs rechtliche Schranken aufzuweisen. Gerade die falsche Auslegung der Einsatzbefehle Noskes, durch welche die willkürlichen Erschießungen außerhalb von Gefechtssituationen eben nicht gedeckt wurden, versuchte Heine zu bekämpfen. Es habe kein Standrecht in Berlin bestanden, und Regierungstruppen seien selbstverständlich für die von ihnen begangenen „schändlichen feigen Gewalttaten" rechtlich verantwortlich zu machen.[64]

Seine Rechtfertigungsrede stand jedoch noch ganz im Zeichen der Falschnachricht über die vermeintliche Ermordung von Polizisten durch die Aufständischen. Es ist daher nicht besonders ungewöhnlich, dass er verbal stark austeilte und der USPD die Alleinschuld für das „auf allen Seiten vergossene Blut"

---

62 Siehe BArch, NL Wolfgang Heine, N2111/485, Bd. 5, S. 301 f. In diesem Kontext bezeichnet Heine – bei allen Antipathien, die er gegenüber den Ermordeten hatte – das „meucheln wehrloser Gefangener" als „widerlich" und politisch betrachtet „unendlich dumm", da weder Liebknecht noch Luxemburg nach dem von ihnen zu verantwortenden Fiasko des Januaraufstandes noch eine politische Rolle hätten spielen können (vgl. ebd., S. 299). Zu den Bemühungen um eine effektive strafrechtliche Verfolgung der Täter bereits: MÜHLHAUSEN: Ebert (wie Anm. 26), S. 148 f.

63 Anders JONES: Gewalt (wie Anm. 3), S. 227 ff. Die dort aufgestellte Behauptung, dass die Militärgerichtsbarkeit von der Revolution unverändert gelassen worden sei, ist falsch. Vielmehr wurde die Militärgerichtsbarkeit ebenso wie Ausnahmegerichte durch die Weimarer Reichsverfassung (Art. 105 u. 106) abgeschafft (siehe: Die Verfassung des Deutschen Reiches vom 11. August 1919, URL: www.verfassungen.de/de19-33/verf19-i.htm (27.06.2019). Das Problem waren außergerichtliche Erschießungen ohne jegliche Rechtsgrundlage, die nicht oder nur unzureichend von der Justiz verfolgt wurden.

64 Vgl. BArch, NL Wolfgang Heine, N2111/485, Bd. 5, S. 298 f.

zuschob, wobei er gleichzeitig die zivilen Opfer der Straßenkämpfe öffentlich anerkannte. Besonders „junge Idealisten" seien von USPD und Spartakus gegen die Regierung aufgehetzt worden, was sehr zu bedauern sei.[65]

> „Mir tun diese jungen Leute aufrichtig leid, wenn sie unseren Truppen vor die Gewehre gejagt werden durch den Wahnsinn ihrer Führer, und wenn unsere Truppen genötigt sind, sie niederzuschiessen. Es fliesst da viel gutes, reines Blut, das mehr für unsere Zukunft bedeuten könnte, wenn seine Träger nicht verhetzt und verwirrt worden wären. (Sehr wahr) Aber dies Blut komme über diejenigen, die sie in diese Wege hineintrieben, und das sind die Unabhängigen. (Sehr richtig! bei den Soz. Dem.) Wie hetzt die unabhängige Presse, wie hetzen ihre Redaktionen gegen die Regierung, gegen Ebert, gegen Scheidemann! – in einem Ton, dass, wenn eines Tages die Mordkugel sich gegen uns richtet, dort der Punkt ist, von wo sie hergeleitet ist, dort wird die Stimmung für solche Akte erzeugt. Sie bewerfen den mutigen und ehrlichen Noske mit Schmutz."[66]

Demgegenüber ist es eine recht banale Feststellung, dass es bei bewaffneten Konflikten dieser Größenordnung stets Verantwortliche auf beiden Seiten gibt und nicht nur auf einer, wie es Heine hier behauptet, als er in seinen Erinnerungen seine Versuche zur Mäßigung der Regierungspolitik darstellte. Auch der Schulterschluss mit Noske, dessen Befugnisse Heine als Justizminister ja einzuschränken versucht hatte, ist wenig überraschend. Ein gemeinsamer Feind schweißt schließlich zusammen. Bemerkenswert – geradezu revolutionär – ist ein anderer Aspekt des Geschehens.

Ein preußischer Justizminister, also ein Zivilist, hatte versucht, den Handlungen von preußischen Militärs rechtliche Schranken aufzulegen. Noch dazu betraf dies einen laufenden Militäreinsatz. Man muss das Selbstverständnis des preußischen Militärs hier nicht ausführlich darstellen, um zu erkennen, dass dies ein noch nie dagewesener Akt war. Das Militär besaß bis 1919 eine eigene Gerichtsbarkeit, die völlig losgelöst vom zivilen Recht bestand. Daher auch der damalige Unwille der Richterschaft, sich in die Angelegenheiten des Militärs einzumischen bzw. dessen Eigenverantwortlichkeit zu rechtfertigen. Worauf Heine als

---

65 Vgl. ebd., S. 305–309.
66 Ebd., S. 308. Ebendort wählt Heine das Bild von den Unabhängigen als „Zuhältern", welche versuchen würden, den politischen Gewinn einstreichen, wenn die Spartakisten – ihre „armen Mädchen" – ihre Leiber auf den Straßen zu Markte tragen würden.

erster Justizminister pochte, war die Ungültigkeit dieses alten Rechtes, die entsprechende Bindung der Militärs an ordentliche Gerichte und eine echte Verantwortung gegenüber dem Parlament. Dass es noch Jahrzehnte dauern sollte, bis dieser Anspruch einer zivilen Dominanz über das Militär in Deutschland durchgesetzt werden konnte, ist bekannt, aber eben dies widerlegt die Behauptung, dass Heine in diesem Kontext eine Anwendung zügelloser Gewalt gegen Zivilisten gerechtfertigt habe.[67] Als Justizminister ging Heine vielmehr einen ersten und daher ausgesprochen schwierigen Schritt in Richtung der parlamentarischen Demokratie.

Sein Hauptanliegen als preußischer Innenminister war es denn auch, eine zuverlässige Polizeitruppe aufzustellen, die notfalls gegen weitere Aufstände eingesetzt werden konnte, um so den Einsatz des Militärs im Innern auszuschließen.[68] Die neu aufgebaute Sicherheitspolizei war in ihrer Ausrüstung zwar militarisiert, was den damaligen polizeilichen Normen entsprach, aber dennoch besaß sie mit dem Schutz der öffentlichen Sicherheit und Ordnung einen zivilen Grundauftrag. Der zentrale soziologische Unterschied zum Militär war ferner, dass Polizeikräfte an denselben Orten arbeiteten, an denen sie auch leben. Sie waren in der Regel nicht ortsfremd, nicht ortsunkundig und dementsprechend auch nicht überaggressiv, wie die von auswärts nach Berlin transferierten Soldaten im Märzaufstand oder später im Ruhraufstand. Bereits die Einwohnerwehren folgten einer ähnlichen Grundidee, da in ihnen die lokale Bevölkerung einen Beitrag zum Schutz der öffentlichen Sicherheit und Ordnung leisten sollte.[69] Von ihren Möglichkeiten her waren die Einwohnerwehren freilich nur eine

---

67 Siehe JONES: Gewalt (wie Anm. 3), S. 281 ff. Leider unterlässt Jones eine ernsthafte Auseinandersetzung mit dem Schießbefehl und konzentriert sich stattdessen auf die Pressedebatte hierüber (siehe ebd., S. 254–275). Dass in dieser Pressedebatte der tatsächliche Befehl, der eine willkürliche Erschießung von Zivilisten eben nicht rechtfertigte und keine Verhängung des Standrechtes bedeutete, mitunter stark verzerrend interpretiert wurde, wird so nicht deutlich. Stattdessen sitzt Jones in Bezug auf Heine sogar einer Falschmeldung auf, wenn er diesem unterstellt, in seiner besprochenen Rede das Wort „Spartakiden" gebraucht zu haben, was Jones als Ausdruck einer rechtsradikalen Gesinnung wertet (siehe ebd., S. 282 f.). Soweit ersichtlich, hat Heine dieses Wort aber nicht benutzt. In seinen Erinnerungen und in dem Abdruck seiner Rede im *Vorwärts* ist stets von „Spartakisten" die Rede (siehe *Vorwärts*, 15.03.1919).

68 Siehe BArch, NL Wolfgang Heine, N2111/485, Bd. 5, S. 392 f. Auch der preußische Staatskommissar zur Überwachung der öffentlichen Ordnung, also eine zentrale Stelle zur Bekämpfung politischer Kriminalität, war von Heine erstmals eingerichtet worden (siehe ebd., S. 396 f.).

69 Diese Grundidee der Einwohnerwehren wurde von Heine bereits Anfang Dezember 1918 in Anhalt umgesetzt, was eine Reaktion auf die Spannungen in Berlin darstellte. Hierbei wollte Heine an die bereits im Weltkrieg bestehenden „Bürgerwehren" anknüpfen, wobei in Abstimmung mit Noske aus verständlichen Gründen der Name „Einwohnerwehr" bevorzugt wurde (siehe BArch, NL Wolfgang Heine, N2111/484, Bd. 4, S. 249 f.).

Hilfspolizei, die gleichwohl die reguläre Polizei im Ernstfall entlasten konnte. Beide Elemente – Polizei und Hilfspolizei – sollten zur Deeskalation der politischen Lage beitragen, so Heines sicherheitspolitisches Konzept. Dass dessen Umsetzung nicht gelang, gestand er selbst ein. Aber zu vermerken ist, dass es in der Sicherheitspolizei neben Unterstützern der Kapp-Putschisten zugleich starke Stimmen gab, die einen bewaffneten Einsatz gegen die im März 1920 gegen Berlin marschierende Ehrhardt-Brigade gefordert hatten.[70] Auch die Einwohnerwehren waren keineswegs ein willkommenes Werkzeug in den Händen der Putschisten. Heine hatte sie sich als „Schutztruppe des neuen Staates aus unzweifelhaften Republikanern" gedacht, deren Mitglieder auf die Verfassung verpflichtet wurden. Er gesteht in seinen Erinnerungen jedoch ein, dass dieser Anspruch nicht vollständig umgesetzt werden konnte, da sich die Arbeiter oftmals nicht in ausreichender Zahl in den Einwohnerwehren engagiert hätten.[71] Ihre Haltung war während des Kapp-Putsches denn auch regional sehr verschieden. Mancherorts unterstützen die Einwohnerwehren die Putschisten. Andernorts wurde die Abwehr des Putsches unterstützt. Dass insgesamt die Einwohnerwehren keinen eigenständigen Kampf gegen die meuternden Reichswehreinheiten aufnahmen, ist ob ihres Charakters als Hilfspolizei selbstverständlich. Einen fühlbaren Beitrag zur Abwehr des Putsches hätten die Einwohnerwehren nur im Verbund mit der Sicherheitspolizei leisten können, die eben aufgrund einer unklaren Befehlssituation inaktiv blieb.

Heine verweist in seinen Erinnerungen jedoch darauf, dass er als Polizeiminister überhaupt nicht von der Reichsregierung informiert worden war, sondern sich selbst ein Lagebild erarbeiten musste.[72] Vonseiten des Reiches waren der Putsch und dessen Abwehr als innermilitärische Angelegenheit behandelt worden. Daher auch Seeckts berühmter Ausspruch „Reichswehr schießt nicht auf Reichswehr". Den Gegenbeweis, dass die preußische Polizei sehr wohl auf die

---

70 Siehe Peter Keller: „Die Wehrmacht der Deutschen Republik ist die Reichswehr". Die deutsche Armee 1918–1921, Paderborn 2014, S. 218–243, wo Heine jedoch unberücksichtigt bleibt. Bloch betont desgleichen die Bedeutung der Sipo zur möglichen Abwehr des Putsches, aber berücksichtigt einen möglichen Beitrag Heines hierzu ebenfalls nicht. Stattdessen werden allein Südekums Bemühungen um die Sipo dargestellt (siehe Bloch: Südekum [wie Anm. 12], S. 258 ff.).

71 Vgl. BArch, NL Wolfgang Heine, N2111/485, Bd. 5, S. 403. Auf den Einwand eines Parteigenossen, dass „wir nicht die fluchbeladenen Mordgewehre in die Hand nehmen werden", hat Heine demnach geantwortet, dass dieser Genosse sich dann „nicht wundern" solle, wenn andere die „fluchbeladenen Mordgewehre aufnehmen" und ihn damit „verprügeln" würden (vgl. ebd., S. 404 f.).

72 Siehe ebd., S. 517.

meuternden Soldaten geschossen hätte, war Heine durchaus bereit zu erbringen, doch wie bereits bei den Januar- und Märzaufständen wurde er als Zivilist bewusst übergangen, obwohl er selbst unmittelbar vor der Flucht der Reichsregierung aus Berlin dieser gegenüber für gewaltsamen Widerstand gegen die Putschisten plädiert hatte.[73]

„Es wurde uns mitgeteilt, dass die Brigade Ehrhardt in der Tat bereits auf dem Marsch gegen Berlin wäre, und dass die Reichsregierung beschlossen hätte, Berlin zu verlassen. Noske wäre bereits fortgegangen, um die notwendigen Kraftwagen zu requirieren. Unter allen Umständen sollte ein Kampf vermieden werden. Ich erhob entschiedenen Widerspruch hiergegen. Was sollte man von einer republikanischen Regierung halten, die nicht einmal den Versuch macht, meuternden Soldaten entgegenzutreten? Hätte man mich rechtzeitig eingeweiht und auf die Mannschaften der Sipo einwirken lassen, so würde diese eine unbedingt zuverlässige Truppe abgegeben haben."[74]

Es lässt sich somit einwandfrei feststellen, dass Heine auf jene hätte schießen lassen, die Seeckt schonen wollte. Jahre später begrüßte Heine die Gründung des Reichsbanners Schwarz-Rot-Gold aus genau diesem Grund, er hatte auch 1919 schon versucht, eine republiktreue Miliz aufzustellen. Das Grundproblem in der Reaktion auf den Kapp-Putsch war ein ähnliches wie bereits beim Mord an Liebknecht und Luxemburg. Solche Ereignisse waren für Deutschland völlig neu. Einen bewaffneten Militärputsch hatte es bis dahin noch nie gegeben, ein solcher war aufgrund der vermeintlichen Staatstreue des Offizierskorps undenkbar gewesen. Es ist fraglich, ob man dem Sicherheitspolitiker Heine einen Vorwurf daraus machen kann, dass er von den Putschisten ebenso verraten wurde wie die Republik.

---

73 Siehe ebd., S. 519 f. Noske rechtfertigte sich in seinem Erinnerungsbericht (ohne Heine beim Namen zu nennen) dahingegen, dass er ja nicht alle preußischen Minister hätte informieren können, die dieser Tage bei ihm um Informationen angefragt hätten (vgl. Noske: Kapp [wie Anm. 54], S. 209). Freilich war Heine nicht irgendein Minister, sondern Polizeiminister.

74 BArch, NL Wolfgang Heine, N2111/485, Bd. 5, S. 520. Heine berichtet, dass Ebert und Bauer diese Ansicht geteilt hätten, aber Noske und der preußische Kriegsminister Reinhardt einen solchen Widerstand für unmöglich erklärt hatten. Die Meinung des Vizekanzlers Eugen Fischer habe schließlich den Ausschlag zur Flucht gegeben (vgl. ebd., S. 521).

5 „Herzensrepublikaner" und wehrhafter Demokrat

Wolfgang Heine hatte sich bis zuletzt mit seiner ganzen Kraft für den Schutz der
verfemten Republik engagiert, da er in ihr den besten Ausdruck seiner politischen Grundanschauungen erblickte. Seine facetten- und spannungsreiche politische Persönlichkeit würde eine weitergehende Beschäftigung lohnen. Er war
zeitlebens ein streitbarer Publizist und engagierter Republikaner, der sich, anders als etwa Noske, auch nach seinem Ausscheiden aus der großen Politik für
die Demokratie stark machte. Als aktives Mitglied des Reichsbanners Schwarz-
Rot-Gold, des Republikanischen Reichsbundes und des Vereins zur Abwehr des
Antisemitismus kann Heine insofern ohne jeden Zweifel als „Herzensrepubli-
kaner" gelten, der seinen sozialliberalen Überzeugungen verpflichtet blieb und
auch als Vertreter der „wehrhaften Demokratie" Weimars zu betrachten ist. Die
Freistaaten Preußen und Anhalt konnten auch dank Heines Beitrag über lange
Jahre vergleichsweise stabil regiert werden und waren somit Ruhepole in der
konfliktreichen Weimarer Innenpolitik.

Dass erst sein Nachfolger Carl Severing den Ertrag jener Reformen erntete, die
Heine anstieß, ist gleichwohl festzustellen. Aber es war Heine, der bereits im
Sommer 1919 Severing als seinen Nachfolger ausgesucht und empfohlen hatte.[75]
Als Verfassungs- wie als Sicherheitspolitiker ging es Heine vor allem darum,
die vorhandenen gesellschaftlichen und politischen Spannungen zu reduzieren.
Diese Haltung wurde ihm von seinen linksradikalen Kritikern freilich als „Opportunismus" ausgelegt. Heine aber zeichnete sich vielmehr durch einen Pragmatismus aus, der in der Bereitschaft bestand, mit verschiedensten Personen
unterschiedlicher politischer Ansichten zusammenzuarbeiten, solange er sich
von einer solchen Zusammenarbeit eine Stabilisierung der Demokratie erhoffte. Dies war z. B. sein Motiv für die Zusammenarbeit mit der USPD im November und Dezember 1918 wie auch für die Zusammenarbeit mit DNVP-nahen
Personen wie Traugott von Jagow bei der Reform der preußischen Polizei 1919.
Mit dem Konzept der „wehrhaften Demokratie" ist dies insofern vereinbar, als
solche Kooperationen aus Heines Sicht nur möglich waren, solange die betreffenden Personen sich hierbei zu parlamentarisch-demokratischen Zielen bekannten. Um die parlamentarische Demokratie zu fördern, wollte Heine jene
einbinden, die dieser Regierungsform noch fernstanden, wie er es im Januar

---

75 Siehe BArch, NL Wolfgang Heine, N2111/485, Bd. 5, S. 334 f. Heine war amtsmüde und erpicht
darauf, seine Anwaltstätigkeit wiederaufzunehmen.

1918 in seinem Aufsatz „Der Weg zur Demokratie" skizziert hatte. Politische Kräfte, die sich gewaltsam gegen die Republik wandten, bekämpfte Heine jedoch entschieden, egal ob die Bedrohung von links oder rechts ausging. Dass Heine in späteren Jahren als einer der ersten Theoretiker den gleichermaßen „totalitären" Charakter des NS-Regimes und der Sowjetdiktatur herausstellte, lag ganz auf dieser Linie und weist auf die doppelte Bedrohung der parlamentarischen Demokratie hin, die sich bereits in der Anfangsphase der Weimarer Republik gezeigt hatte.

Ein „König von Halle"? Otto Kilian und seine Rolle in den revolutionären Ereignissen von 1918/19

Christine von Bose

Am 12. Dezember 1919 wurde der Journalist Otto Kilian als einer der Hauptverantwortlichen für die Unruhen und Plünderungen, die sich in der Stadt Halle zwischen November 1918 und März 1919 ereignet hatten, verurteilt. Das Landgericht Halle verhängte eine Strafe von drei Jahren Gefängnis. Der zuständige Staatsanwalt Mosler war sich in seiner Anklageschrift gegen Kilian sicher, dieser sei „die Seele und der geistige Leiter des gesamten Arbeiterrats" gewesen, und der Oberbürgermeister der Stadt Halle Richard Robert Rive bezeichnete Otto Kilian gar als „König von Halle".[1] Spätestens seit der Bildung des Arbeiter- und Soldatenrates war Kilian wohl tatsächlich jedem Bewohner der Saalestadt bekannt und wurde von seinen Anhängern wie seinen politischen Gegnern als zentrale Figur dieses Rates angesehen. Doch welchen Einfluss konnte er während der Novemberrevolution und im Arbeiterrat der Stadt Halle tatsächlich einnehmen, und wie verstand er seine Rolle zu dieser Zeit selbst?

Otto Kilian wurde am 27. November 1879 in Atzendorf im Kreis Calbe geboren und war nach einer Lehre als Schriftsetzer bald als Journalist in verschiedenen deutschen Städten tätig. Von der SPD, in die er bereits 1902 eingetreten war, wurde Kilian im November 1913 als Redakteur zur Parteizeitung *Volksblatt* nach Halle berufen. Als Funktionär übernahm er auch andere Aufgaben für die SPD und sprach beispielsweise auf Partei- und Protestveranstaltungen als Referent. Im August 1915 wurde Kilian zum Kriegsdienst an die Front einberufen und erlebte daher die Spaltung der SPD in Halle nicht direkt mit. Als er am 1. April 1918 zum *Volksblatt* zurückkehrte, war dieses das Organ der unabhängigen So-

---

1 Eine Abschrift der Anklageschrift befindet sich im Stadtarchiv Halle, Stadtarchiv Halle (im Folgenden: StAH), A 2.8 PL 621, Bl. 5.

zialdemokraten geworden, und auch er selbst dürfte den Übertritt zur USPD, wie die riesige Mehrheit der hallischen SPD-Mitglieder, im Laufe des Jahres 1917 vollzogen haben.[2] Die Zeitung hatte Otto Kilian als unabkömmlich reklamiert, woraufhin er aus dem Kriegsdienst entlassen wurde und beim *Volksblatt* zeitweise sogar als verantwortlicher Schriftleiter tätig war.[3]

Otto Kilian und der hallische Arbeiter- und Soldatenrat

Am Abend des 7. November 1918, einen Tag nach den ersten Berichten über den Kieler Matrosenaufstand im hallischen *Volksblatt*, fand eine Massenversammlung in Halle statt, zu der die örtliche USPD aufgerufen hatte. Auf dem Gelände des Volksparks fanden sich 8.000 bis 10.000 Menschen ein. Bei der Versammlung sprach der Vorsitzende der USPD Halle, der Reichstagsabgeordnete Adolf Albrecht, und der Gewerkschaftssekretär Karl Kürbs schlug die Bildung eines großen Arbeiterrates für Halle vor. Bis zum Abend des 9. November sollten alle hallischen Fabriken einen Delegierten für diesen wählen. Am Ende der Veranstaltung rief Kilian als Vertreter der Parteileitung die Teilnehmer auf, sich vor „Unbesonnenheiten" zu hüten, in Ruhe nach Hause zu gehen, in den nächsten Tagen das *Volksblatt* zu lesen und den dort ausgegebenen Parolen der Partei zu folgen.[4] Ein Teil der Versammelten folgte diesem Aufruf jedoch nicht, sondern zog in einem Demonstrationszug unter Führung von Soldaten und mit einer roten Fahne durch die Hauptstraßen der Stadt bis zum Marktplatz.

Kilian spielte in der Folge für die Organisation und den Aufbau des Arbeiterrates in Halle eine herausragende Rolle. Bereits am 8. November wurden bei der Fliegerersatzabteilung ein Soldatenrat und im Gebäude der USPD-Bezirksleitung im Harz 42 ein provisorischer Arbeiterrat für Halle gebildet. Dieser sogenannte „große" Arbeiterrat bestand aus gewählten Vertretern der Betriebe

---

2 Die Ankläger Kilians im Prozess 1919 warfen ihm hingegen vor, erst nach seiner Rückkehr 1918 und nicht aus Überzeugung, sondern um seines eigenen Vorteils willen zur USPD übergetreten zu sein. Der genaue Zeitpunkt des Übertritts kann nicht nachgewiesen werden. Vgl. CHRISTINE VON BOSE: Otto Kilian (1879–1945) – streitbare Führungsfigur der halleschen Arbeiterbewegung. Eine politische Biographie, Masterarbeit 2018 (unveröff.).

3 Vgl. dazu eine Liste der verantwortlichen Redakteure des *Volksblatts* für 1918 im Nachlass von Wilhelm Koenen. Bundesarchiv Berlin (im Folgenden: BArch), NY 4074/237, keine Seitenzählung.

4 Volksblatt, 08.11.1918; vgl. GERTRUD KLING: Die Rolle des Arbeiter- und Soldatenrates von Halle in der Novemberrevolution. November 1918 – März 1919, Halle 1958, S. 14 f.

und Delegierten der sozialdemokratischen Parteien und umfasste circa 80 Personen.[5] Am Nachmittag desselben Tages lag die militärische Gewalt in der Hand des Arbeiter- und Soldatenrates, der für sich auch bereits die Kontrolle über die städtische Verwaltung beanspruchte.[6] Am 9. November fand die Vorstandswahl des Arbeiterrates statt, bei der Adolf Albrecht zum Vorsitzenden und Otto Kilian zu seinem Stellvertreter gewählt wurde. Die Belegschaften vieler hallischer Betriebe folgten einem Aufruf der USPD zu einem Demonstrationsstreik, der vom 9. bis 11. November durchgeführt wurde. Mit großen Demonstrationszügen am 9. und 10. November stellten sich viele Arbeiter und Soldaten hinter die Revolution. Es wurden Kundgebungen auf dem Marktplatz durchgeführt und Reden von Vertretern der USPD und SPD gehalten.

Der Merseburger Regierungspräsident Wolf von Gersdorff gelangte bereits am 14. November zu dem Schluss: „Die Bewegung, plötzlich beginnend, hat sich, ohne Widerstand zu finden, schnell durchgesetzt […].“ Die „Umwälzung“ sei außerdem „in der Hauptsache ohne besondere Unruhen oder Ausschreitungen verlaufen“.[7] Tatsächlich zogen sich die städtischen Autoritäten und die Polizei in den ersten Tagen der Revolution zurück. Der Magistrat, die Handelskammer und nach internen Widerständen schließlich die Dozenten und Studenten der Universität erklärten dem Arbeiter- und Soldatenrat ihre Loyalität.[8]

Laut seiner Anklageschrift von 1919 war es Kilian, der nach Gründung des großen Arbeiterrates ein Organisationsprogramm für die Rätestrukturen in Halle aufstellte. Auf seine Veranlassung hin sei neben dem bereits bestehenden großen Arbeiterrat aus diesem ein 15-köpfiger „mittlerer“ Arbeiterrat gewählt worden. Des Weiteren entstand der sogenannte Vollzugsausschuss des Arbeiter- und Soldatenrates, der sich aus vier Arbeitern und vier Soldaten zusammensetzte, den Rat nach außen vertrat und ab Ende November offiziell dessen ausführendes Organ war. Alle Anordnungen und offiziellen Schreiben des Rates mussten von mindestens vier Mitgliedern des Vollzugausschusses unterzeichnet werden.[9]

---

5 Vgl. Kling: Rolle (wie Anm. 4), S. 16. Ebenso wählten die verschiedenen Truppenteile ihre Vertreter in den großen Soldatenrat.

6 Vgl. Hans-Walter Schmuhl: Halle in der Weimarer Republik und im Nationalsozialismus, Halle 2007, S. 12.

7 Zitiert hier nach Dirk Schumann: Politische Gewalt in der Weimarer Republik 1918–1933. Kampf um die Straße und Furcht vor dem Bürgerkrieg, Essen 2001, S. 45.

8 Vgl. Schmuhl: Halle (wie Anm. 6), S. 12.

9 Geht hervor aus einem Schreiben des Arbeiter- und Soldatenrates an den Magistrat vom 27.11.1918. StAH, A 2.9 Kap. I, Abt. B Nr. 12, Bd. 1b, Bl. 7.

Die in verschiedenen Kurzbiografien und der Literatur häufig zu findende Aussage, Kilian sei am 8. November zum Vorsitzenden des hallischen Arbeiter- und Soldatenrates gewählt worden, erscheint demnach nicht ganz präzise.[10] Im großen Arbeiterrat hatte er ja nur die Position von Albrechts Stellvertreter inne. Allerdings wurde Kilian zum Vorsitzenden des mittleren Arbeiterrates und damit auch in den Vollzugsausschuss gewählt. Da Albrecht gleichzeitig die Stellung des Vorsitzenden der USPD in Halle und des Bezirks-Arbeiter- und Soldatenrates in Merseburg einnahm, war er häufig nicht in Halle anwesend.[11] Zweifelsohne wurde Otto Kilian so zu einer der präsentesten Figuren des Arbeiter- und Soldatenrates in Halle. Auf Beschluss des mittleren Arbeiterrates wurde Ende November der bis dahin provisorische große Arbeiterrat neu bestimmt. Für jeweils 200 Arbeiter wurde ein Delegierter gewählt, kleinere Betriebe wurden dafür zusammengelegt. Außerdem entsandten die USPD zehn, die MSPD und das Gewerkschaftskartell je fünf Vertreter in den großen Rat.[12]

Die USPD dominierte den Arbeiterrat in Halle ganz eindeutig. Ihr starker Parteiapparat ermöglichte der Rätebewegung im Regierungsbezirk Merseburg eine außergewöhnliche Wirkung und Dauerhaftigkeit. Die MSPD im Bezirk unter der Führung des Reichstagsabgeordneten Adolf Thiele bemühte sich ebenfalls, Einfluss auf den Arbeiterrat zu nehmen, was ihr jedoch weitgehend nicht gelang. Deutlich mehr Gewicht hatten die Mehrheitssozialisten, die in der hallischen Arbeiterschaft gegenüber den Unabhängigen in einer hoffnungslosen Minderheitsposition waren, zu Beginn der Bewegung im Soldatenrat der Stadt. Gegen den Willen des Arbeiterrates strebte der Soldatenrat unter Führung seines Vorsitzenden Leutnant Gruner eine Öffnung auch gegenüber den bürgerlichen Kreisen an. So veröffentlichte er beispielsweise am 13. November 1918 in der mehrheitssozialistischen *Volksstimme* und in den bürgerlichen Zeitungen einen Aufruf an die Vertreter aller Klassen. Sie alle sollten am Volkswohl tatkräftig mitarbeiten, und der Soldatenrat wolle diese Arbeit unparteiisch und ohne einseitige Klasseninteressen sichern. Noch im November bildete sich da-

---

10 Etwa bei Hermann Weber/Andreas Herbst (Hg.): Deutsche Kommunisten. Biographisches Handbuch 1918 bis 1945, Berlin 2004, S. 370; Frank Hirschinger: „Gestapoagenten, Trotzkisten, Verräter". Kommunistische Parteisäuberungen in Sachsen-Anhalt 1918–1953, Göttingen 2005, S. 22. Schmuhl bezeichnet ihn vielleicht passender als „starken Mann" des Arbeiterrates. Schmuhl: Halle (wie Anm. 6), S. 12.

11 Laut der Urteilsschrift gegen Kilian erlangte er daher auch im großen Arbeiter- und Soldatenrat bald die Führerschaft. Geheimes Staatsarchiv Preußischer Kulturbesitz (im Folgenden: GStA PK), I. HA Rep. 84a Justizministerium, Nr. 58546, Bl. 3.

12 Vgl. Kling: Rolle (wie Anm. 4), S. 24.

raufhin unter Einfluss der liberalen Deutschen Demokratischen Partei (DDP) ein Bürgerausschuss, mit dem der Soldatenrat bis Ende des Monats November zusammenarbeitete, während der Arbeiterrat jeden Dialog verweigerte.[13]

Der achtköpfige Vollzugsausschuss, zu dessen zentraler Figur sich Otto Kilian entwickelte, bezog noch am 9. November das kleine Sitzungszimmer im Rathaus und führte nun von dort aus seine Geschäfte. Bis in den Dezember hinein blieb das Verhältnis des Arbeiter- und Soldatenrates zur hallischen Stadtverwaltung relativ entspannt. Der Magistrat und die Stadtverordnetenversammlung durften in gewohnter Weise weiterarbeiten. Der Arbeiter- und Soldatenrat unternahm zunächst „keinen Versuch, ein eigenes militärisches Machtinstrument aufzubauen oder mehr als nur kontrollierend in die lokale Verwaltung einzugreifen".[14] Allerdings wurde die Polizei entwaffnet und musste ihren Dienst in Begleitung bewaffneter revolutionärer Soldaten verrichten.

Machtprobe mit dem Magistrat

Ab Mitte November 1918 versuchte der hallische Arbeiter- und Soldatenrat seine Position zu stabilisieren, indem er von den übrigen Herrschaftsorganen der Stadt verlangte, sie sollten ihn als weisungsberechtigt anerkennen. Otto Kilian hatte bereits am 15. November im Auftrag des Arbeiter- und Soldatenrates in einem Schreiben[15] an den Magistrat und die Stadtverordnetenversammlung mitgeteilt, der Rat habe beschlossen, ihn selbst und einen Vertreter des Soldatenrats für die unbesetzten Sitze im Magistrat vorzuschlagen. Diesem Wunsch des Rates kam der Magistrat dann offensichtlich schnell nach, denn bereits bei der ersten Stadtverordnetenversammlung nach der Revolution am 18. November war Kilian anwesend.[16] Die Wahl der beiden Vertreter des Arbeiter- und Soldatenrates zu unbesoldeten Magistratsmitgliedern erfolgte dann in der Sitzung am 2. Dezember. Von circa 50 anwesenden Mitgliedern der Versammlung erhielt Kilian 38 gültige Stimmen und war damit für sechs Jahre als unbesolde-

---

13 Vgl. ebd., S. 18 f.; SCHMUHL: Halle (wie Anm. 6), S. 14.
14 SCHUMANN: Gewalt (wie Anm. 7), S. 45.
15 StAH, A 3.28 Nr. 736 Kilian, Bl. 3.
16 Vgl. Sitzungsprotokoll vom 18.11.1918 der Stadtverordnetenversammlung. StAH, A 2.44 Stadtverordnetenversammlung Nr. 3, Bd. 1 (keine Seitenzählung).

ter Stadtrat gewählt. Vertreter für den Soldatenrat wurde ein Herr Groebel, der 46 gültige Stimmen bekam.[17]

Der Eintritt Kilians in die Stadtregierung erfolgte ohne offene Widerstände, und Kilian und Groebel gaben sich mit ihrer Stellung zunächst zufrieden. Beide Männer brachen nicht mit dem offiziellen Prozedere für einen neu gewählten Stadtrat: Kilian nahm die auf ihn entfallene Wahl am 9. Dezember offiziell an und schickte den angeforderten Lebenslauf an den Oberbürgermeister. Anfang Januar 1919 wurde die Wahl von Kilian und Groebel durch den Regierungspräsidenten Gersdorff per Telegramm bestätigt und beide bei der Stadtverordnetenversammlung am 20. Januar schließlich in ihre Ämter eingeführt.[18] Bis Ende Februar 1919 nahmen Kilian und Groebel nun regelmäßig an den Stadtverordnetenversammlungen teil, wobei zumindest aus den Sitzungsprotokollen dieser Treffen nicht ersichtlich wird, ob beide besonders in Erscheinung traten. Ungehindert befasste sich die Versammlung auch weiterhin mit ihren Themen der städtischen Verwaltung.

Die Strategie des Arbeiter- und Soldatenrates änderte sich erst Ende Dezember merklich. Am 23. Dezember wurde dem Magistrat ein Beschluss mitgeteilt und dessen Beachtung in jedem Fall gefordert: „Die beiden dem Magistrate angehörenden Mitglieder des Arbeiterrates Kilian und Gröbel gelten von heute ab gleichzeitig als Beigeordnete des Arbeiter- und Soldatenrates für den Magistrat der Stadt Halle. Alle Kundgebungen, Bekanntmachungen und sonstige Veröffentlichungen des Magistrats müssen einem der beiden Beigeordneten vorgelegt und von ihm unterzeichnet werden. Veröffentlichungen ohne Gegenzeichnung des Arbeiter- und Soldatenrates dürfen nicht erfolgen."[19] Die Aufnahme von Kilian und Groebel in den Magistrat genügte dem Rat offensichtlich nicht mehr, er forderte nun unverblümt die Übergabe der vollziehenden Gewalt in der Stadtverwaltung. Mit seinem Schreiben an den Magistrat vom 23. Dezember hatte der Arbeiterrat offen eine Machtprobe um die Vorherrschaft in der städtischen Verwaltung herausgefordert.

Oberbürgermeister Rive war offensichtlich jedoch nicht gewillt, diesen Eingriff in die städtische Selbstverwaltung hinzunehmen und konnte sich dabei auf eine große Solidarität der Stadträte und städtischen Beamten verlassen. Rives Be-

---

17 Sitzungsprotokoll vom 02.12.1918, in: ebd.
18 Schriftstücke in Kilians Personalakte bei der Stadt Halle. StAH, A 3.28 Nr. 736 Kilian, Bl. 6–8; Sitzungsprotokoll vom 20.01.1919. StAH, A 2.44 Stadtverordnetenversammlung Nr. 3, Bd. 2.
19 Schreiben in den Akten des Magistrats zum Arbeiter- und Soldatenrat. StAH, A 2.9 Kap. I, Abt. B Nr. 12, Bd. 1, Bl. 19.

schwerde bei verschiedenen Aufsichtsbehörden wurde zwar durch das preußische Ministerium des Inneren schließlich abgelehnt, ihm gelang so jedoch eine Verzögerung bei dieser Frage bis in den Januar 1919 hinein.[20] Der genaue Status von Kilian und Groebel als Beisitzer blieb ungeklärt, ihre Position als unbesoldete Stadträte wurde allerdings nicht angetastet. In einem weiteren Schreiben vom 7. Januar an den Magistrat betonte der Vollzugsausschuss den eigenen Machtanspruch. Dass amtliche Bekanntmachungen auch weiterhin ohne Gegenzeichnung der Beigeordneten des Rates veröffentlicht würden, müsse man als Missachtung verstehen, die sich das Organ der vollziehenden Gewalt nicht bieten lassen könne. Der Magistrat wurde aufgefordert, sich bis zum selben Mittag zu vier Fragen eindeutig zu positionieren:

„1. Erkennt der Magistrat zu Halle den A.- und S. Rat als einziges Organ der vollziehenden Gewalt an?

2. Ist der Magistrat zu Halle bereit, alle vom A.- und S. Rat gefassten, ihm in vorschriftsmässiger Weise zugestellten Beschlüsse als für ihn verbindlich anzunehmen und unverzüglich zur Ausführung zu bringen?

3. Erkennt der Magistrat zu Halle die Mitglieder des Vollzugsausschusses des Arbeiterrates Groebel und Kilian als Beigeordnete des A.- und S. Rates zu Halle für den Magistrat an?

4. Ist der Magistrat zu Halle grundsätzlich bereit, alle amtlichen Kundgebungen des Magistrats und allen von ihm in politischen, Verfassungs- und militärischen Angelegenheiten geführten Schriftwechsel diesen Beigeordneten vor der Veröffentlichung bezw. Absendung zur Gegenzeichnung vorzulegen?"[21]

Der Soldatenrat tagte an diesem Vormittag in einer öffentlichen Sitzung und stimmte den Forderungen ebenfalls zu. Tatsächlich schickte Oberbürgermeister Rive noch am selben Tag im Auftrag des Magistrats ein Antwortschreiben. Der Magistrat erkenne den Arbeiter- und Soldatenrat als „einziges örtliches Kontrollorgan der derzeitigen Staatsregierung" an und wolle die Beschlüsse „im Rahmen der gesetzlichen Bestimmungen" annehmen und ausführen. Die Beigeordneten Kilian und Groebel erkenne man „wie bisher" an und auch der vier-

20 Vgl. Kling: Rolle (wie Anm. 4), S. 25 f.
21 Schreiben des Arbeiter- und Soldatenrates an den Magistrat vom 07.01.1919. StAH, A 2.9 Kap. I, Abt. B Nr. 12, Bd. 1, Bl. 20.

ten Frage werde man zustimmen, sollte die „diesbezügliche Beschwerde vom 31. Dezember 1918 von dem Ministerium zurückgewiesen werden".[22] So beantwortete der Magistrat die gestellten Fragen zwar positiv, schränkte seine Zustimmung aber jeweils auch ein. Kilian gab bei der Sitzung des Soldatenrates Rives Antworten bekannt und stellte einen Antrag für ein Ultimatum an diesen. Er sollte sich öffentlich und „ohne jegliche Klauseln" erklären. Sollte er mit „nein" antworten, „würde er seines Amtes enthoben". Kilians Antrag wurde angenommen und noch am 7. Januar an den Oberbürgermeister verschickt.[23] Der Vollzugsausschuss forderte Rive auf, die Fragen am Nachmittag um 15:30 Uhr auf dem Altan des Rathauses öffentlich und persönlich noch einmal zu beantworten.[24]

Bereits in den Mittagsstunden hatten sich auf dem Marktplatz viele Menschen zu einer Kundgebung versammelt und hinter den Arbeiter- und Soldatenrat gestellt. In mehreren Reden wurden die sofortige Sozialisierung der Fabriken und Banken sowie die Absetzung des Oberbürgermeisters verlangt, wenn dieser die Forderungen des Rates nicht anerkenne.[25] Rive entzog sich dem Auftritt auf dem Marktplatz jedoch, indem er die Stadt für einen Lokaltermin verließ und erst am Abend zurückkehrte.[26] Am Nachmittag erschienen die USPD-Vertreter Reiwandt, Hildebrandt und Kilian auf dem Balkon des Stadthauses und erklärten den Zuhörern, dass statt Rive nun Bürgermeister Seydel Stellung zu den Forderungen des Rates nehmen werde. Dieser teilte allerdings nur mit, dass der Magistrat sich am folgenden Tag in der Angelegenheit beraten und dann entscheiden werde.[27]

Trotz dieser Verzögerung konnte der Magistrat die Übergabe der vollziehenden Gewalt an den Arbeiter- und Soldatenrat nicht verhindern. Am 8. Januar kam der Magistrat wie angekündigt zu einer Sitzung zusammen und beriet erneut über die Forderungen des Rates. Offensichtlich wurde dabei auch die Drohung gegen den Oberbürgermeister vonseiten des Rates noch einmal zur Sprache gebracht, denn die versammelten Stadträte erklärten, im Falle seiner Absetzung geschlossen zurückzutreten. Sämtliche Ehrenbeamten und städtische Beamten kündigten ebenfalls an, in diesem Fall in einen Solidaritätsstreik zu treten. Die

---

22   StAH, A 2.9 Kap. I, Abt. B Nr. 12, Bd. 1b, Bl. 197.
23   Vgl. Anklage gegen Kilian. StAH, A 2.8 PL 621, Bl. 44.
24   StAH, A 2.9 Kap. I, Abt. B Nr. 12, Bd. 1b, Bl. 197 f.
25   Vgl. Schmuhl: Halle (wie Anm. 6), S. 20.
26   Laut einer Notiz Rives wurde das Schreiben mit der Aufforderung während seiner Abwesenheit in seiner Wohnung abgegeben. StAH, A 2.9 Kap. I, Abt. B Nr. 12, Bd. 1b, Bl. 197 (RS).
27   Vgl. Anklage gegen Kilian. StAH, A 2.8 PL 621, S. 49.

an der Sitzung teilnehmende Delegation des großen Arbeiterrates unter Führung Kilians ließ sich durch die große Solidarität zugunsten Rives beeindrucken, und beide Seiten einigten sich schließlich auf einen Kompromiss.[28] Im Protokoll der Versammlung hieß es dazu, „nach eingehenden Verhandlungen mit den Vertretern des Arbeiter- u. Soldatenrats" habe sich dieser entschieden, nun sechs Fragen an den Magistrat zu richten. Die Versammlung beschloss einstimmig alle mit Ja zu beantworten.[29] Damit erreichte der Arbeiter- und Soldatenrat zwar die eindeutige Positionierung des Magistrats, musste dafür jedoch einige Kompromisse bei der Formulierung eingehen. So wurde bei der ersten Forderung, der Anerkennung als Organ der vollziehenden Gewalt, der Zusatz „einziges" gestrichen. Bei der Ausführung der Beschlüsse des Rates erfolgte der Zusatz, dass für diese ausdrücklich der Arbeiter- und Soldatenrat die Verantwortung übernähme.[30]

Noch am selben Abend erstattete Kilian im großen Arbeiterrat Bericht über die Verhandlungen und erreichte, dass dort die Mehrheit der Delegierten den Ergebnissen zustimmte. Auch über die aktuelle Stellung des Arbeiterrates zur Regierung wurde ein Antrag von Kilian verfasst und beschlossen: „Der Arbeiterrat zu Halle beschliesst, dass er die Regierung Ebert-Scheidemann nicht unterstützen kann, da sie nicht ernsthaft für die Durchführung der Revolution bis zum Sozialismus wirkt, sondern die Gegenrevolution stützt […]."[31] Thiele stellte sich als Vertreter der MSPD Kilians Sicht entgegen, fand im Arbeiterrat jedoch fast gar keinen Zuspruch mehr. Der Arbeiterrat hatte sich damit vollständig von der Regierung in Berlin abgewandt. Oberbürgermeister Rive fragte Kilian in Bezug auf diese Erklärung, ob er denn nun eine „Republik Halle" anstrebe, wenn er sich nicht mehr an die staatlichen Vorgaben für die Arbeiter- und Soldatenräte halten wolle.[32]

Januarkämpfe und Generalstreik

Zur Jahreswende 1918/19 ging die Revolution in eine zweite Phase über, die nun auch in Halle von erheblichen Konflikten und blutigen Kämpfen begleitet wur-

---

28 Vgl. SCHMUHL: Halle (wie Anm. 6), S. 21.
29 Protokoll der Sitzung vom 08.01.1919. StAH, A 2.9 Kap. I, Abt. B Nr. 12, Bd. 1b, Bl. 197 (RS).
30 Erklärung des Arbeiter- und Soldatenrates vom 08.01.1919. Ebd., Bl. 198 (VS+RS).
31 Anklage gegen Kilian. StAH, A 2.8 PL 621, Bl. 54.
32 Vgl. Urteil: GStA PK, I. HA Rep. 84a Justizministerium, Nr. 58546, Bl. 39.

de. Auslöser für die Ereignisse in Halle und der Provinz waren die Januarkämpfe in Berlin, die in den ersten Tagen des neuen Jahres zwischen Unterstützern der Revolution und Truppen der Reichsregierung ausbrachen.[33] Die Revolution nahm daraufhin in Halle wieder an Fahrt auf. Die Matrosenkompanie besetzte in der Nacht vom 6. auf den 7. Januar 1919 mit anderen revolutionären Soldaten den Hauptbahnhof in Halle, um Transporte regierungstreuer Truppen nach Berlin aufzuhalten. Es kam außerdem zu Übergriffen auf das Wahlbüro der DDP und verschiedene Zeitungsredaktionen.

Am 10. und 12. Januar 1919 formierten sich dann auch erstmals Großdemonstrationen in Halle, die sich für die Reichsregierung und gegen eine „Herrschaft" der USPD in der Stadt positionierten. Zwischen 10.000 und 20.000 Menschen gingen auf die Straße und trafen auf Gegendemonstranten, die mit dem Arbeiter- und Soldatenrat sympathisierten. Es kam zu Gewalt zwischen beiden Gruppen, zu Verletzten und Toten.[34] Der Arbeiterrat geriet vor dem Hintergrund des Zusammenbruchs des Januaraufstandes in Berlin ebenfalls unter Druck, konnte seine Stellung insgesamt jedoch behaupten. So verkündete Kilian am Nachmittag des 12. Januar vom Rathaus aus der anwesenden Menschenmenge, dass Halle in den letzten Tagen in großer Gefahr geschwebt habe, der Arbeiter- und Soldatenrat nun aber gefestigter denn je sei.[35]

An diesem 12. Januar fand außerdem eine Demonstration der hallischen Kriegsbeschädigten statt. Sie forderten vom Magistrat einen Lebensmittelzuschuss und Ermäßigungen bei der Straßenbahnnutzung. Des Weiteren forderten sie einen Sitz und Stimmrecht im Arbeiterrat. Ihre Vertreter warfen sowohl Oberbürgermeister Rive als auch Otto Kilian die Beleidigung Kriegsbeschädigter vor und verlangten von beiden eine Erklärung. Tatsächlich sprach Kilian auf dem Marktplatz und erreichte es offensichtlich, den Unmut der Anwesenden verstärkt auf Rive zu lenken, der nicht erschienen war. Die Versammelten zogen daraufhin zum Haus des Oberbürgermeisters, um ihn zu einer Entschuldigung zu zwingen. Angeblich hatte er sie als „Verkehrshindernisse" bezeichnet. Als sie Rive jedoch nicht antrafen, kam es zu Übergriffen auf die das Haus bewachenden Polizeibeamten und nach Rives Angaben zu Verwüstungen im Garten und

---

33 Vgl. dazu SCHUMANN: Gewalt (wie Anm. 7), S. 49 ff.
34 Schilderung der Demonstrationen am 10. und 12. Januar in einem Bericht von Oberbürgermeister Rive an den Regierungspräsidenten von Gersdorff zu den Ereignissen im Januar und März 1919 in Halle, verfasst am 11.04.1919. StAH, A 2.9 Kap. I, Abt. B Nr. 12, Bd. 1, Bl. 51 f.; SCHMUHL: Halle (wie Anm. 6), S. 22; SCHUMANN: Gewalt (wie Anm. 7), S. 51 f.
35 Vgl. SCHMUHL: Halle (wie Anm. 6), S. 24.

Hof seines Hauses.[36] Zwei Tage später drang eine aufgebrachte Menge dann sogar gewaltsam in die Wohnräume des Oberbürgermeisters ein. Rive trat ihnen entgegen und dementierte energisch, sich in beleidigender Weise über Kriegsbeschädigte geäußert zu haben. Die Menge forderte außerdem vom Oberbürgermeister, seine Aussage bei der Magistratssitzung am Vortag, Otto Kilian sei der „König von Halle", zurückzunehmen. Bei dieser Sitzung war Kilian so massiv kritisiert worden, dass er vorzeitig den Saal verlassen hatte. Rive verweigerte jedoch die Rücknahme seiner Aussage, da Kilian sich nun mal wie der König der Stadt verhalte. Als die Anwesenden daraufhin Hochrufe auf Kilian anstimmten, fügte Rive hinzu, dass man seine Einschätzung doch offenbar teile. Damit hatte er die Situation zunächst entschärft. Die Demonstranten verließen das Haus, nachdem eine Abteilung des Sicherheitsregiments die Bewachung übernommen hatte.[37]

Der persönliche Konflikt zwischen Otto Kilian und Oberbürgermeister Rive beschäftigte Magistrat und Arbeiterrat auch in den folgenden Tagen. Der Arbeiterrat stellte sich hinter Kilian und protestierte gegen Rives Aussagen über ihn. In einem Schreiben direkt an Oberbürgermeister Rive wurde dieser aufgefordert, in einer gemeinsamen Sitzung des Arbeiterrates und der Kriegsbeschädigtenvertretung zu seinen Äußerungen Stellung zu nehmen.[38] Man wolle so Klarheit schaffen, was er über Kilian und die Kriegsbeschädigten genau gesagt habe und wie es um das Verhältnis zwischen ihm und dem Arbeiterrat stehe. Magistrat und Arbeiterrat einigten sich schließlich darauf, die Diskussionspunkte in einer „Verständigungsverhandlung" am 16. Januar mit jeweils mehreren Mitgliedern beider Gremien zu erörtern.[39] Beide Seiten bezogen sich in ihren anschließenden Erklärungen auf den geschlossenen Kompromiss vom 8. Januar und erklärten anhand dieses handeln zu wollen. Soweit es die Angriffe gegen Otto Kilian betraf, gelangten beide Seiten offensichtlich nicht zu einer Einigung. Der Arbeiterrat erklärte, Kilian habe „in allen seinen Handlungen den Willen und in allen seinen Reden die Auffassung des Arbeiterrates zum Ausdruck gebracht", und man werde Beleidigungen gegen ihn unter keinen Umständen dulden.[40] Rive

---

36 Ereignisse vgl. Bericht des Oberbürgermeisters Rive an den Regierungspräsidenten von Gersdorff. StAH, A 2.9 Kap. I, Abt. B Nr. 12, Bd. 1, Bl. 51 ff.
37 Schilderung der Situation und Zitat siehe: SCHMUHL: Halle (wie Anm. 6), S. 24.
38 Schreiben des Arbeiterrates an Oberbürgermeister Rive vom 14.01.1919. StAH, A 2.9 Kap. I, Abt. B Nr. 12, Bd. 1, Bl. 28.
39 Ersichtlich aus Notizen Rives zu dem Schreiben vom 17.01.1919. StAH, A 2.9 Kap. I, Abt. B Nr. 12, Bd. 1b, Bl. 199 (RS).
40 Erklärung des Arbeiterrates. Ebd., Bl. 200.

betonte im Gegenzug, die Angriffe gegen Kilian in der Magistratssitzung seien der „Widerhall der schwer verletzenden Aeusserungen, welche Herr Kilian wiederholt und in breiter Oeffentlichkeit gegen Magistrat und Oberbürgermeister getan"[41] habe. Der Arbeiterrat solle solches Verhalten in Zukunft unbedingt verhindern. Zwar konnte der Arbeiter- und Soldatenrat, und mit ihm auch Kilian, seine Position als offizielle vollziehende Macht beibehalten, Oberbürgermeister Rive machte allerdings immer deutlicher, dass er die geforderte Unterwerfung des Magistrats nicht ohne Widerspruch hinnehmen würde. So nahm er die Bezeichnung Kilians als „König von Halle" nicht zurück.

Die folgenden Wochen in Halle wurden besonders durch Unruhen und Streiks der Arbeiterschaft geprägt, die in erster Linie eine Vergesellschaftung der Produktionsmittel forderte. Nachdem im Ruhrgebiet der Generalstreik bereits am 17. Februar begonnen hatte, tagte die mitteldeutsche Bergarbeiterkonferenz am 23. Februar in Halle und beschloss, den Generalstreik auch für diese Region auszurufen.[42] Am nächsten Tag begannen in Anhalt, Thüringen, der preußischen Provinz Sachsen und im Freistaat Sachsen Arbeitsniederlegungen. In der Umgebung von Halle traten beispielsweise die Belegschaften sämtlicher Gruben in den Braunkohlebezirken Bitterfeld, Halle, Oberröblingen, Geiseltal und Weißenfels in den Generalstreik. Betriebe der chemischen Industrie und der Metallindustrie sowie das Leuna-Werk wurden bestreikt.[43] Noch am selben Tag trat der große hallische Arbeiterrat zusammen und nahm eine vom Vollzugsausschuss vorgelegte Erklärung an. In dieser wurde die gesamte Arbeiterschaft der Stadt aufgefordert, „sich unverzüglich der Bewegung anzuschließen, damit die kapitalistischen Widerstände gebrochen und die Forderungen zum Siege geführt werden, wenn es sein muß, durch die Beseitigung der gegenwärtigen Regierung, die das Vertrauen der mitteldeutschen Arbeiter ohnehin nicht besitzt".[44]

Die hallische USPD versuchte, „die Gunst der Stunde" zu nutzen und sich als politische Führung an die Spitze des Generalstreiks zu setzen. Dabei handelte sie

---

41 Schreiben Rives vom 21.01.1919. StAH, A 2.9 Kap. I, Abt. B Nr. 12, Bd. 1, Bl. 37.
42 Dieser Beschluss kam wohl auch aufgrund absichtlich falscher Berichterstattung von Wilhelm Koenen über die Verhandlungen zustande. GEORG MAERCKER: Vom Kaiserheer zur Reichswehr. Ein Beitrag zur Geschichte der deutschen Revolution, Leipzig 1921, S. 129 f.
43 Vgl. SCHMUHL: Halle (wie Anm. 6), S. 31; Bericht des OB Rive an Regierungspräsidenten von Gersdorff. StAH, A 2.9 Kap. I, Abt. B Nr. 12, Bd. 1, Bl. 51 ff.
44 Die Erklärung wurde abgedruckt im *Volksblatt* vom 26. Februar, hier zitiert nach KLING: Rolle (wie Anm. 4), S. 46. Die MSPD lehnte im Arbeiterrat den Streik als politisches Druckmittel ab. Vgl. HELGA SCHUBERT: Der Generalstreik in Mitteldeutschland, Halle 1958, S. 25.

größtenteils unabhängig von der Parteiführung in Berlin. Bei diesem Vorhaben dürfte Otto Kilian eine führende Rolle gespielt haben. Als Mitglied des Vollzugs- ausschusses des Arbeiterrates legte er dem Gremium die zitierte Erklärung vor und betonte, der Generalstreik sei „mit elementarer Gewalt"[45] von der Basis her aufgebrochen. In der Sitzung des Arbeiterrates war außerdem beschlossen wor- den, die bürgerlichen und mehrheitssozialdemokratischen Zeitungen ab dem nächsten Tag unter Vorzensur zu stellen. Ab dem 27. Februar stellten alle Zeitun- gen der Stadt, auch das *Volksblatt*, ihr Erscheinen ein, nur ein Mitteilungsblatt des Aktionsausschusses für den Streik wurde herausgegeben.[46]

Ein am 26. Februar proklamierter Gegenstreik des Bürgertums spitzte die Lage in Halle weiter zu. Erklärtes Ziel war es, die Arbeiter zu einer möglichst schnel- len Wiederaufnahme ihrer Arbeit zu bewegen. Dafür sollten sämtliche Läden, Büros, Betriebe und Schulen geschlossen bleiben.[47] An diesem Gegenstreik be- teiligten sich vor allem Staats- und Gemeindebeamte von Post und Bahn, die Ärzte- und Lehrerschaft, Apotheker und Lebensmittelhändler.

Otto Kilian sorgte in diesen Tagen wiederum mit einer Aktion für großes Aufse- hen in der Stadt. Da auch das städtische Lebensmittelamt geschlossen blieb, war die Lebensmittelversorgung der Bevölkerung Halles zeitweise gefährdet. Kilian ließ den Leiter der Lebensmittelkartenstelle am 27. Februar durch eine Patrouil- le zu sich ins Stadthaus bringen und forderte seinen Schlüssel. Mit Hilfe städ- tischen Hilfspersonals wurde daraufhin die Ausgabe von Lebensmittelmarken wieder aufgenommen.[48] Otto Kilian verdeutlichte mit solchen Auftritten, dass er sich selbst als legitimen Entscheider in der Stadt sah.

Einmarsch der Maercker-Truppen in Halle

Am 27. Februar erhielt General Georg Maercker vom Reichswehrminister den Befehl, mit seinem Landjägerkorps in die Stadt Halle einzurücken. Die Regie- rung legte nach Maerckers eigenen Angaben Wert darauf, dass er Halle vor dem

---

45 SCHMUHL: Halle (wie Anm. 6), S. 32.
46 Bericht Rives an Regierungspräsidenten von Gersdorff. StAH, A 2.9 Kap. I, Abt. B Nr. 12, Bd. 1, Bl. 51 ff.
47 Aufruf zum „Generalstreik des Bürgertums" abgedruckt bei KARL-HEINZ LEIDIGKEIT/JÜRGEN HERMANN: Auf leninistischem Kurs. Geschichte der KPD-Bezirksorganisation Halle-Merse- burg bis 1933, Halle 1979, S. 79.
48 Vgl. Anklage gegen Kilian. StAH, A 2.8 PL 621, Bl. 107.

2. März erreichte, da an diesem Tag die Stadtverordnetenwahlen stattfinden sollten.[49] Bereits vor seinem Eintreffen versuchte Otto Kilian Maercker davon abzuhalten, seine Truppen in Halle einrücken zu lassen. Er ließ übermitteln, in Halle herrsche Ruhe und Ordnung.[50] Als Maercker ablehnte und seine Truppen in Gang setzte, verhandelte Kilian mit dem Kommissar der Arbeiter- und Soldatenräte des Bezirks Halle-Merseburg Wilhelm Koenen und dem Vorsitzenden des Soldatenrates Haneld über die Möglichkeit, den anrückenden Truppen Widerstand zu leisten. Aus der Anklageschrift gegen Otto Kilian geht hervor, dass sich Koenen für einen sofortigen bewaffneten Widerstand einsetzte, Kilian den Erfolg eines solchen jedoch von Beginn an bezweifelte und Verhandlungen mit Maercker anstrebte.[51] Da nur die Matrosenkompanie als Truppe sicher hinter den Streikenden stehen würde, bewertete Haneld den bewaffneten Widerstand als unmöglich. So entschieden sich die Beteiligten dagegen, die Arbeiter zum Kampf aufzurufen, und die Mannschaften des Sicherheitsregiments wurden aufgefordert, in ihre Kasernen zurückzukehren. Ohne auf Widerstand zu stoßen, besetzten die Regierungstruppen daraufhin die Artilleriekaserne, den Hauptbahnhof und die Charlottenschule, in der die Matrosenkompanie stationiert war, und führten überall Entwaffnungen durch.[52]

Als die Einheiten des Landjägerkorps weiter in die Innenstadt vorrückten, kam es zu ersten Auseinandersetzungen. Die größte Konfrontation fand auf dem Marktplatz statt, als eine Mannschaft aus circa 20 Soldaten auf Befehl Maerckers das Rathaus besetzen wollte. Eine dort versammelte Menge umringte die Soldaten, entwaffnete und verprügelte sie und zerstörte ihre Waffen und Fahrzeuge. Ein laut Oberbürgermeister Rive „sehr verhaßter Offizier" wurde „ganz erheblich mißhandelt".[53] Es sei ihm „unter dem Schutze einiger Besonnener" gelungen, ins Rathaus zu flüchten. Helga Schubert geht in ihrer Beschreibung des Generalstreiks davon aus, dass es Kilian war, der den Offizier vor den Arbeitern

49 MAERCKER: Kaiserheer (wie Anm. 33), S. 135.
50 Zu den Vorgängen vgl. Anklage gegen Kilian. StAH, A 2.8 PL 621, Bl. 112; MAERKER: Kaiserheer (wie Anm. 33), S. 136 f.
51 Anklage gegen Otto Kilian. StAH, A 2.8 PL 621, Bl. 113 f. In der Literatur findet sich dagegen die Aussage, Kilian und Koenen hätten zum bewaffneten Widerstand gedrängt. KLING: Rolle (wie Anm. 4), S. 48; SCHMUHL: Halle (wie Anm. 6), S. 34.
52 Vgl. MAERCKER: Kaiserherr (wie Anm. 33), S. 137.
53 Es handelte sich um einen Leutnant Schmidt, vgl. Bericht Rives an Regierungspräsidenten von Gersdorff. StAH, A 2.9 Kap. I, Abt. B Nr. 12, Bd. 1, Bl. 51 ff.

beschützte, die „ihn sonst totgeschlagen hätten".[54] Da es Maercker selbst nicht gelang, bis zum Marktplatz vorzudringen, zog er sich mit einer Abteilung seiner Truppen in das Gebäude der Hauptpost zurück. Dort kam es zu weiteren Kämpfen und schließlich zu einer Art militärischem Patt, als die Gegner der Regierungstruppen das gegenüber dem Postgebäude gelegene Stadttheater besetzten und hier eine improvisierte Kommandozentrale einrichteten.[55] Bis zum Morgen des 3. März wurde dieser Patt aufrechterhalten. Dann ließ Maercker das Theater beschießen und anschließend von seinen Truppen besetzen.

Am Abend nach seinem Einmarsch, also noch am 1. März, berief Maercker eine Besprechung ein, an der Vertreter des Bürgerausschusses sowie der städtischen Behörden und für den Arbeiter- und Soldatenrat auch Koenen und Kilian teilnahmen. Beide versuchten zunächst, den General davon zu überzeugen, seine Truppen aus Halle zurückzuziehen, da unter Aufsicht des Arbeiter- und Soldatenrates dann wieder Ruhe und Ordnung in der Stadt herrschen würde. Maercker lehnte diesen Vorschlag ab, betonte aber, dass er sich in die wirtschaftlichen Fragen des Streiks und in die Politik nicht einmischen wolle. Koenen und Kilian versprachen Maercker daraufhin, die Bevölkerung mit Plakaten zu beruhigen und mitzuteilen, dass die Truppen mit dem Streik an sich nichts zu tun hätten. Laut Maercker habe Otto Kilian außerdem zugesichert, mittels Ansprachen beruhigend auf die Arbeiter einzuwirken.[56]

In der Nacht zum 2. März ließen die Kämpfe in der Stadt nicht nach. Bereits am vorangegangenen Abend hatten Plünderungen von Geschäften begonnen, die auch am folgenden Tag und die Nacht hindurch andauerten. Daraufhin gingen Abteilungen von Maerckers Truppen hart gegen Plünderer vor. Mehrere wurden erschossen und circa 100 Personen verhaftet, „darunter Matrosen und entlassene Soldaten".[57] Insgesamt wurden in beiden Nächten 290 Geschäfte geplündert, und es entstand ein hoher Sachschaden, den die Stadt Halle später versuchte, durch den Reichsmilitärfiskus begleichen zu lassen.[58] Es stellte sich heraus, dass an den Plünderungen Mitglieder aus verschiedenen Schichten der

---

54 Schubert: Generalstreik (wie Anm. 46), S. 29. Laut Urteilsschrift sagte Kilian zu Schmidt allerdings: „Sehen Sie, Leutnant Schmidt, so geht es, wenn man gegen das Volk vorgeht." Urteil: GStA PK, I. HA Rep. 84a Justizministerium Nr. 58546, Bl. 67.

55 Vgl. Maercker: Kaiserheer (wie Anm. 33), S. 139; Schumann: Gewalt (wie Anm. 7), S. 56.

56 Vgl. Maercker: Kaiserheer (wie Anm. 33), S. 138 f.; Kling: Rolle (wie Anm. 4), S. 49; auch Anklage gegen Kilian, StAH, A 2.8 PL 621, Bl. 118.

57 Maercker: Kaiserheer (wie Anm. 33), S. 140.

58 Vgl. Bericht Rives an Regierungspräsidenten von Gersdorff. StAH, A 2.9 Kap. I, Abt. B Nr. 12, Bd. 1, Bl. 51 ff.

hallischen Bevölkerung beteiligt waren, neben dem „sogenannten Mob" durchaus auch „brave Bürgersleute".[59] Hans-Walter Schmuhl weist darauf hin, dass die Ernährungslage in der Stadt zu dieser Zeit sehr angespannt und nicht nur die Arbeiterschaft von Hunger betroffen war. Daher hätten die Plünderungen auch „Züge von Hungerunruhen"[60] gezeigt. Während der Kämpfe in den ersten Märztagen 1919 wurden aus der Bevölkerung und unter den Aufständischen 29 Personen getötet und 67 verwundet. Die Landjäger hatten einen Verlust von 7 Toten und circa 20 Verletzten zu beklagen.[61]

Nachdem Maerckers Truppen am Morgen des 3. März das Stadttheater eingenommen hatten, gab der General den Befehl, auch den Rest der Stadt systematisch zu besetzen, und verhängte den Belagerungszustand für Halle. Dieser beendete bald sowohl den Generalstreik der Arbeiter als auch den Bürgerstreik in der Stadt.

Verhaftung und Kilian-Prozess

Am Mittag des 3. März wurde Otto Kilian auf der Alten Promenade, dem heutigen Universitätsring und Joliot-Curie-Platz, auf dem Weg zur Redaktion des *Volksblattes* festgenommen.[62] Die Festnahme sei „wegen unrichtigen Benehmens auf der Strasse" erfolgt. Details zu diesem Benehmen wurden jedoch nicht genannt. Kilian wurde daraufhin zu Maercker gebracht, der Schutzhaft für ihn anordnete. Als Grund dafür nannte dieser eine Zeugenaussage, Kilian habe mit anderen darüber gesprochen, Arbeiter zu bewaffnen, um die Regierungstruppen aus der Stadt zu vertreiben.[63] Maercker schrieb später in seinem Buch, Kilian habe sein Versprechen vom 1. März gebrochen, die Menschen durch Ansprachen zu beruhigen. Er habe seinen Anhängern stattdessen erklärt, die Truppen seien zu schwach und müssten daher wieder aus Halle abziehen. Aufgrund dieser Äußerungen habe er ihn schließlich in Schutzhaft genommen.[64]

---

59 Die Zitate stammen aus der *Saale-Zeitung* vom 4. März 1919, hier zitiert nach SCHUMANN: Gewalt (wie Anm. 7), S. 57; vgl. auch MAERCKER: Kaiserheer (wie Anm. 33), S. 143.
60 SCHMUHL: Halle (wie Anm. 6), S. 35.
61 Zahlen vgl. MAERCKER: Kaiserheer (wie Anm. 33), S. 142.
62 Anklage gegen Otto Kilian. StAH, A 2.8 PL 621, Bl. 126.
63 Ebd., Bl. 123 ff.
64 Vgl. MAERCKER: Kaiserheer (wie Anm. 33), S. 142.

Für Maercker stand ohnehin fest, dass Kilian eine der zentralen Führungsfiguren der Arbeiterschaft im Februar und März 1919 in Halle darstellte. Er habe die maßgebliche Rolle im Arbeiter- und Soldatenrat gespielt und „infolge seines gewandten und tatkräftigen Auftretens bei den Massen einen weitgehenden Einfluß" besessen. Wie Maercker vertraten vermutlich auch die städtischen Autoritäten die Ansicht, dass „durchaus eine Gewaltherrschaft des A.- und S.-Rates"[65] in der Stadt bestand. Kilian habe außerdem jede Zusammenarbeit mit dem Bürgerausschuss abgelehnt und damit zur Eskalation der Situation beigetragen. Als besonders gefährlich empfand Maercker Kilians enge Verbindung mit dem *Volksblatt* und dessen Schriftleiter Gottlieb Kasparek.[66] Maercker dürfte daher schon länger das Ziel verfolgt haben, Kilian durch eine Verhaftung aus der Öffentlichkeit zu entfernen, wozu sich am 3. März dann die Gelegenheit bot.

Der „Kilian-Prozess" begann erst acht Monate nach dessen Verhaftung und wurde mit großer Spannung in der Stadt erwartet. Nach 26 Verhandlungstagen fiel am 12. Dezember 1919 der Urteilsspruch. Otto Kilian wurde „wegen unbefugter Bildung bewaffneter Haufen, wegen Freiheitsberaubung in zwei Fällen und wegen Anreizung zum Klassenhaß in einem Fall"[67] zu drei Jahren Gefängnis verurteilt. Der vorsitzende Richter begründete sein Urteil auf 162 Seiten. Kilian sei zu Beginn der Revolution sofort „zum Führer der Arbeiterschaft von Halle" und des neu gegründeten Arbeiter- und Soldatenrates geworden. Indem er besonderen Einfluss auf die Presse der Stadt, den Soldatenrat und die lokalen Gemeindebehörden anstrebte, habe Kilian die Machtstellung des Arbeiter- und Soldatenrates weiter auszudehnen versucht, um „auch für sich persönlich dann eine Machtstellung zu sichern".[68] Eine zentrale Rolle im Urteil spielte der Vorwurf der gezielten Bewaffnung hallischer Arbeiter, die von Kilian befürwortet und mitorganisiert worden sei, um sich beispielsweise den Truppen des General Maerckers entgegenzustellen. Der Angeklagte habe darüber hinaus eine umfangreiche Agitationstätigkeit entwickelt und nach dem Einrücken der Regierungstruppen die Arbeiterschaft gezielt gegen die bürgerliche Bevölkerung aufgereizt.

Äußerungen Kilians wurden im Urteil zwar aufgenommen, in den meisten Fällen vom Gericht aber angesichts der übrigen Beweisaufnahme als widerlegt an-

---

65 Ebd., S. 131.
66 Maercker empfand die „linksradikale" Presse ohnehin als besonders verheerend in der Beeinflussung und „Aufhetzung" der Arbeiter. Ebd., S. 142, 160.
67 Urteil: GStA PK, I. HA Rep. 84a Justizministerium, Nr. 58546, Bl. 1.
68 Ebd., Bl. 6.

gesehen. Der Angeklagte habe laut dem Urteil stets grundsätzlich bestritten, sich strafbar gemacht zu haben. Mit seiner Position als Vorsitzender des Arbeiter- und Soldatenrates habe er seine Handlungen verteidigt, zu denen er infolge der politischen Machtstellung der Arbeiterräte berechtigt gewesen sei. In der fraglichen Zeit seien die Arbeiter- und Soldatenräte schließlich die „alleinigen Träger der politischen Macht" gewesen.[69] An dieser Position und damit an der Legitimität der lokalen Räteherrschaft hielt Kilian nach seiner Verurteilung und auch nach seiner Freilassung stets fest.

Kilians Rolle während der Revolution 1918/1919

Für die Beantwortung der Frage, welche Rolle Otto Kilian tatsächlich während der Ereignisse der Novemberrevolution 1918 und des Generalstreiks 1919 in Halle spielte, liegen mit der Anklage- und Urteilsschrift zwei sehr umfangreiche, aber auch problematische Quellen vor, die eine eindeutige Antwort nur vermeintlich liefern. Folgt man deren Argumentation, wurde Kilian mit Ausbruch der Revolution zum Führer der Arbeiterschaft und des Arbeiter- und Soldatenrates in allen Angelegenheiten und blieb in dieser Position unangetastet bis zu seiner Verhaftung.

In der Definition von Kilians erstem vermeintlichen Ziel, die Macht der Räte wie auch seine eigene so weit wie möglich auszubauen, geht das Urteil von einer durchdachten Strategie aus. Demnach sei es Kilians Absicht gewesen, die Presse in der Stadt gefügig zu machen, indem er die Redaktionen der bürgerlichen Zeitungen besetzen ließ und beim *Volksblatt* den Einfluss der MSPD verringerte.[70] Als zentrale Figur habe sich der Militärbevollmächtigte des Soldatenrates Friedrich Ferchlandt für Kilians Vorhaben als hilfreich erwiesen. Auf Grundlage von Zeugenaussagen wurde Ferchlandt vom Gericht als „junger unreifer Mensch ohne eigene politische Überzeugungen" dargestellt, der sich besonders anfällig für Einflüsse durch Dritte zeigte. Kilian habe daher in ihm „ein williges Werkzeug bei der Ausführung seiner Pläne" erkannt und ihn im Dezember 1918 zum Eintritt in die USPD veranlasst.[71] Auch Kilian selbst wurde von seinen An-

---

69 Ebd. Bl. 93 ff.
70 Urteil: GStA PK, I. HA Rep. 84a Justizministerium Nr. 58546, Bl. 7–12.
71 Zur Beurteilung Ferchlandts vgl. Anklage: StAH, A 2.8 PL 621, Bl. 5 f.; Urteil: GStA PK, I. HA Rep. 84a Justizministerium Nr. 58546, Bl. 5 f.; Zitate Anklage, Bl. 6 und Urteil, Bl. 6. Auch

klägern als politisch wankelmütig dargestellt. So habe er sich 1918 nach seiner Reklamation von der Front zurück zum *Volksblatt* schnell auf den Boden der USPD gestellt, obwohl er bei der Geschäftsleitung der Zeitung als Mehrheitssozialist galt. Ein solch schneller Gesinnungswechsel, ohne ersichtlichen Grund, charakterisiere Kilian als einen Menschen, der um seines eigenen Vorteils willen eine politische Position vertrete und nicht aus innerer Überzeugung.[72]

Um sein zweites Ziel zu erreichen, habe der Angeklagte versucht, durch Ferchlandt und andere Mittelspersonen Einfluss im Soldatenrat zu erlangen. So hätten beispielsweise Karl Meseberg und Ernst Schumacher, die der linken USPD beziehungsweise dem Spartakusbund nahestanden, Anträge auf Anregung Kilians im Soldatenrat eingebracht. Sein vorsichtiges Auftreten in der Öffentlichkeit habe ihm den Beinamen „der Fuchs" eingebracht.[73] Eine gute Beziehung zum Soldatenrat und seinen Mitgliedern sei für ihn wichtig gewesen, um Zugang zu Waffen zu erhalten und damit die Bewaffnung von Arbeitern zu ermöglichen.

Es ist anzunehmen, dass eine enge Beziehung zwischen Otto Kilian und Ferchlandt bestand, da beide eine führende Position in ihrem jeweiligen Rat einnahmen, dass sie sich in wichtigen Fragen abstimmten und wahrscheinlich auch ähnliche politische Positionen vertraten. Kilian widmete Ferchlandt ein Gedicht, in dem er ihm Mut für seine bevorstehende Haftzeit zusprach.[74] Auch in seinen eigenen Aussagen vor Gericht bezeichnet er Ferchlandt als einen Freund.

Sicherlich wurden nach der Revolution in der USPD die Möglichkeiten einer Bewaffnung der Arbeiter diskutiert. So berichtete das *Volksblatt* am 14. November 1918 von der Bildung einer „Roten Garde" in Berlin und regte an, auch die Arbeiter- und Soldatenräte der Region könnten über eine solche Garde nachdenken.[75] Zwischen Januar und März 1919 kam es in Halle zu einigen Unregelmäßigkeiten bei den Sicherheitskompanien, wobei Zivilisten an Waffen gelangten.[76] Es erscheint möglich, dass Ferchlandt neben den offiziellen Waffenlagern des Soldatenrates auch inoffizielle einrichtete, welche beispielsweise die Matro-

---

MAERCKER: Kaiserheer (wie Anm. 33), S. 132. Friedrich Ferchlandt wurde im Januar 1920 von einem Kriegsgericht u. a. wegen Missbrauch der Dienstgewalt, Freiheitsberaubung, Bildung bewaffneter Haufen, Unterschlagung usw. zu fünf Jahren Gefängnis verurteilt, vgl. SCHMUHL: Halle (wie Anm. 6), S. 42.

72 Vgl. Anklage: StAH, A 2.8 PL 62,1 Bl. 4; Urteil: GStA PK, I. HA Rep. 84a Justizministerium Nr. 58546, Bl. 2.

73 Vgl. Anklage: StAH, A 2.8 PL 621, Bl. 13 ff.

74 OTTO KILIAN: An Friedrich Ferchlandt, in: ders.: Das seltsame Erlebnis. Dichtung aus der Gefängnishaft. Erster Teil: Der singende Kerker, Halle 1920, S. 26 f.

75 Urteil: GStA PK, I. HA Rep. 84a Justizministerium Nr. 58546, Bl. 12.

76 Beispiele vgl. ebd., Bl. 69 ff.

senkompanie nutzte. Für eine systematische Arbeiterbewaffnung durch Ferchlandt ab Ende Dezember 1918, von der das Urteil ausgeht,[77] finden sich jedoch keine eindeutigen Belege. Zu dem Verdacht der Anklage, Kilian sei der eigentliche Organisator der Bewaffnung hallischer Arbeiter gewesen, liefert das Urteil trotz ausführlicher Darstellung der Ereignisse ebenfalls keinen überzeugenden Beweis.

Als Verantwortliche für die genannten Aktionen wurden immer Ferchlandt, Meseberg oder Schumacher erwähnt, die „aber ja gänzlich unter dem Einfluß des Angeklagten" gestanden hätten und seine ausführenden „Werkzeuge" gewesen seien.[78] Zwar gab die Anklage zu, Kilian habe sich in öffentlichen Arbeiterratssitzungen oder bei seinen Reden stets gegen eine Bewaffnung der Arbeiter ausgesprochen, gleichzeitig ging sie jedoch davon aus, er habe dies nur aus Sorge getan, „die Oeffentlichkeit würde zu frühzeitig von seinen Plänen Kenntnis erhalten, ehe die Vorbereitungen abgeschlossen waren".[79] In diesem Zusammenhang blieben die Verdächtigungen gegen Kilian trotz einiger Zeugenaussagen sehr vage. So habe es zeitweise bei den Matrosen in der Stadt „allgemeines Gerede" und bei den Fabrikarbeitern Gerüchte gegeben, wonach Kilian die Bildung einer „Roten Garde" angeordnet habe.[80]

Kilian selbst bestritt in seinen Aussagen, eine solche Anordnung je gegeben oder sich dafür der erwähnten Mittelspersonen bedient zu haben. Das Anlegen von Waffenlagern, die Verteilung von Waffen und die Zusammensetzung des Sicherheitsregimentes seien rein militärische Angelegenheiten gewesen, um die er sich nie gekümmert habe. Obwohl diese Beteuerung angesichts von Kilians zentraler Position im Rätesystem der Stadt nicht sehr glaubhaft erscheint, machte es sich das Gericht doch sehr einfach. Es erklärte den Mangel an Beweisen in diesem Punkt nur damit, dass viele Zeugen die Wahrheit bewusst zurückgehalten hätten aus Loyalität zum Angeklagten oder Furcht vor seiner Rache.[81] Insgesamt lassen sich die Fälle, in denen Zivilisten durch Sicherheitssoldaten in Besitz von Waffen kamen, und die Frage, welche Kenntnisse Kilian davon hatte, nur schwer konkretisieren. Sein Verhalten deutet jedoch eher auf eine ablehnende Haltung hinsichtlich gewaltsamer Auseinandersetzungen hin,

---

77 Vgl. ebd., Bl. 45.
78 Angebliche Funktion von Ferchlandt, Meseberg und Schumann für Kilian vgl. ebd., Bl. 45, 50.
79 Ebd., Bl. 55 f.
80 Beispiele vgl. ebd., Bl. 59, 61, 69.
81 Aussagen Kilians zum Vorwurf der Bewaffnung von Arbeitern und die Deutung des Gerichts vgl. ebd., Bl. 94 ff.

und bei öffentlichen Auftritten sprach er sich stets gegen die Bewaffnung von Arbeitern aus.

Deeskalierende Maßnahmen ergriff er unter anderem am 10. Januar während der großen Demonstration von Regierungsunterstützern und Bürgern, als es aufseiten der Gegendemonstranten zu Übergriffen kam und Kilian durch Räumung des Marktplatzes nicht nur für ein Ende der Gewalt, sondern auch für einen weiteren ungestörten Demonstrationsverlauf sorgte.[82] Eine ausgleichende und um Kompromisse bemühte Haltung zeigte er auch, als es um den von Wilhelm Koenen favorisierten bewaffneten Widerstand gegen Maerckers Truppen ging und Kilian sich dagegen aussprach, es deswegen sogar zum Streit zwischen beiden kam und Kilian sich mit seinem Wunsch nach Verhandlungen mit Maercker durchsetzte.[83] Bei dieser Entscheidung ist allerdings nicht eindeutig zu sagen, ob er sie aus grundsätzlicher Ablehnung von Gewalt traf oder aus Überzeugung, dass hier Widerstand mit Waffengewalt keine Aussicht auf Erfolg gehabt hätte.

Deutlich wichtiger als sein Einfluss in militärischen Fragen dürfte Kilian in jedem Fall seine Rolle als politischer Führer der hallischen Arbeiterschaft gewesen sein. Ab Anfang Januar 1919 war der Arbeiter- und Soldatenrat mit seinem Anspruch auf die vollziehende Gewalt in der Stadt zunehmend aggressiver aufgetreten, so dass die Aussage im Urteil, Kilian habe das Ziel verfolgt, den Magistrat „völlig zu beherrschen",[84] durchaus verständlich erscheint. Besonders in Rive, dem Oberbürgermeister von Halle, fand Kilian jedoch einen Gegenspieler, der nicht bereit war, seine Machtposition ohne Widerstände aufzugeben. Kilian vertrat die Auffassung, dass den Räten als alleinigen Trägern der politischen Macht und zur Sicherung der Errungenschaften der Revolution auch Waffenanwendung und Eingriffe in die Verwaltung zuständen. Eine Verantwortung ihrerseits gegenüber der Regierung sahen er und der Arbeiterrat nicht. Demgegenüber waren Rive und der Magistrat davon überzeugt, die Räte hätten von der Regierung zwar ein lokal begrenztes Kontrollrecht erhalten, jedoch kein Recht zum Eingriff in die Selbstverwaltung der städtischen Autoritäten.[85] Dass es zu Konflikten zwischen beiden Seiten kam, ist nicht von der Hand zu

---

82 Er habe den Anwesenden zugerufen, auch die Bürgerlichen hätten ein Recht auf die Straße. Vgl. ebd., Bl. 54. Siehe jedoch oben Anm. 54.

83 Vorfall siehe Anklage: StAH, A 2.8 PL 621, Bl. 114. Das Urteil macht zu Kilians Position in dieser Situation gar keine Angaben, siehe Urteil: GStA PK, I. HA Rep. 84a Justizministerium Nr. 58546, Bl. 80.

84 Urteil: GStA PK, I. HA Rep. 84a Justizministerium Nr. 58546, Bl. 32.

85 Vgl. ebd., Bl. 94.

weisen. Die Darstellung einer „Gewaltherrschaft"[86] in der Stadt durch den Arbeiter- und Soldatenrat, wie es auch Georg Maercker ausdrückt, scheint jedoch überzogen. Das vom Arbeiterrat gestellte Ultimatum endete im Januar 1919 mit einem Kompromiss, da sich ein großer Teil der Bevölkerung zwar hinter den Arbeiterrat stellte, die Stadtverordneten und Stadträte jedoch geschlossen ihrer Solidarität zu Oberbürgermeister Rive bekundeten.

Otto Kilian, bestrebt, seine Machtposition weiter zu festigen, beschritt dafür verschiedene Wege. So lehnte er eine gleichberechtigte Zusammenarbeit mit dem Bürgerausschuss strikt ab. Des Weiteren beabsichtigte er, die bürgerlichen Zeitungen in seinem Sinne zu beeinflussen. Auch der Generalstreik stellte für ihn ein wirksames Mittel dar, um die Macht der Arbeiterschaft zu verdeutlichen und für die Ziele der Revolution zu kämpfen. Sowohl in seinen Aussagen als auch in seinem Auftreten zeigte er keine Zweifel an seinem Selbstverständnis als Anführer der Arbeiterschaft, wobei er es geschickt verstand, nicht nur Einfluss, sondern auch Beliebtheit bei den Arbeitern zu erreichen. Von ihnen wie auch von seinen Parteigenossen wurde Otto Kilian als zentrale Persönlichkeit der Revolutionszeit angesehen. Nach seiner Verhaftung und Verurteilung galt sein Fall als eindrucksvolles Beispiel für die weiterhin bestehende Klassenjustiz. Zahlreiche Arbeiter und Parteifreunde solidarisierten sich in Demonstrationen und Streiks mit dem Gefangenen.

Die städtischen Autoritäten wurden vom Ausmaß der Umbrüche in der Stadt überrascht. Für sie, wie auch für die Ankläger Kilians, stand fest, dass die Ereignisse nach dem Ausbruch der Revolution, die vermeintliche Bewaffnung der Arbeiterschaft und die Beeinflussung des Magistrats genauso zu einem großen Plan „spartakistischer Umtriebe" gehörten wie der bewaffnete Widerstand gegen Maerckers Truppen und die Plünderungen von Geschäften in der hallischen Innenstadt. Immer wieder wurde eine „höhere Leitung für den Widerstand" vermutet oder ein „Dirigent", wenn es um die Übergriffe auf bürgerliche Demonstranten ging.[87] Als logische Konsequenz sah das Gericht Kilian als den großen Organisator im Hintergrund, da sein großer Einfluss auf die Arbeiter und auf Personen wie Ferchlandt bekannt war. Allgemein fällt auf, dass die Justiz in ihrer Anklage gegen Kilian vor allem die Gerüchte und Theorien übernahm, die seit der Revolution im November 1918 im Bürgertum kursierten. Es macht den Anschein, dass diese mit der Verurteilung Kilians, des vermeint-

---

86 MAERCKER: Kaiserheer (wie Anm. 33), S. 131.
87 Siehe Urteil: GStA PK, I. HA Rep. 84a Justizministerium Nr. 58546, Bl. 71, 53.

lichen „Königs" der revolutionären Bewegung, auch amtlich bestätigt werden sollten. Darstellungen von Kilian oder andere Belege, die den Theorien von gut organisierten und bewaffneten „Spartakisten" widersprachen, wurden vom Gericht größtenteils schlicht ignoriert.

Als „sein Endziel" machte die Anklage „die alleinige Macht in Halle" aus, für die Kilian neben politischer Einflussnahme auch Waffen benötigt habe. Es lässt sich kaum bestreiten, dass Kilian eine persönliche Machtstellung anstrebte. In den meisten Situationen scheint sein Handeln jedoch vor allem an seinen idealistischen Vorstellungen orientiert gewesen zu sein. Er war von der Rechtmäßigkeit der Revolution völlig überzeugt und wollte mit seiner Person für die „Sicherung der Errungenschaften der Revolution und zur Niederdrückung gegenrevolutionärer Strömungen"[88] beitragen. Zwar beschäftigte er sich, wie der Rest seiner Partei, mit der theoretischen Idee von bewaffneten Arbeitern zur Verteidigung der Revolution, setzte sich in konkreten Situationen aber stets für Deeskalation und Verhandlungen ein.

Kilians weiterer Lebensweg

Otto Kilian kam nach seiner Verurteilung in die Strafanstalt Am Kirchtor in Halle, um dort seine Strafe zu verbüßen. Im Mai 1920 schöpfte er Hoffnung, vorzeitig aus der Haft entlassen zu werden, da er mittlerweile als Mitglied der verfassunggebenden preußischen Landesversammlung geführt wurde. Am 5. Mai 1920 war er für den Abgeordneten Paul Hennig nachgerückt.[89] Die Fraktion der USPD in der Preußischen Landesversammlung stellte daraufhin einen Antrag auf seine Entlassung. Trotz einiger Diskussionen stimmte die Mehrheit der preußischen Abgeordneten am 24. Juni für Kilians Freilassung.[90] Die Ent-

---

88 Ebd., Bl. 94.

89 Datum seiner Wahl: Handbuch für den Preußischen Landtag. Ausgabe für die 1. Wahlperiode (von 1921 ab), hg. vom Büro des Preußischen Landtages, bearb. von E. KIENAST, Berlin 1921, S. 267. Vorgang von Kilians Nachrücken: Sitzungsberichte der verfassunggebenden preußischen Landesversammlung, Tagung 1919/21, 9. Band, 24.06.1920, Spalte 11501.

90 Die Mehrheit der Abgeordneten war der Auffassung, dass Kilian nur wegen politischer und nicht wegen gemeiner Verbrechen verurteilt worden war. Diskussion und Abstimmung: Sitzungsberichte (wie Anm. 89), Spalte 11500–11505.

scheidung wurde unverzüglich umgesetzt und Kilian noch am selben Abend aus der Haft entlassen.[91]

Bei der hallischen Stadtverordnetenwahl am 2. März 1919 war Otto Kilian außerdem für die USPD gewählt worden und erhielt im Juli 1919 sogar das Amt eines unbesoldeten Stadtrates. Beide Ämter konnte er jedoch erst nach seiner Freilassung ausüben. Zunächst wählte die Fraktion der USPD, und mit ihr auch Kilian, einen Kurs kritischer, aber konstruktiver Mitarbeit in den städtischen Verwaltungsgremien. Auch die übrigen Parteien waren ohne größere Widerstände bereit, mit der USPD in der Stadtverordnetenversammlung zusammenzuarbeiten.

Als Stadtrat musste Kilian ganz persönlich Verantwortung in der Verwaltung übernehmen. Wie die besoldeten Stadträte bekamen auch die unbesoldeten Kollegen einen eigenen Geschäftsbereich zugewiesen. Otto Kilian war spätestens ab 1921 für den städtischen Schlacht- und Viehhof verantwortlich.[92] Diese Art persönlicher Verantwortung führte dazu, dass er sich in der Stadtverordnetenversammlung zum Teil mit der heftigen Kritik der eigenen Fraktion auseinandersetzen musste. In der Kommunalpolitik zeigte sich Kilian auch in den folgenden Jahren stets als Pragmatiker. Ab Mitte der 1920er Jahre änderte die nun kommunistische Fraktion im Stadtparlament, der Kilian angehörte, ihr Vorgehen jedoch merklich. Sie ging von konstruktiver Mitarbeit zu einer umfassenden Blockadehaltung und einem „Verbalradikalismus",[93] den Kilian als Fraktionsvorsitzender entscheidend mitprägte, über.

Nachdem Otto Kilian im Dezember 1920 mit der Mehrheit der USPD-Mitglieder in die Vereinigte Kommunistische Partei Deutschlands (VKPD) übergetreten war, stellte Halle-Merseburg mit anfangs 66.000 Mitgliedern die größte Bezirksorganisation der neuen Partei.[94] Innerhalb seiner Partei rückte Kilian erneut im Zuge der „Märzkämpfe" 1921 besonders ins Blickfeld der Öffentlichkeit. Der Regierungsbezirk Merseburg wurden zu einem wichtigen Schauplatz der gewaltsamen Auseinandersetzungen zwischen preußischen Schutzpolizei-

---

91 Ersichtlich aus einem Telegramm des hallischen Oberstaatsanwalts an den Justizminister in Berlin vom 25.06.1920. GStA PK, I. HA Rep. 84a Justizministerium Nr. 58546, Bl. 124.

92 Sammelbericht der Stadt Halle über die Verwaltungsjahre 1921–1923, bearb. im Statistischen Amt, Halle 1926, S. 3.

93 SCHMUHL: Halle (wie Anm. 6), S. 86.

94 Schumann geht davon aus, dass die Mitgliederzahl in der Folge der Märzkämpfe 1921 von der Zentrale deutlich nach unten revidiert wurde, um die Verluste zu dieser Zeit zu verschleiern. SCHUMANN: Gewalt (wie Anm. 7), S. 110 f., Anm. 262. Das könnte erklären, warum auch Leidigkeit und Hermann nur von etwa 30.000 organisierten Mitgliedern nach der Vereinigung sprachen. LEIDIGKEIT/HERMANN: Kurs (wie Anm. 49), S. 123.

einheiten und bewaffneten Arbeitern. Dabei lösten beide Seiten mit ihren Entscheidungen im März 1921 „eine Kettenreaktion aus, die in die ‚Märzkämpfe‘ mündete".[95]

Bei diesen Kämpfen, die nur wenige Tage dauerten, blieb die Rolle der VKPD auf Reichs- wie Bezirksebene stets diffus. Ihr Vorgehen gestaltete sich trotz einer offiziellen Festlegung auf einen „Offensivkurs" nicht einheitlich. Einfluss auf die Arbeiter hatte die Partei vor allem im Zuge von Streikaufrufen. Gewaltsame Auseinandersetzungen mit der Polizei hingegen wurden vor allem durch kleine Gruppen unter Führern wie Max Hoelz oder Peter Utzelmann ausgelöst.[96] Eine eindeutige Kampfinitiative seitens der Bezirksleitung in Halle lag nicht vor, auch keine Beeinflussung oder Steuerung des Kampfverlaufes. Allerdings bemühte sich die Partei nicht, deeskalierend auf die Arbeiter einzuwirken, sondern sie „versuchte auf den fahrenden Zug zu springen und beanspruchte den Aufstand nachträglich für sich".[97]

Besonders diese nachträgliche Beanspruchung der Ereignisse als „revolutionäre Offensive" oder „Märzkampagne der Partei"[98] sorgte für scharfe Kritik aus den eigenen Reihen. Neben prominenten Politikern wie dem ehemaligen Vorsitzenden der VKPD Paul Levi gehörte auch Otto Kilian von Beginn an zu den Kritikern der propagierten „Offensivtheorie". Schon während der Ereignisse war er mit einer Delegation im Kampfgebiet unterwegs und versuchte, eine Beendigung der Kämpfe zu verhandeln.[99]

In den Monaten nach den Ereignissen nutzte Kilian als Medium für seine Kritik vor allem die Zeitung *Die Tribüne*, die er seit dem 14. Mai 1921 als verantwortlicher Redakteur herausgab. Besonders mit dem Vorsitzenden der Bezirksleitung Georg Schumann lieferte sich Kilian eine hitzige Debatte über die Richtigkeit und die Auslegung der „Märzkämpfe". Für ihn war die Märzaktion „ein vollkommener Bruch mit den Grundsätzen des Kommunismus und der kommunistischen Bewegung",[100] der die Partei vor allem um das Vertrauen der Massen,

---

95 Zitat SCHMUHL: Halle (wie Anm. 6), S. 56 f. Zu den Ereignissen vgl. SCHUMANN: Gewalt (wie Anm. 7), S. 112 ff.

96 Die genauen Geschehnisse in den letzten Märztagen wurden zum Beispiel detailliert dargestellt bei SCHUMANN: Gewalt (wie Anm. 7), S. 115–138. Kurz gefasst bei SCHMUHL: Halle (wie Anm. 6), S. 58 ff.

97 CHRISTIAN KNATZ: „Ein Heer im grünen Rock"? Der Mitteldeutsche Aufstand 1921, die preußische Schutzpolizei und die Frage der inneren Sicherheit in der Weimarer Republik, Berlin 2000, S. 232.

98 Veröffentlichung der Leitsätze: Die Tribüne, 17.05.1921.

99 Zu Entstehung und Folgen der Verhandlungen vgl. KNATZ: Heer (wie Anm. 97), S. 117–122.

100 Die Tribüne, 21.05.1921.

das wichtigste Ziel der VKPD, gebracht habe. Trotz einiger Unterstützer für Kilian stand die große Mehrheit der Bezirkspartei stets hinter dem Vorsitzenden Schumann und somit auch hinter der Berliner Parteizentrale.

Das Eingreifen der Komintern veränderte die Stimmung in der deutschen Partei schließlich grundlegend. Beim III. Weltkongress im Juni und Juli 1921 in Moskau stellten sich Lenin und weitere führende Köpfe gegen die „Offensivtheorie" innerhalb der VKPD.[101] Die Märzereignisse sollten von nun an ausschließlich als ein aufgezwungener Abwehrkampf gegen die staatlichen Gewalten gedeutet werden. Obwohl die Diskussionen im Bezirk nicht endeten, wandte sich die Parteiführung in ihrer offiziellen Ausrichtung wieder hin zu der Strategie der „Einheitsfront". Den Vorgaben der Komintern sowie der verordneten Parteidisziplin fügte sich in der Folge auch Otto Kilian. Aufgrund der Beschlüsse der Komintern sah er sich offensichtlich ein Stück weit in seiner ablehnenden Haltung gegen die „Offensivtheorie" während der Kämpfe bestätigt und beschäftigte sich intensiv weiter mit ihrer Aufarbeitung. Seine Position als Mitglied der Preußischen Landesversammlung nutzte Kilian aktiv, als ab April 1921 ein Untersuchungsausschuss im Landesparlament eingesetzt wurde. Er hatte so beispielsweise entscheidenden Anteil daran, dass vor dem Untersuchungsausschuss auch Straftaten durch Schutzpolizisten behandelt wurden.

In den innerparteilichen Diskussionen, die nach dem Scheitern des „Deutschen Oktober" 1923 innerhalb der KPD einsetzten, stellte sich Otto Kilian auf die Seite der linken Opposition und nun gegen die „Einheitsfront"-Strategie. Als nach dem IX. Parteitag der KPD 1924 auch in Halle eine linke Bezirksleitung gewählt wurde, hatte Kilian kurzzeitig das Amt des Sekretärs für Agitation und Propaganda inne.[102] Viele Hinweise auf seine Arbeit in dieser Position lassen sich nicht finden, vermutlich, weil er bereits im Sommer 1924 mit der Parteileitung in Konflikt geriet. Da er sich gegen die von der Komintern angestoßene „Bolschewisierung" der Partei wandte, wurde er von der Leitung zu einer als „ultralinks" bezeichneten Gruppe in der Bezirksleitung gezählt. 1925 brachte er als Vertreter dieser Gruppe mehrfach Gegenresolutionen gegen die Bezirksleitung ein, erhielt dafür jedoch kaum Zustimmung und blieb weitgehend isoliert.

---

101 Siehe z. B. KNATZ: Heer (wie Anm. 97), S. 299.

102 Die Bezirksleitung bestand aus 15 Personen. Stiftung Archiv der Parteien und Massenorganisationen der DDR im Bundesarchiv Berlin (im Folgenden SAPMO-BArch), RY 1/I 3/11/1, Bl. 17. Kilians Funktion ist dort nicht genannt. Vgl. aber WEBER: Wandlung (wie Anm. 109), Bd. 2, S. 8, 17.

Dennoch blieb Kilian seiner ablehnenden Haltung gegenüber dem zunehmend „stalinistischen" Kurs der KPdSU und der kominternhörigen deutschen Parteileitung nun treu. Er unterschrieb die „Erklärung zur russischen Frage", die von der Opposition um Ruth Fischer und Arkadi Maslow initiiert und als „Brief der 700" im September 1926 veröffentlicht wurde. Mit dem „Brief" solidarisierten sich die Unterzeichner mit der sogenannten „Leningrader Opposition" um Grigorio Sinowjew und Leo Trotzki. Die Parteiführung um Ernst Thälmann wandte sich entschieden gegen diese Erklärung, die als „verbrecherischer Spaltungsversuch" und als Schanddokument schlimmster antibolschewistischer Sorte bezeichnet wurde.[103] Kilians rege Oppositionsarbeit wurde von der hallischen Bezirksleitung im Laufe des Jahres 1927 sehr genau beobachtet. Nach einer Aussprache mit der Bezirksleitung im Oktober 1927 unterzeichnete Kilian eine Loyalitätserklärung, mit der er sich der Parteidisziplin unterstellte und jede Fraktionsarbeit innerhalb der Partei und die Bildung einer neuen Partei ablehnte. Dafür wurden alle Pateirechte Kilians wiederhergestellt, und die Bezirksleitung musste zugestehen, dass im Rahmen der Partei abweichende Meinungen vertreten werden dürften. Kilian erklärte dazu, „dass er seine abweichenden Auffassungen über die Politik der Komintern und der deutschen Parteimehrheit aufrecht[erhalten]" und sich „auch in Zukunft für die Wiederaufnahme aller ausgeschlossenen Genossen einsetzen" werde, welche bereit seien, die Parteidisziplin anzuerkennen.[104] Kilian übernahm in der Folge sogar wieder die Leitung des kommunalpolitischen Resorts und arbeitete auch verstärkt für die Landtagsfraktion.[105]

Der Kompromiss zwischen Kilian und der hallischen Bezirksleitung war jedoch nicht von Dauer. Besonders mit dem Politischen Leiter Johannes Schröter führte Kilian weiterhin harte Auseinandersetzungen, und am 28. Januar 1928 erklärte er schließlich seinen Austritt aus der KPD. Seine Ämter im hallischen Stadtrat und im preußischen Landtag behielt er zunächst bei und trat von nun an als Vertreter der „Linken Kommunisten" auf.[106] Wie von Kilian befürchtet, rechnete die Unterbezirksleitung hart mit ihm ab. Sein Austritt wurde in einem Rundschreiben als feige Flucht vor der Verantwortung in der Partei bezeichnet und rückblickend seine angeblich negativen Einflüsse auf die KPD dargestellt.

103 WEBER: Wandlung (wie Anm. 109), Bd. 1, S. 163.
104 Protokoll der Sekretariatssitzung der Bezirksleitung vom 20.10.1927 mit Erklärung Kilians: SAPMO-BArch, RY 1/I 3/11/37, Bl. 9–18.
105 Dieses Amt hatte Kilian 1926 bereits zeitweise inne: SAPMO-BArch, RY 1/I 3/11/41, Bl. 43.
106 Schreiben Kilians an das ZK der KPD und die BL vom 28.01.1928: ebd., Bl. 105 f.

So habe er 1919 vor Maerckers Truppen kapituliert und sei 1921 den kämpfenden Arbeitern in den Rücken gefallen. Kilian habe mit seiner Haltung bestätigt, dass „er eben ein Mensch ohne jedes proletarische Ehrgefühl" sei.[107] Nach einer kurzen Mitgliedschaft in der Splitterpartei des „Leninbundes" gehörte Otto Kilian ab August 1929 offiziell keiner politischen Partei mehr an.[108]

Trotz seines Ausscheidens aus der aktiven Politik blieb Kilian kommunistischen Ideen und der KPD weiter verbunden. So übernahm er mit seiner Druckerei, die er seit Juni 1930 führte, auch Aufträge von parteinahen Organisationen und der Roten Hilfe. Noch im Februar 1933 druckte Kilian im Auftrag der KPD ein Flugblatt mit dem Titel „Stürzt die Papen-Hitler-Hugenberg-Diktatur", in dem diese zur Einheitsfront und zum Generalstreik aufrief. Die Flugblätter konnten fertiggestellt und teilweise in Umlauf gebracht werden. Wenige Tage später wurde Kilian verhaftet und am 18. September 1933 vom Reichsgericht in Leipzig wegen Vorbereitung zum Hochverrat zu einer Gefängnisstrafe von einem Jahr und vier Monaten verurteilt.[109] Von dieser zweiten Haftstrafe war Otto Kilian deutlich gezeichnet, so dass er nach seiner Entlassung die nächsten Jahre zumeist unauffällig in Halle lebte.

Wiederum verhaftet wurde Otto Kilian am 23. August 1944 in Bad Liebenstein, wo er sich während einer Kur aufhielt. Vermutlich erfolgte seine Gefangennahme im Zuge der Verhaftungswelle nach dem Hitler-Attentat vom 20. Juli 1944.[110] Laut einer anderen Quelle gehörte Kilian mit anderen Kommunisten und Sozialdemokraten zu einer betrieblichen linken Widerstandsgruppe, die 1944 aufflog.[111]

Zunächst wurde Kilian in das Konzentrationslager Sachsenhausen und von dort aus im Februar 1945 mit einem Häftlingstransport ins KZ Bergen-Belsen

---

107 Informationsmaterial über die innerparteiliche Lage und den Austritt Kilians aus der Partei, ohne Datierung, aber vermutlich kurz nach Kilians Austritt von der Unterbezirksleitung Halle veröffentlicht. SAPMO BArch, RY 1/I 3/11/23, Bl. 80–87, Abschnitt IV.). Zu Kilians Austritt: ebd., Bl. 83–87.

108 Vgl. RÜDIGER ZIMMERMANN: Der Leninbund. Linke Kommunisten in der Weimarer Republik, Düsseldorf 1978, S. 182. Anderer Meinung sind etwa HIRSCHINGER: Gestapoagenten (wie Anm. 10), S. 84; und SCHMUHL: Halle (wie Anm. 6), S. 93. Sie gehen davon aus, dass Kilian wieder in die Partei eintrat.

109 Vgl. Urteil gegen Kilian vom 18.09.1933 in der Akte des Oberreichsanwalts: BArch, R3003/8J 569/33, unpag.

110 Vgl. VdN-Akte Minna Kilian und Otto Kilian: Landesarchiv Sachsen-Anhalt Magdeburg, K6-1, Nr. 2498, Bl. 3.

111 Vgl. STEFANIE ENDLICH u. a.: Gedenkstätten für die Opfer des Nationalsozialismus. Eine Dokumentation. Band II: Berlin, Brandenburg, Mecklenburg-Vorpommern, Sachsen-Anhalt, Sachsen, Thüringen, Bonn 1999, S. 546.

gebracht. Zu dieser Zeit war bereits ein Überleben in diesem Lager kaum noch möglich. Nach wenigen Wochen starb Otto Kilian im Alter von 65 Jahren, vermutlich an Typhus.[112] Kurz vor Kriegsende kam er also durch ein Regime ums Leben, das die Wiederholung einer „Novemberrevolte" um jeden Preis verhindern wollte. Gerade die Revolution, für deren Weiterführung sich Otto Kilian sein Leben lang eingesetzt hatte, fürchteten die Nationalsozialisten besonders.

---

112 Vgl. EBERHARD KOLB: Bergen-Belsen, Hannover 1962, S. 132 f.

„Ruhe und Ordnung in Halle" – Fotopostkarten der Märzunruhen 1919 als Medien bürgerlicher Sinnstiftung

Daniel Watermann und Susanne Feldmann

Vier Uniformierte sind um ein Maschinengewehr gruppiert, das in einem geschlossenen Raum auf einem Tisch aufgebaut ist. Die MG-Mündung richtet sich, wie die Augen der Männer, nach links durch ein geöffnetes Fenster. Es ist der fokussierte, entschlossene Blick, der bei der Betrachtung der Soldaten sofort auffällt. Obwohl vieles auf diesem Foto kampfbereit anmutet – das Maschinengewehr mit eingelegtem Patronengut, die beiden Granaten in den Händen eines der Männer, eine davon scheinbar wurfbereit, die Stahlhelme –, strahlt

Abb. 1: Maschinengewehrstellung mit Regierungssoldaten in der hallischen Hauptpost im März 1919

das Motiv eine eigentümliche Ruhe aus. Entstanden ist das Foto im März 1919 (Abb. 1). Bei den Uniformierten handelt es sich um Mitglieder des Freiwilligen Landesjägerkorps, erkennbar an dem silbernen Eichenzweig auf beiden Kragenseiten. Das von Generalmajor Georg Maercker aufgestellte und befehligte Freikorps war von der Reichsregierung als Reaktion auf den Generalstreik in Mitteldeutschland nach Halle als dessen Zentrum entsandt worden. Seit dem 24. Februar 1919 war es zu Arbeitsniederlegungen der Bergarbeiter gekommen, die für eine weitgehende Anerkennung von Betriebsräten durch die Regierung streikten. Schnell solidarisierten sich Arbeiter weiterer Industrien mit dem Streik. Ein vom Bürgerausschuss organisierter Gegenstreik verschärfte die Situation in Halle, etwa in Fragen der Lebensmittelversorgung. Obwohl der Generalstreik weitgehend gewaltfrei geblieben war, entschloss sich die Regierung, die Freikorpstruppen nach Halle in Marsch zu setzen.[1] Maercker erinnerte sich rückblickend an den „rein politischen Zweck" des Einsatzes für die Regierung „als Machtmittel zur Fortsetzung der inneren Politik".[2]

Nach ihrem Eintreffen in der Stadt und ersten Kämpfen bezogen die Landesjäger Stellung in der Hauptpost. Dort entstand auch die Aufnahme der Maschinengewehrstellung mit den vier Soldaten. Das wirkungsvolle Motiv entstammt einer Reihe von rund 50 überlieferten Echtfotopostkarten des hallischen Fotoateliers von Richard Leiter mit Aufnahmen, die im Kontext der Märzunruhen 1919 in Halle gemacht wurden. Die Postkarten mit Originalfotoabzügen auf den Ansichtsseiten fungierten einerseits als aktuelle Bildmedien und wurden dergestalt mannigfach im damaligen Halle verbreitet, andererseits fanden sie auch in der Nachwelt auf vielseitige Weise Verwendung. Was sagen uns diese Fotos über die Vergangenheit, über historische Ereignisse und Erfahrungen? Wie sprachen sie zu der zeitgenössischen Öffentlichkeit, wie sprechen sie zu uns?

Seit einigen Jahren ist die *Visual History* in der Geschichtswissenschaft ein wichtiges Forschungsfeld mit einer kaum zu überblickenden Zahl an Publikationen.[3] Historiografische Studien, die explizit Bildgeschichte als Untersuchungsgegenstand ausweisen, gibt es auch für die Revolution 1918/19. Der Kultur- und Fotohistoriker Diethart Kerbs konstatiert, dass die sogenannte Novemberrevolution

---

1 Vgl. HANS-WALTER SCHMUHL: Halle in der Weimarer Republik und im Nationalsozialismus, Halle 2007, S. 31 ff.

2 GEORG MAERCKER: Vom Kaiserheer zur Reichswehr. Ein Beitrag zur Geschichte der deutschen Revolution, Leipzig 1921, S. 161 f.

3 Aus der Fülle der Literatur siehe GERHARD PAUL (Hg.): Visual History. Ein Studienbuch, Göttingen 2006; DERS. (Hg.): Bilder, die Geschichte schrieben. 1900 bis heute, Göttingen 2011; JENS JÄGER: Fotografie und Geschichte, Frankfurt am Main 2009.

„die einzige deutsche Revolution des 20. Jahrhunderts geblieben [ist], die sich voll im Medium der Fotografie widergespiegelt hat".[4] Beeindruckende Sammelbände, die sich mit verschiedenen Aspekten der Fotografie der Novemberrevolution befassen, sind für Berlin und München erschienen,[5] während für Städte wie Halle eine Aufarbeitung im Sinne der *Visual History* Desiderat geblieben ist – ein Befund, der im Übrigen keinesfalls nur für die uns interessierende revolutionäre Phase nach 1918 gilt.[6]

Fotografien wie Bilder allgemein – dies ist eine der zentralen Maximen der *Visual History* – sollten nicht einfach nur der Bebilderung von Vorträgen und Publikationen dienen, sondern selbst historisiert werden. Gerhard Paul differenziert in diesem Zusammenhang zwischen drei Bildbegriffen: Bilder als Quellen (im Anschluss an die ältere historische Bildforschung); Bilder als Medien, die durch ihre Bildsprache Deutungen transportieren; und schließlich Bilder als generative Kräfte, die Realitäten überhaupt erst hervorbringen.[7] Der zweite von Paul genannte Bildbegriff, der auf Bilder als Medien und ihre sinnstiftende Funktion abhebt, ist für unseren Beitrag über die nach den Märzunruhen 1919 in Halle entstandenen Fotopostkarten des Ateliers Leiter von maßgeblicher Bedeutung. Revolutionen waren und sind in besonderem Maße auf öffentliche Vermittlung angewiesen. Eine solche mediale Kommunikation der Revolution vollzieht sich in Deutschland 1918/19 erstmals auch über die Fotografie.[8]

Dies gilt gleichermaßen für die Ereignisse Anfang März 1919 in Halle. Sie bieten sich für eine Untersuchung der Fotogeschichte der Revolution mit stadtgeschichtlicher Perspektive vor allem aufgrund ihrer Verdichtung besonders an. Geprägt waren sie durch den Bergarbeiter- und Generalstreik, den bürgerlichen Gegenstreik und den Einmarsch der Landesjäger, durch Straßenkämpfe und Plünderungen sowie die Ermordung von Personen des rechten und des linken

---

4   Diethart Kerbs: Kämpfe im Zeitungsviertel. Der Fotograf Willy Römer inmitten der Revolution, in: Paul (Hg.), Bilder, die Geschichte schrieben (wie Anm. 3), S. 220–225, hier S. 220.

5   Siehe Rudolf Herz/Dirk Halfbrodt: Revolution und Fotografie. München 1918/19, Berlin 1988; Andreas Hallen/Diethart Kerbs (Hg.): Revolution und Fotografie. Berlin 1918/19, Berlin 1989.

6   Siehe für einen Zugriff auf Stadtgeschichte als Bildgeschichte dagegen künftig Daniel Watermann/Susanne Feldmann (Hg.): Stadtgeschichte auf Fotos. Halle im 20. Jahrhundert (in Vorbereitung).

7   Vgl. Gerhard Paul: Visual History, Version: 3.0, in: Docupedia-Zeitgeschichte, 13. März 2014, URL: http://docupedia.de/zg/paul_visual_history_v3_de_2014 (10.02.2019).

8   Rudolf Herz/Dirk Halfbrodt: Die fotografische Medienöffentlichkeit 1918/19, in: dies., München 1918/19 (wie Anm. 5), S. 43–58, hier S. 43.

Lagers, des Oberstleutnants Robert von Klüber und von Karl Meseberg, Ober-
matrose und Anführer der Matrosenkompanie, einer Abteilung des Sicherheitsregiments des Arbeiter- und Soldatenrats von Halle.[9] In dieser Situation veröffentlichte der Fotograf Leiter Fotopostkarten, die vor allem an die bürgerliche
Öffentlichkeit adressiert waren. Unsere These mit Blick auf die Fotogeschichte
des März 1919 ist, dass diese Aufnahmen dazu dienten, einerseits die Schrecken
der Revolution (wie z. B. Plünderungen), andererseits die Wiederherstellung
der Ordnung durch die Maercker-Truppen in spezifischen fotografischen Insze-
nierungen, so von Maschinengewehrstellungen und Aufhäufungen von Plündergut, darzustellen. Die Karten von Leiter fügen sich damit in das Narrativ der
bürgerlichen Presse ein, die das klassische deutsche Dispositiv von „Ruhe und
Ordnung" als oberstes Ziel in der „großen Krise", dem „gefährlichen Wahnsinnsrausch", wie die *Saale-Zeitung* schrieb, beschwor.[10]

Damit klingt bereits an, dass unsere Fotogeschichte dieser Märztage sich nicht
in der Untersuchung der „Sprache" des Visuellen erschöpft bzw. auch nicht er-
schöpfen kann. Beschäftigt man sich mit der *Visual Culture* einer bestimmten
Zeit, ist die „Hybridität der visuellen Erfahrung" zu berücksichtigen: „[D]as
Schauen ist immer ‚positioniert', durch optische, technische, kulturelle, soziale, politische und andere Instrumente werden Standpunkte vermittelt [...].
Sichtbarkeit ist demnach nicht gegeben, sondern gemacht. Die Selbstver-
ständlichkeit, mit der wir bestimmte Sichtweisen als gegeben übernehmen, ist
trügerisch."[11] Eine „Bildgebrauchskritik"[12] sollte sich auf die Verwendung visueller Argumentationstechniken konzentrieren.[13] Damit rückt der soziokulturelle
Kontext der Bildentstehung und -verwendung in den Mittelpunkt. Möchte man
diesen entschlüsseln, ist eine Analyse der Bilder und schriftlichen Quellen uner-
lässlich, die auch die Frage der Beziehung zwischen beiden aufwirft. Genau dies

---

9 Siehe SCHMUHL: Halle (wie Anm. 1), S. 28–41; DIRK SCHUMANN: Politische Gewalt in der Weimarer Republik 1918–1933. Kampf um die Straße und Furcht vor dem Bürgerkrieg, Essen 2001,
   S. 49–63; ROLAND KUHNE: Ruhe und Ordnung. Das Ende des Ersten Weltkrieges und die Novemberrevolution in Halle, in: Jahrbuch für hallische Stadtgeschichte 2018, S. 78–115.

10 Vgl. THOMAS LINDENBERGER: Ruhe und Ordnung, in: Etienne François/Hagen Schulze (Hg.),
   Deutsche Erinnerungsorte, Bd. 2, München 2001, S. 469–484. „Ruhe und Ordnung in Halle"
   lautete auch die Schlagzeile der *Saale-Zeitung* in Nr. 100 am 5. März 1919. Einen Tag später
   schrieb die Zeitung in ihrer Abendausgabe (Nr. 102) von der „großen Krise" und einem „gefährlichen Wahnsinnsrausch, der durch Teile unseres Volkes geht".

11 TOM HOLERT: Kulturwissenschaft/Visual Culture, in: Klaus Sachs-Hombach (Hg.), Bildwissen-
   schaft. Disziplinen, Themen, Methoden, Frankfurt am Main 2005, S. 226–235, hier S. 233.

12 UWE PÖRKSEN: Weltmarkt der Bilder. Eine Philosophie der Visiotype, Stuttgart 1997, S. 35.

13 Vgl. SABINE MAASEN/TORSTEN MAYERHAUSER/CORNELIA RENGGLI: Bild-Diskurs-Analyse,
   in: dies. (Hg.), Bilder als Diskurse – Bilddiskurse, Göttingen 2006, S. 7–26, hier S. 18.

---

wollen wir in unserem Beitrag mit Fokus auf die Leiter-Fotopostkarten und den bürgerlichen Deutungskontext im März 1919 tun.

Zunächst stellen wir das Karten-Konvolut aus dem Zusammenhang der März-kämpfe 1919 vor. Darauf aufbauend erläutern wir Bildmotive und -sprache der Fotos. Im dritten Schritt erfolgt deren Einordnung in den bürgerlichen Deutungsrahmen der Geschehnisse des März 1919, und abschließend gehen wir kursorisch auf spätere Verwendungskontexte, etwa in Publikationen des „Stahlhelm. Bund der Frontsoldaten" oder in der DDR-Historiografie, ein.

Beschreibung der Überlieferung

Insgesamt sind rund 50 Fotopostkarten überliefert und erschlossen, die im Zusammenhang mit den Märzunruhen nach dem Einmarsch der Maercker-Truppen in Halle entstanden sind. Sie bilden ganz offensichtlich einen Zusammenhang.[14] Dafür gibt es mehrere Anhaltspunkte, unabhängig von Bildmotiven und Bildsprache, auf die weiter unten noch eingegangen wird: Der überwiegende Teil der Fotopostkarten in Stadtarchiv und Stadtmuseum wurde von einigen wenigen Personen bzw. Institutionen und in zusammenhängenden Konvoluten übergeben. Dies ist daran ablesbar, dass die Karten innerhalb der einzelnen Gruppen auf der Rückseite jeweils in der gleichen Schrift bezeichnet sind. Auch unter den neun Karten eines hallischen Privatsammlers finden sich solche, die offenkundig ein und dieselbe Herkunft haben. So sind drei Stück jeweils auf gleiche Weise in Stenografie bezeichnet. Der zweite Privatsammler besitzt vier Karten, die ebenfalls aufgrund ihrer Beschriftung eindeutig als Gruppe zu erkennen sind (Abb. 2, 3).

Die meisten Karten sind knapp und sachlich mit einer Datierung und einer Ortsangabe versehen. Auf einem weiteren Teil erfolgt durch Begriffe wie „Plünderung" und verwandte Wortformen oder „Regierungstruppen" (alternativ: „Landesjäger") und kurze Beschreibungen eine grobe Kontextualisierung. Re-

---

14 Stadtmuseum Halle (im Folgenden: StMH), Inventarnr. SVI 17/1-4, Schenkung des Kreismuseums Merseburg an das Museum für Geschichte der revolutionären Arbeiterbewegung im Bezirk Halle (heute Teil des Stadtmuseums Halle), 1987; StMH, Inventarnr. 95/758/SD5-131-95/768/SD5-141, Übereignung durch eine Privatperson, 1995; Stadtarchiv Halle (im Folgenden: StAH), Archivsignatur S 9.2.BILC AB 1849-1865, Übereignung durch einen Pfarrer, 2002; StAH, Archivsignaturen S 19 PK 1106, S 19 PK 5647, S 19 PK 5649, verschiedene Provenienzen; Sammlung Mutschke; Sammlung Rodewald.

Abb. 2: Schaulustige vor dem geplünderten und gebrandschatzten Kaufhaus Nußbaum in der Großen Ulrichstraße

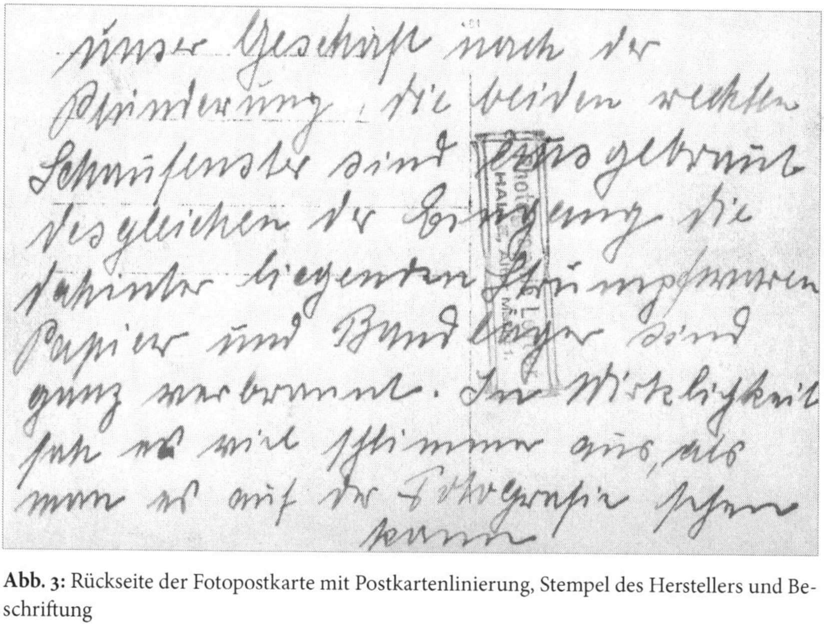

Abb. 3: Rückseite der Fotopostkarte mit Postkartenlinierung, Stempel des Herstellers und Beschriftung

gelrechte Bildbeschreibungen liefern die vier Fotopostkarten eines der beiden Privatsammler.

Es handelt sich um Motive des Kaufhauses Nußbaum in der Großen Ulrichstraße (heute Stadtcenter Rolltreppe), eine Außen- und drei Innenaufnahmen. Die Texte sind in der Wir-Form geschrieben, was sich dadurch erklärt, dass die Karten ursprünglich einer Beschäftigten des Kaufhauses gehörten. Die Außenaufnahme kommentiert sie so: „unser Geschäft nach der Plünderung, die beiden rechten Schaufenster sind ausgebrannt[,] desgleichen der Eingang[;] die dahinter liegenden Strumpfwaren[,] Papier und Bandläger sind ganz verbrannt. In Wirklichkeit sah es viel schlimmer aus, als man es auf der Fotografie sehen kann".[15] Nur auf einer einzigen Karte findet sich auf der Rückseite eine politische Zuschreibung, nämlich wenn von den „Verwüstungen der Spartakisten" die Rede ist.[16]

Ein Großteil der Fotopostkarten ist mit dem Stempel „Photographie Leiter HALLE, Alter Markt 1." in schwarzer oder lila Farbe versehen. Die Karten, die den Stempel nicht tragen, lassen sich aus verschiedenen Gründen dem gleichen Ursprung zuweisen. So sind einzelne Motive bis zu vier Mal sowohl mit als auch ohne Stempel vorhanden. Innerhalb der überlieferten und einheitlich beschrifteten Gruppen gibt es ebenfalls Karten mit und ohne Stempel. Daneben sind große Übereinstimmungen aller Karten festzustellen, was Bildmotive und Bildsprache angeht. Schließlich sprechen auch die Linierung der Adressfelder sowie Übereinstimmungen bei der Qualität des verwendeten Fotopapiers für einen gemeinsamen Ursprung.

Der Stempel bezeichnet jedoch nicht zwangsläufig den Urheber der Aufnahmen. So kann nicht mit Sicherheit gesagt werden, ob es sich bei Richard Leiter um den Fotografen und Verleger der Fotopostkarten handelt oder nur um Letzteren.[17] Zu den Auswirkungen des Kapp-Putsches im März 1920 in Halle liegen

---

15 Sammlung Rodewald. Nach Auskunft von Ralf Rodewald handelt es sich bei der Beschäftigten um die Hutmacherin Meta Wenger. Diese ist auch in den Akten des Büros für Plünderungsentschädigung und Tumulte nachweisbar, vgl. StAH, Archivsignatur A 2.8 PL 1920.

16 Sammlung Mutschke.

17 Über Richard Leiter ist bislang so viel bekannt: Er wurde am 7. Februar 1887 in München geboren und heiratete am 23. Dezember 1912 die Witwe Johanna Elvira Petersen geb. Neumann in Halle. Im hallischen Adressbuch taucht er das erste Mal 1913 auf. Der Sohn Max wurde am 25. Februar 1915 geboren und begann am 1. April 1930 eine Fotografenlehre beim Vater. Der am 16. Juli 1917 geborene Sohn Richard trat am 1. April 1932 beim Vater als Lehrling ein. Im Jahr 1957 zog Richard Leiter sen. nach Bad Lauchstädt um; Auskunft des Stadtarchivs Halle sowie StAH, Archivsignatur S 15.MOLS N 123 Mols 14, Photographische Zwangsinnung Merseburg Halle: Stammliste der Lehrverträge für Photographen-Lehrlinge, 1914–1952; Adressbücher der Stadt Halle. Der Einlieferer der Fotopostkarten StAH, Archivsignatur S 9.2.BILC

übrigens zwei vergleichbare Gruppen von Fotopostkarten vor, die mehrheitlich den Stempel des Fotografen Leiter tragen.[18]

Zum jetzigen Zeitpunkt kennen wir 23 verschiedene Motive in dem beschriebenen Zusammenhang des Jahres 1919, von 14 sind gleich mehrere Exemplare überliefert. Mit je vier Exemplaren bilden eine Außenansicht und eine Innenansicht des geplünderten und in Brand gesteckten Kaufhauses Nußbaum die „Spitzenreiter", gefolgt von zwei weiteren Innenansichten des Kaufhauses, einer Außenansicht des Geschäfts- und Wohnhauses an der Ecke Große Ulrichstraße/Alte Promenade (heute Moritzburgring) mit dem Weinhaus Broskowski und dem Feinkostgeschäft Pottel & Broskowski sowie drei Innenansichten desselben, die je drei Mal überliefert sind (Abb. 4).

Abb. 4: Das über vier Stockwerke geplünderte und beschädigte Gebäude Große Ulrichstraße 33 mit dem Weinhaus Broskowski und dem Feinkostgeschäft Pottel & Broskowski

Die dargestellte Überlieferungssituation spricht nach unserer Auffassung dafür, dass die Fotopostkarten einen erheblichen Verbreitungsgrad hatten und dass ihnen ein hoher Erinnerungswert zukam, weswegen ihre Besitzerinnen und Besitzer sie aufbewahrten und beschrifteten – wenn auch nicht immer exakt bzw. zutreffend, wie die historische Einordnung der Bildmotive ergibt. In der Tat gilt „[d]ie Fotopostkarte als aktuellstes Bildmedium während der Revolution 1918/19", so der Titel eines Aufsatzes des bereits erwähnten Diethart Kerbs.[19] Ta-

---

AB 1849-1865 gab laut Auskunft des Stadtarchivs Halle 2002 an, dass sie von einem gewissen Friedrich Roth aufgenommen worden seien, der die Negative bei Leiter zu Positiven habe machen lassen. Ein (Berufs-)Fotograf mit diesem Namen konnte bislang weder für Halle noch darüber hinaus ausfindig gemacht werden.

18 StMH, Inventarnr. SVI 117, SVI 117/1-15; StAH, Archivsignatur S 9.2.BILC AB 896, S 9.2.BILC AB 896 a-l.

19 Diethart Kerbs: Die Fotopostkarte als aktuellstes Bildmedium während der Revolution 1918/19, in: Hallen/Kerbs (Hg.), Berlin 1918/19 (wie Anm. 5), S. 203–210.

geszeitungen erschienen noch weitgehend ohne Fotos, und lediglich illustrierte Zeitschriften veröffentlichten schon Fotografien. Technisch war es jedoch möglich, wie Kerbs ausführt, „in einem vereinfachten Kontaktkopierverfahren [...] in wenigen Stunden mehrere hundert Original-Foto-Postkarten herzustellen".[20] Die Karten dienten dem bürgerlichen Publikum als Ergänzung der Berichterstattung in den Tageszeitungen wie auch als Andenken an eine Zeit, in der die Gewissheiten seiner bisherigen Existenz ins Wanken gerieten. Sie „bedienten die Schaulust und den Bedarf an Souvenirs. Sie bestätigten diejenigen, die sich selbst nicht einmischten, in dem Gefühl, dabei gewesen zu sein – eine Funktion, die später von der Kinowochenschau und vom Fernsehen übernommen werden wird."[21] Fotopostkarten der Revolution 1918/19 finden sich dementsprechend bei Wohnungsauflösungen zumeist – das zeigt die Erfahrung von Händlern – in Schuhkartons und Schubladen zusammen mit anderen biografischen Dokumenten und Erinnerungsstücken, nur in seltenen Fällen dagegen eingeklebt in Familienalben oder gerahmt an der Wand.[22] Der so beschriebene Andenkencharakter der Karten wird dadurch untermauert, dass sie nicht oder nur sehr selten mit der Post versandt wurden – von den bekannten hallischen Karten ist keine einzige gelaufen. Ein Paradebeispiel für ihren Erinnerungswert liefern die oben bereits erwähnten vier Exemplare aus dem früheren Besitz einer Mitarbeiterin des Kaufhauses Nußbaum. Offenkundig erwarb diese die Karten genau zu diesem Zweck.

Die Karten vermitteln indes das von Menschen als erinnerungswürdig eingestufte Ereignis nicht objektiv oder neutral. Durch Bildmotive und Bildsprache wird dem Betrachter vielmehr ein visueller Ausschnitt des Geschehenen gezeigt, der spezifisch beabsichtigte – wie auch unbeabsichtigte – Botschaften transportiert.

Bildmotive und Bildsprache

Die Motive der Fotopostkarten lassen sich ganz allgemein unter dem Titel „Chaos und Ordnung" fassen. Beginnen wir mit dem „Chaos", das in vier Formen auf den Bildern Gestalt annimmt. Die erste Form zeigt Spuren der Gewalt

---

20 Ebd., S. 204.
21 Ebd., S. 205.
22 Vgl. ebd.

durch Zusammenstöße zwischen mobilisierten Arbeitern und einer nicht näher identifizierten Menge auf der einen Seite und den Landesjägern auf der anderen in den Stunden und Tagen nach deren Einmarsch sowie durch die Plünderungen vom 1. auf den 2. und vom 2. auf den 3. März 1919 im Stadtbild. Die bereits erwähnte Außenansicht des Kaufhauses Nußbaum bildet die durch Plünderung und Brand zerstörte Fassade des Erdgeschosses und davor schaulustige Zivilistinnen und Zivilisten sowie Uniformierte ab (Abb. 2). Die Aufnahme ist aus einer diagonalen Perspektive von einem höhergelegenen Fenster im Gebäude gegenüber gemacht. Neben einer Außenansicht des Weinhauses und Feinkostgeschäfts Pottel & Broskowski mit kaputten Fensterscheiben bis in den vierten Stock ist noch die Fotografie des Sockels der Siegessäule an der Alten Promenade vor dem Stadttheater mit Spuren von Munitionstreffern bemerkenswert. Diese stammten von den in der Hauptpost stationierten Regierungstruppen, die auf das gegenüberliegende Stadttheater und die dort verschanzten Arbeiter geschossen hatten.

Eine zweite Gruppe von Karten zeigt Spuren von Gewalt in Innenräumen betroffener Geschäfte. Wieder wurden die Aufnahmen bei Nußbaum und Pottel & Broskowski gemacht. Das Chaos wird hier als großes Durcheinander und als Verwüstung sichtbar – umgestürzte Möbel, herausgerissene Schubladen, zerstreute Papiere, Glasscherben usw. (Abb. 5, 6).

Abb. 5: Innenansicht des geplünderten und gebrandschatzten Kaufhauses Nußbaum

Abb. 6: Geplünderte und verwüstete Geschäftsräume des Weinhauses und Feinkostgeschäfts Pottel & Broskowski

In vergleichbarer Art werden, drittens, Spuren der Gewalt in Privaträumen gezeigt. Zwei Motive, die bislang jeweils nur einmal überliefert sind, zeigen zwei verwüstete Zimmer in der Wohnung der Familie Broskowski, die über den Geschäftsräumen in der Großen Ulrichstraße lag.[23]

Schließlich sind fünf Motive von Sammelstellen für Plündergut überliefert. Vier davon werden in der Moritzburg lokalisiert, eine im Bahnhof. Dort wurden geplünderte Gegenstände zusammengetragen, die Bürgerinnen und Bürger freiwillig zurückgebracht hatten oder die bei Hausdurchsuchungen beschlagnahmt worden waren. Auf den Aufnahmen erscheint das Chaos als unübersehbares Durcheinander von Kleidungsstücken, Tafelgeschirr, Konservendosen, Kartons, Körben, Schubladen usw. (Abb. 7).

Die „Ordnung" als Gegenbild wird repräsentiert durch Uniformierte, die auf verschiedene Weise inszeniert sind. Die fotografische Qualität und Wirkung der Aufnahmen ist unterschiedlich, was seine Ursache im damaligen Stand der Fo-

---

23 Das Ausmaß der Schäden durch die Plünderungen wird in den überlieferten Akten des Büros für Plünderungsentschädigung und Tumulte ersichtlich, vgl. StAH, Archivsignaturen A 2.8 PL 1336, 2857 (Kaufhaus Nußbaum und Leopold Nußbaum), A 2.8 PL 244, Bde. I und II, 3506 (Pottel & Broskowski und Leo Broskowski) sowie Einzelfallakten von Mitarbeiterinnen und Mitarbeitern beider Geschäfte im Bestand A 2.8.

Abb. 7: Sammelstelle für Plündergut in der Moritzburg

totechnik hat. So konnten in der Regel Bildausschnitt und -schärfe noch nicht genau eingestellt werden. Das wohl eindrücklichste Foto zeigt die oben bereits vorgestellte Maschinengewehrstellung in der Hauptpost. Die Innenaufnahme hat Atelierqualität. Sie zeigt vier Männer in der Uniform der Landesjäger, einer sitzend mit Mütze, drei um ihn herumstehend mit Stahlhelmen vor einem Maschinengewehr, das nach links aus einem Fenster gerichtet ist. Alle Blicke gehen mit der Mündung des Maschinengewehrs nach draußen. Die Aufnahme ist nicht nur gestellt, sondern regelrecht inszeniert. Durch die Fokussierung der Männer vermittelt sie Entschlossenheit und durch deren Statik Ruhe und Sicherheit. Bemerkenswert ist noch, dass der Fotograf offenbar Zugang zum Stützpunkt der Landesjäger hatte.

Ein ebenfalls auf Wirkung zielendes Foto zeigt zehn Männer in einer schmalen Gasse, Stahlhelme und uneinheitliche Uniformen tragend (Abb. 8). Sie blicken den Fotografen und damit die Betrachterinnen und Betrachter frontal an. Dabei zeigen ihre Waffenläufe nicht auf das Gegenüber, sondern nach schräg links von ihnen aus gesehen. Vermutlich handelt es sich bei den Männern um eine Patrouille aus Mitgliedern der paramilitärischen Verbände wie dem „Freikorps Halle", die General Maercker nach Niederschlagung der Unruhen und Auflösung des Sicherheitsregiments des Arbeiter- und Soldatenrats aufgestellt hatte. Die Formation bildet durch die versetzte Aufstellung der Männer eine

Abb. 8: Patrouille eines paramilitärischen Wehrverbands mit hallischen Freiwilligen in den Straßen von Halle

undurchdringliche Front. Sie verdeckt einige dahinter stehende schaulustige Zivilistinnen und Zivilisten. Die Inszenierung legt die Deutung nahe, dass die bewaffneten Freiwilligen sich schützend vor die Bevölkerung stellen. Dabei wirken diese einschüchternd und drohend, wozu auch die leichte Untersicht der Kameraperspektive beiträgt. Zusammenfassend lässt sich feststellen, dass die Rolle der paramilitärischen Wehrverbände als Ordnungsmacht in der Stadt herausgestellt wird, die – falls nötig – auch zur Gewaltanwendung bereit ist. Aufgrund der Geschlossenheit der Gruppe konnte der Fotograf die Herausforderung, auf der Straße zu fotografieren, gut meistern.

Mit der Wirkung des vorhergehenden Fotos nicht vergleichbar ist eine Aufnahme, die der Fotograf von acht um eine Kanone gruppierten Männern, vermutlich ebenfalls Mitgliedern der freiwilligen Wehrverbände, am Bahnhof machte. Es wirkt dagegen geradezu beliebig.

Vom Bahnhof stammt auch eine weitere Aufnahme, die Uniformierte auf einem Panzerzug aufgestellt zeigt, von denen zumindest einige Landesjäger sind (Abb. 9). Aufgrund des Umfangs des Motivs mit Zug und mehr als einem Dutzend Männern lassen sich die Uniformierten technisch nicht mehr so brillant und dadurch nicht mehr so wirkungsvoll wie auf den vorherigen Fotos darstellen. Hier liegt im Übrigen ein Beispiel für unterschiedliche Zuschrei-

Abb. 9: Panzerzug mit Regierungssoldaten und Mitgliedern der hallischen Freiwilligenverbände im Hauptbahnhof Halle

bungen durch die früheren Besitzerinnen und Besitzer der Fotopostkarten vor. Von den zwei uns bekannten Exemplaren des Motivs wird eines auf den Kapp-Putsch 1920 datiert. Diese Karte stammt aus dem einheitlich beschrifteten Konvolut von elf Karten, die eine Privatperson dem Stadtmuseum Halle übereignet hat, und wird als einzige nicht dem März 1919, sondern dem März 1920 zugewiesen.[24] Da die zweite Karte einem Konvolut entstammt, das eindeutig dem März 1919 zugeordnet werden kann, setzen wir uns in diesem Fall über die Beschriftung hinweg und weisen die fragliche Fotopostkarte ebenfalls diesem Datum zu.

Zwei weitere Aufnahmen wurden am Stadttheater gemacht. Sie zeigen Uniformierte, nachdem die Regierungstruppen das Theater von den Arbeitern übernommen haben. Ob es sich um Landesjäger oder Mitglieder der Einwohnerwehr handelt, ist nicht zu erkennen. Auch sie posieren für den Fotografen, werden aber im Vergleich zu den vorherigen Fotos nicht von ihm inszeniert. Die Aufnahmen wirken unvorbereiteter, ohne zeitlichen Vorlauf fotografiert. Auf einer huscht sogar noch jemand durch das Bild. Die Gruppen sind so groß bzw. der Raum so weitläufig, dass eine Inszenierung technisch auch nur schwer

---

24 Vgl. StMH, Inventarnr. 95/758/SD5-131 - 95/768/SD5-141 (wie Anm. 14).

Abb. 10: Aufmarsch der Regierungstruppen am 8. März 1919 zwischen Hauptpost und Stadt-theater

umsetzbar gewesen wäre, so dass Qualität und Brillanz der Aufnahme zu wün-schen übriglassen.

Abschließend ist noch die Aufnahme eines Aufmarschs der Landesjäger zwi-schen Hauptpost und Stadttheater, gesäumt von Passantinnen und Passanten, anzuführen (Abb. 10).

Der Aufmarsch war kurzfristig anberaumt. Der Fotograf muss rechtzeitig davon erfahren haben, denn er hatte noch ausreichend Zeit, einen günstigen Stand-punkt in einem Gebäude zu beziehen, von wo aus er aus der Draufsicht fotogra-fieren konnte. Das Foto gehört zu keinem der angesprochenen Konvolute und trägt auch keinen Stempel des Fotografen Leiter. Es lässt sich aber aus unserer Sicht eindeutig als Demonstration der Wiederherstellung von „Ruhe und Ord-nung" lesen und dem beschriebenen Zusammenhang zuweisen.

Ganz wesentlich ist, dass alle Aufnahmen nach den Höhepunkten der Märzun-ruhen 1919 aufgenommen worden sind, zu einem Zeitpunkt, als durch das Frei-willige Landesjägerkorps „Ruhe und Ordnung" wiederhergestellt waren. Der Fotograf war, anders als seine Berliner Kollegen,[25] nicht während der gewalt-

---

25 DIETHART KERBS: Willy Römer, 1887–1979, als Fotograf der Revolution in Berlin, in: Hallen/ Kerbs (Hg.), Berlin 1918/19 (wie Anm. 5), S. 155–168; THOMAS FRIEDRICH/ULRICH PANITZ: Die Darstellung der Revolution in der illustrierten Berliner Presse, in: ebd., S. 174–185.

tätigen Auseinandersetzungen und Plünderungen mit seiner Reportagekamera auf der Straße unterwegs. Vielmehr konnte er im Anschluss daran an einer Reihe von Orten in der Stadt das Chaos in einer Vielzahl unterschiedlicher Motive festhalten und die Regierungstruppen als Garanten für Ruhe und Ordnung mit teilweise größter Sorgfalt in Szene setzen. Daraus erklärt sich auch, dass er ausschließlich Sach- und keine Personenschäden festhielt. Schließlich ist noch bemerkenswert, dass die Fotopostkarten mit dem Chaos als Motiv in weitaus größerer Zahl überliefert sind als die, welche die Regierungstruppen und Wehrverbände als „Retter" zeigen. Wenn man darüber hinaus die Motive, die Chaos und Ordnung in den frühen Märztagen 1919 in Halle vermitteln, und die Orte, an denen sie aufgenommen wurden, mit dem Ablauf der Ereignisse vergleicht, stellt man fest, dass sie an den „Hotspots" der Märzunruhen 1919 aufgenommen wurden und dass sie die bürgerliche Erzählung der Ereignisse wiedergeben.

Der bürgerliche Deutungsrahmen in der Presseberichterstattung

Das über die Bildsprache kommunizierte Deutungsangebot der Fotos steht in engem Zusammenhang mit der Darstellung und Interpretation der Ereignisse dieser frühen Märztage 1919 in der bürgerlichen Presse. Nachdem die Truppen Maerckers die Kontrolle über die Stadt gewaltsam erlangt hatten und die Pressefreiheit wiederhergestellt worden war, blickte man in den bürgerlichen Zeitungen zurück auf die Streiktage und den Einmarsch der Landesjäger. Zentrale Begriffe waren „Terror" und „Gewalt".[26] Die Verantwortlichen für die Eskalation der Gewalt waren schnell ausgemacht. So hieß es in den „Rückschauende[n] Betrachtungen" der *Saale-Zeitung*: „Die Unabhängigen [Sozialdemokraten] und Spartakisten hatten ihre Pläne wohl vorbereitet. Und der erste Donnerschlag war die Verkündung des Generalstreiks. […] Die Streikleitungen der Unabhängigen wollten die Stadt Halle vor das Nichts, vor das Garnichts stellen und damit die Reichsregierung zwingen, ihren politischen Forderungen nachzugeben, die in ihren letzten Zielen auf Sturz der Regierung Ebert-Scheidemann und Sprengung der Nationalversammlung hinausliefen."[27] In einem Aufruf anläss-

---

26 Vgl. z. B. die Berichterstattung der *Saale-Zeitung* am 4. und 5. März, Nr. 98 und 100.
27 Saale-Zeitung, 05.03.1919, Nr. 100.

lich der Wahlen zum hallischen Arbeiterrat schrieb die Zeitung einige Tage später: „Wir wollen frei sein von einem jedem unabhängigen und spartakistischen Gewaltregime!"[28]

Insbesondere die Plünderungen in der Stadt zwischen dem 1. und 3. März wurden als Zäsur wahrgenommen – als nicht für möglich gehaltene Anarchie mitten in der Stadt, als Angriff auf das städtische Bürgertum und die bürgerliche Lebenswelt. Ausgangspunkt der exzessiven Plünderungen war, wie Oberbürgermeister Richard Robert Rive am 11. April 1919 in seinem „Bericht über die während dieses Jahres vorgekommenen Unruhen" an den Regierungspräsidenten Wolf von Gersdorff in Merseburg festhielt, das Weinhaus und Feinkostgeschäft Pottel & Broskowski.[29] Einen Höhepunkt der Gewalteskalation stellte der Brand im Kaufhaus Nußbaum dar.[30]

Die der Deutschnationalen Volkspartei nahestehende *Hallesche Zeitung* schilderte die Plünderungsszenen mit Verachtung: „So richtig auf der Höhe stand der süße Pöbel natürlich in den Plündernächten. Beim Lumpenball in der Ulrichstraße. Männlein und Weiblein. Scheußlich. […] Wenn das Volk sein Leben riskieren soll, dann muß es schon bei Ritter oder Nußbaum durch die Glasfenster gehen. Wer den Betrieb bei Pottel am Sonntag abend miterlebte, der hat vorläufig genug von ‚Gleichheit und Brüderlichkeit'. Vor Pottel in der Kleinen Ulrichstraße ein Frauenzimmer: einen Stuhl unterm Arm, Weinflaschen in beiden Fäusten, einen halben Fenstervorhang über die Schulter, zwischen den Zähnen Gabel und Löffel. Vor Huth am Montag im Morgengrauen eine Frau auf dem Pflaster, beide Arme voll Seidenblusen und Spitzengardinen, auf dem Finger ein Terzerol [eine kleine Vorladerpistole]; der Landesjäger war glücklicherweise flinker mit seiner Kugel."[31] Dass auch in Rückblicken auf die revolutionäre Zeit nach 1918 die Plündernächte ausführlich thematisiert werden, belegt ihren einschneidenden Charakter in der Stadtgeschichte für die Zeitgenossinnen und Zeitgenossen. So schrieb Ernst Ottwalt 1929 in seinem stark autobiografischen Roman *Ruhe und Ordnung*: „Plötzlich klirrt ein Fenster. Ein Delikatessengeschäft [wohl Pottel & Broskowski] wird gestürmt. Schinken, Konserven, Wein- und Sektflaschen werden herausgereicht, ein wüstes Gebalge um die Trophäen beginnt. Mehl stäubt auf. Einige fallen, weil sie auf Speckseiten ausgeglitten sind, die im Rinnstein liegen. Man trinkt. Der Laden ist leer. Zerbrochene

---

28 Saale-Zeitung, 15.03.1919, Nr. 126.
29 Vgl. StAH, Archivsignatur A 2.9 Kap. I Abt. B Nr. 12 Bd. 1, Bl. 51–57.
30 Vgl. StAH, Archivsignatur A 2.8 PL 2857.
31 Hallesche Zeitung, 05.03.1919, Nr. 107.

Tische und Regale liegen in den Schaufenstern. Nebenan ein Hutladen [evtl. W. Brackebusch, Große Ulrichstraße 37]. Es wird geplündert. Juwelengeschäfte, Restaurants, Teppichhandlungen. Haus bei Haus, Laden bei Laden. Die Glasscherben liegen zentimeterhoch auf dem Pflaster. Dann schlagen aus einem Warenhaus [wohl das Kaufhaus Nußbaum] Flammen hervor, Schüsse knallen irgendwo, und der Vernichtungsrausch dauert die ganze Nacht. Die Landesjäger haben ihr Ziel erreicht: jeder weiß jetzt, dass ihr Erscheinen dringend nötig war, um das Chaos zu verhüten."[32]

Den Landesjägern, dies klingt hier bereits an, kommt eine entscheidende Rolle in diesen Märztagen zu. Ihr Eingreifen und dessen Folgen wurden von den politischen Lagern höchst unterschiedlich bewertet, insbesondere hinsichtlich der Frage, wer die Schuld an den Exzessen der Plündernächte trug.[33] In der bürgerlichen Presse sichern die Soldaten des Freiwilligen Landesjägerkorps „Ruhe und Ordnung". Die Bürgerinnen und Bürger werden zu Spenden für die Maercker-Truppen – „Liebesgaben", wie es oft hieß – aufgerufen.[34] Fast minutiös werden die Kämpfe der Landesjäger seit ihrem Eintreffen in Ammendorf rückblickend in der Presse geschildert. Wie sie den Hauptbahnhof einnahmen, Soldaten und eine Kanone zurückließen, wie sie mit einem Panzerzug die Umgegend sicherten und auch Vorstöße in die benachbarte Region vornahmen, wie sie Patrouillen in der Stadt durchführten, wie sie um die Hauptpost und das Stadttheater kämpften. Symbolisch ausgedrückt wurde die Wiederherstellung der Ordnung durch eine Parade der Landesjäger am 8. März auf der Alten Promenade, vorbei an der Hauptpost und am Stadttheater, wo General Maercker den Aufmarsch seiner Truppen abnahm.[35]

Mit der Einnahme des Stadttheaters durch die Freikorpstruppen war ein für das bürgerliche Selbstverständnis wichtiger symbolischer Ort in der Stadt zurückerobert worden. Die Schilderungen in der *Halleschen Zeitung* verdeutlichen auch die Skurrilität der militärischen Präsenz an diesem Ort bürgerlicher Hochkultur: „Die Leute ziehen den Hut vor den Landesjägern, winken zum Altan des

---

32 ERNST OTTWALT: Ruhe und Ordnung. Roman aus dem Leben der nationalgesinnten Jugend, Neuaufl., Halle 2014, S. 13 f.
33 Dies war auch Thema bei den Verhandlungen der Nationalversammlung in Weimar am 25. März 1919, als der USPD-Abgeordnete Fritz Kunert eine das Verhalten der Landesjäger in Halle betreffende Anfrage an die Regierung richtete. Vgl. Verhandlungen der verfassungsgebenden Deutschen Nationalversammlung, Bd. 327, Berlin 1920, S. 786 f.
34 Vgl. Saale-Zeitung, 04.03.1919, Nr. 98; 05.03.1919, Nr. 100; 07.03.1919, 1. Beibl.; 08.03.1919, Nr. 113; 10.03.1919, Nr. 110.
35 Vgl. Saale-Zeitung, 04.03.1919; 05.03.1919, Nr. 100; 10.03.1919, Nr. 115a; Hallesche Zeitung, 05.03.1919, Nr. 106 u. 107; 09.03.1919, Nr. 112; 10.03.1919, Nr. 113.

Stadttheaters hinauf. Im Vestibül [...] brodelt ein Feldkessel, Pferde stehen an der Kasse und futtern ihren Hafer, dräut ein Minenwerfer durch das zersplitterte Portal. Der Altan hat durch M.-G.-Schießerei der Spartakisten mehrere Geländersäulen eingebüßt, das Foyer hat mehrere Bleispritzer durch die Scheiben und in die Wände bekommen."[36] Dass zahlreiche Menschen Plündergut wieder abgaben, wurde mit Genugtuung berichtet: „Der Sammelpunkt der Reumütigen ist der Keller in der Moritzburg. Hier treffen sich die Fürsichtigen, bringen ihre nächtlichen Eroberungen wieder und liefern sie ab. Erzählen dabei die köstlichsten Angst- und Schauermärchen. Ein Frauenzimmer ist ‚gewalttätig gezwungen' worden, mitzuwirken – sagt sie [...]."[37]

Auf den Fotografien des Leiter-Ateliers werden diese von der bürgerlichen Presse ausgemachten „Höhepunkte" – die Plünderungen, das Eingreifen der Maercker-Truppen, die Kontrolle der Landesjäger über die Stadt und ihre Parade – nachvollzogen, indem die eng damit verbundenen Schauplätze abgebildet wurden. Dies verdeutlicht die Auswahl der Motive und die Bildsprache der Fotos. Die Vermutung liegt nahe, dass der Fotograf die Presseberichterstattung kannte und seine Motive entsprechend wählte. Der in der bürgerlichen Presse geschaffene Deutungsrahmen des März 1919 in Halle wurde durch die Fotopostkarten visuell bewusst gestützt. Mehr noch: Durch die Suggestionskraft der Bilder erhielt das bürgerliche Sinnstiftungsangebot ein höheres Maß an Plausibilität und damit einhergehend Überzeugungskraft in bestimmten Teilen der Bevölkerung.

Weiterverwendung und Nachleben

Die Bedeutung von Bildern als sinnstiftende Medien ist nicht notwendigerweise auf die Zeit und den Ort ihrer Entstehung festgelegt. Ihre „Wirkungsrealität" kann darüber hinausgehen.[38] Der Sinn, welcher den Bildern beigemessen wird, kann in der Rezeption, in neuen Verwendungs- und Deutungskontexten aktualisiert und verändert werden. Die weitere Verwendung der Fotopostkarten des

---

36 Hallesche Zeitung, 05.03.1919, Nr. 107.
37 Ebd.
38 Vgl. dazu die vier analytischen Dimensionen der Bildanalyse in HARTMUT KORTE: Einführung in die Systematische Filmanalyse. Ein Arbeitsbuch, 4., neu bearb. und erw. Aufl., Berlin 2010, S. 23.

Abb. 11: Das geplünderte und gebrandschatzte Kaufhaus Nußbaum auf der Ansicht eines Berliner Bildverlags

Leiter-Ateliers erfolgte zunächst im Rahmen ihres ursprünglichen bürgerlichen Deutungsschemas von revolutionärem Chaos und durch die Landesjäger wiederhergestellter Ordnung.

Bildmotive, die wir von den Leiter-Karten kennen, tauchten auch in der überregionalen Wahrnehmung der Ereignisse des März 1919 in Halle auf, was für die Relevanz spricht, die den Sujets dieser Fotos in der (nationalen) bürgerlichen Öffentlichkeit beigemessen wurde. So brachte der Berliner Bildverlag Neuheiten-Vertrieb Electra Paul Hoffmann und Co entsprechende Ansichtskarten auf den Markt (Abb. 11).[39] Bei diesen Karten handelte es sich nicht um Postkarten, aber ihr Zweck dürfte ähnlich gewesen sein. Ein aus Sicht der Zeitgenossinnen und

---

39 StAH, Archivsignatur S 9.2.BILC AB 1034, Foto „Zu den Unruhen in Halle. Ein völlig ausgeraubtes und darauf durch Brandstiftung zerstörtes Kaufhaus", N. V. E. 2030 und Archivsignatur S 9.2.BILC AB 1034a, „Aus Halle's Sturmtagen. Die Gepäckabfertigungsstelle im Hauptbahnhof als Pferdestall", N. V. E. 2029; da die Karte mit der höheren Bildnummer aufgrund ihres Motivs eindeutig den Märzunruhen 1919 zuzuweisen ist, ordnen wir auch die niedrigere Bildnummer anders als das Stadtarchiv diesen Ereignissen und nicht dem Kapp-Putsch zu. Über das Unternehmen ist nur wenig bekannt. Zur Eintragung in das Handelsregister siehe Centralblatt für Accumulatoren-Technik und verwandte Gebiete. Internationales Organ für die Industrie der Primär- und Sekundärelemente und ihre Hilfs- und Anwendungstechniken, Gross-Lichterfelde 1904, S. 101.

Zeitgenossen wichtiges Ereignis wurde bildlich festgehalten und von den Menschen als Erinnerungsstück und Souvenir aufbewahrt. Die Fotografien des Verlags wirken durch die aufgebrachte Beschriftung noch professioneller als viele der Leiter-Fotopostkarten und liefern darüber gleich subtil eine Deutung der Ereignisse mit. Mit einer Fotografie Leiters ist ähnlich verfahren worden, deren Verleger und Verwendungszweck unbekannt sind. Hier ist die Interpretation durch die Beschriftung eindeutig: „Vom Spartakuskampf in Halle a. S.: Innenansicht des von den Spartakisten zerstörten Warenhauses Leopold Nußbaum".[40]

Das Chaos der Plünderungen des März 1919 ist auch auf Fotos in einer Publikation zum sechsjährigen Bestehen des Stahlhelms in Mitteldeutschland, deren zweite Auflage 1926 erschien, abgebildet. Zwei der Leiter-Postkarten werden dafür verwendet. Die Darstellung der Verwüstungen auf diesen Fotos fügt sich in das Narrativ der Stahlhelm-Schrift und des politischen Programms der Organisation ein. Zunächst wird Generalmajor Maercker, dessen signiertes Porträtfoto in der Publikation abgedruckt ist, positiv hervorgehoben und das Auftreten der Landesjäger in die bekannte Erzählung ihrer Bedeutung für die „Wiederherstellung von Ruhe und Ordnung" eingeordnet. Auf der nächsten Buchseite dienen die Plünderungsfotos von Leiter als Negativfolie gegenüber den Garanten der Ordnung. Bezeichnenderweise sind diese Fotos eingebettet in die Schilderung des Aufbaus eines neuen Sicherheitsapparates in Halle nach dem Abzug der Maercker-Truppen: des Wachtregiments, der Polizei, des Freikorps und der Einwohnerwehr. In der Tradition dieser militärischen und polizeilichen Organisationen sieht sich auch der Stahlhelm selbst. So heißt es im Vorwort: „Wenn im Eingang [der Publikation] in etwas breiterer Form auf die Unruhen der Jahre 1919 und 1920 und die Einwohnerwehr eingegangen wird, so findet das seine Begründung in dem Umstande, daß viele spätere Stahlhelmer bereits 1919 in Maerckers Freiwilligem Landes-Jäger-Korps kämpfend für die Erhaltung des Reiches eintraten und weil im Kapp-Putsch die Freikorps und Einwohnerwehren die Sammelbecken der tatkräftigen Stahlhelmer wieder waren."[41] Die revolutionären Umtriebe hätten, so wird in der rückblickenden Verklärung weiter ausgeführt, dazu geführt, „daß die aus dem Felde heimgekehrten Frontsoldaten nach geschlossener Führung, die bereit war, Ruhe und Ordnung herzustellen, verlangten".[42]

---

40 Sammlung Mutschke.
41 STAHLHELM-LANDESVERBAND MITTELDEUTSCHLAND (Hg.): Sechs Jahre Stahlhelm in Mitteldeutschland, 2. Aufl., Halle 1926, S. 9.
42 Ebd., S. 11. Die Neuordnung des „Sicherheitsdienstes" in Halle war eine der Aufgaben Maerckers

Wenig überraschend wird in einer DDR-Publikation zur Geschichte der KPD Halle-Merseburg von 1979 eines der Leiter-Fotos – das der Patrouille von Uniformierten in den Straßen Halles – in einen ganz anderen Kontext gestellt.[43] Durch die Erläuterungen im Text, aber auch durch den Zuschnitt des Fotos, weichen die Herausgeber bewusst vom bürgerlichen Narrativ von Ruhe und Ordnung, das diesem Foto ursprünglich zugrunde lag, ab. Sie stellen vielmehr das Vorgehen der Regierungstruppen als brutal dar.[44] Auf dem Original-Foto wird der inszenatorische Charakter auch dadurch deutlich, dass im Hintergrund Zivilbevölkerung, u. a. ein Kind, zu sehen ist. Diese sind in der DDR-Publikation durch den Zuschnitt nicht mehr im Bild, zudem rücken die Soldaten durch die Bildbearbeitung näher an die Betrachtenden heran. Der Hintergrund ist im Vergleich mit dem Original, auf dem die Häuser der Straßenzeile deutlich erkennbar sind, unscharf bzw. zum Teil unkenntlich. Der Fokus der Bildbetrachterinnen und -betrachter ist somit noch stärker auf die Uniformierten gerichtet. Die Gegenüberstellung ist noch frontaler und strahlt Bedrohung aus.

2014 schließlich wurde, um ein letztes Beispiel zu nennen, der bereits erwähnte Roman von Ernst Ottwalt, der ebenfalls den Titel „Ruhe und Ordnung" trägt, neu aufgelegt.[45] Ottwalt, der später einen radikalen politischen Seitenwechsel vollzog und Mitglied der KPD wurde, schildert in dem Buch seine eigene Sozialisation in der „nationalgesinnten Jugend" und dem Freikorps Halle. Das Umschlagfoto dieser Auflage ist die Aufnahme der Maschinengewehrstellung in der Hauptpost. Es kann möglicherweise als *das* ikonische Foto des März 1919 in Halle angesehen werden.

---

im März 1919, wurde in der Presse diskutiert und von Aufrufen an die Bürger, sich den Bürgerwehren anzuschließen bzw. solche zu bilden, begleitet. Vgl. dazu Saale-Zeitung, 06.03.1919, Nr. 102, 1. Beibl.; 10.03.1919, Nr. 115a. Inwiefern die fotografische Inszenierung der Landesjäger die gesellschaftliche Militarisierung, vor allem des Bürgertums, und den Zulauf dieser Einwohnerwehren begünstigt haben, ist nicht überliefert. Abträglich werden die heroischen und idealisierenden Darstellungen jedoch sicher nicht gewesen sein.

43 Vgl. KARL-HEINZ LEIDIGKEIT/JÜRGEN HERMANN: Auf leninistischem Kurs. Geschichte der KPD-Bezirksorganisation Halle-Merseburg bis 1933, hg. von der Bezirksleitung Halle der SED, Kommission zur Erforschung der Geschichte der örtlichen Arbeiterbewegung, Halle 1979, S. 59.

44 Vgl. ebd. S. 81.

45 Siehe OTTWALT: Ruhe und Ordnung (wie Anm. 32).

Die Einwohnerwehr Halle (Saale) 1919–1920. Zwischen Antibolschewismus, Eigentumsschutz und Passivität

Kai Böckelmann

Nach den Unruhen des März 1919 gründete sich in Halle eine Einwohnerwehr. Die Vorgeschichte ihrer Gründung war durchaus bewegt. Die Revolution im November 1918 hatte bei den Anhängern der Arbeiterparteien große Erwartungen geweckt: die Abschaffung der Monarchie, Verbesserungen der Arbeitsbedingungen, zum Teil eine Regierungsbeteiligung der Räte und die Sozialisierung der Schlüsselindustrien. Erwartungen, deren Realisierung spätestens mit den Wahlen zur Nationalversammlung im Januar 1919 zum Teil zur Disposition standen. Die Wahl mündete in der Bildung der sogenannten „Weimarer Koalition" zwischen MSPD, Zentrum und DDP, womit die erwartete Sozialisierung der Schlüsselindustrien nicht mehr garantiert war. Dieser Umstand führte in einigen Regionen zur Ausrufung des Generalstreiks, der sich zum Teil zu bewaffneten Unruhen ausweitete und die Umsetzung der Sozialisierung erzwingen sollte. Halle, zu dieser Zeit eine Hochburg der USPD, bildete dabei keine Ausnahme. Hier kam es im März 1919 zunächst zum Generalstreik. Als das Landesjägerkorps von General Maercker den Befehl zum Einmarsch in die Stadt erhielt, eskalierte allerdings die Situation, und der Generalstreik ging in einen gewalttätigen militärischen Konflikt zwischen Regierungstruppen und bewaffneten Arbeitern über. In der Innenstadt traf das Landesjägerkorps auf erheblichen Widerstand. Da beide Seiten durch die entstandenen Kämpfe gebunden waren, entstand in der Tat eine Situation, in der es keine sichtbare Ordnungskraft gab.[1] Massive Plünderungen in der Innenstadt von Halle, die sich von der Geiststra-

---

[1] Vgl. Dirk Schumann: Politische Gewalt in der Weimarer Republik 1918–1933. Kampf um die Straße und Furcht vor dem Bürgerkrieg (Veröffentlichungen des Instituts für Soziale Bewegungen 17), Essen 2001, S. 55–58.

ße, der Großen Ulrichstraße und vom Markt bis in die Leipziger Straße und den Steinweg zogen, waren die Folge. 200 Geschäfte wurden geplündert, ein Schaden von 15 Millionen Mark entstand.[2] Diesen Plünderungen stand das hallische Bürgertum zunächst ohnmächtig gegenüber. Verließ es sich zunächst darauf, dass die Truppen des Arbeiter- und Soldatenrates die öffentliche Ordnung und auch das Eigentum von Gewerbetreibenden schützen würden, so galten die Plünderungen als Zeichen des Versagens. Es setzte sich die Ansicht durch, dass das Bürgertum nunmehr diese Aufgabe selbst in die Hand nehmen müsse. Die Plünderungen des März 1919 waren damit der Ausgangspunkt für die Gründung der Einwohnerwehr in Halle, die eine solche Situation zukünftig verhindern wollte.

Nachdem das Landesjägerkorps von General Maercker Halle unter seine militärische Kontrolle gebracht hatte, nutzte es die Gelegenheit, die bisher vom Arbeiter- und Soldatenrat kontrollierten Ordnungsgruppen, d. h. die Sicherheitswachmannschaften, durch neu gebildete Truppen zu ersetzen. Drei neue Truppen wurden dafür eingerichtet: 1. ein dem Garnisonskommando unterstelltes militärisches „Wachregiment Halle", 2. ein „Freiwilligenkorps Halle [...] aus gedienten Mannschaften, Offizieren und Unteroffizieren" und 3. „eine unbesoldete Bürgerwehr".[3]

Die Initiative für die Gründung Letzterer kam dabei direkt aus dem hallischen Bürgertum. In der *Saalezeitung* erschien ein mit „einige 100 ordnungsliebende Bürger von Halle" unterzeichneter Aufruf mit der Aufforderung, sich zu Bürgerwehren zusammenzuschließen. Der Aufruf präsentiert die Bürgerwehr dabei als Alternative zum Arbeiter- und Soldatenrat und dessen Sicherheitswache, unter denen „seit Monaten die Unsicherheit und Zuchtlosigkeit von Tag zu Tag zugenommen haben, bis sie sich in den letzten Tagen zu Aufruhr und Plünderung, zu Mord und Totschlag ausgewachsen haben". Nunmehr müsse „der Bürger selbst Hand anlegen, selbst eingreifen".[4] In der Tat gründeten sich in der Folgezeit verschiedene Wehren in den Stadtbezirken, die dann zur Einwohnerwehr Halle mit insgesamt 2.627 Mitgliedern zusammengeschlossen wurden.

Im Folgenden soll diese Einwohnerwehr näher beleuchtet und in den Kontext der Einwohnerwehrbewegung andernorts gesetzt werden. War die Wehr in Halle, wie es bei vielen der bayrischen Einwohnerwehren der Fall war, ein Verband ehemaliger Soldaten, welche die Revolution rückgängig machen und gegen das

---

2   Vgl. „Die Streik- und Aufruhrtage", in: Saalezeitung vom 4. März 1919 (Abendausgabe).

3   „Die Neuordnung des Sicherheitsdienstes in Halle", in: Saalezeitung vom 6. März 1919 (Abendausgabe, 1. Beiblatt).

4   „Ordnungsliebende Einwohner von Halle!", in: ebd.

linke Arbeiterlager vorgehen wollten, oder ging es tatsächlich nur um Eigentumssicherung? Aus welchen sozialen Gruppen setzte sich die Einwohnerwehr zusammen, welche inhaltlichen Ziele verfolgte sie, welche Erwartungen hatten ihre Mitglieder, und wie agierte die Wehr im Konfliktfall in der Stadt Halle?

Die Einwohnerwehren in der Forschung

Die Rolle der sogenannten Freikorps in den Anfangsjahren der Weimarer Republik wurde ausgiebig erforscht. Anders verhält es sich mit den Einwohnerwehren, die oft nicht von den Freikorps differenziert werden.[5] Dabei unterscheiden sie sich sowohl in ihrer sozialen Zusammensetzung als auch in ihrer sozialen Praxis von den Freikorps. Zwar bestehen beide Organisationen ausschließlich aus Männern, und beide zeichnete eine militärische Bewaffnung aus, doch sowohl der Grad der militärischen Organisation als auch das Handlungsfeld der beiden Organisationen verliehen ihnen eine unterschiedliche Struktur. Während die Einwohnerwehren lokale Organisationen waren, die auch nur im lokalen Rahmen agierten, bei Aufständen gegen Plünderungen vorgehen sollten und polizeiliche Hilfsaufgaben wie Wachgänge übernahmen, zogen die Freikorps oft mehrere Hundert Kilometer durch die Republik, um bewaffnete Arbeiteraufstände, zuweilen sogar unbewaffnete Streiks niederzuschlagen. Auch waren sie in die kriegerischen Nachwehen des Ersten Weltkrieges in den östlichen Grenzregionen verwickelt. Die Freikorps waren dementsprechend oft stehende, kasernierte Verbände, die ihre Mitglieder versorgten und monetär vergüteten. Ein Mitglied der Einwohnerwehr hingegen übte seine diesbezüglichen

---

5 Andreas Wirsching zufolge „bereiteten Freikorps und Einwohnerwehren den Boden für extralegale, totalitäre Gegengewalt, die mit dem Kampf gegen den ‚Bolschewismus‘ auch die Demokratie beseitigen wollte". Eine Deutung die, wie gezeigt werden wird, für die Freikorps zutreffend ist, für die Einwohnerwehren, insbesondere unter Beachtung ihrer Handlungspraxis jedoch nicht. ANDREAS WIRSCHING: Vom Weltkrieg zum Bürgerkrieg? Politischer Extremismus in Deutschland und Frankreich 1918–1933/39, Berlin und Paris im Vergleich (Quellen und Darstellungen zur Zeitgeschichte 40), München 1998, S. 303. Auch Hans-Ulrich Wehler spricht insgesamt nur von paramilitärischen Verbänden, unter die er die Einwohnerwehren subsumiert. Explizit erwähnt werden von ihm nur die bayrischen Einwohnerwehren als Teil der Orgesch, die den Freikorps aber näherkommen als den Einwohnerwehren, weil sie ebenfalls als mobile Trupps mit hohem militärischen Organisationsgrad auftraten und mit dem Großteil der lokal agierenden Einwohnerwehren kaum vergleichbar sind. Vgl. HANS-ULRICH WEHLER: Deutsche Gesellschaftsgeschichte: Vom Beginn des Ersten Weltkriegs bis zur Gründung der beiden deutschen Staaten 1914–1949, Bd. 4, München 2003, S. 372–396.

Tätigkeiten neben dem normalen Erwerbsleben aus und wurde erst im Falle einer Einberufung aktiv.

Das Wirken der Einwohnerwehren wurde unterschiedlich eingeschätzt. Die Schriften Erwin Könnemanns auf der einen Seite stehen denen Rüdiger Bergiens auf der anderen gegenüber. Könnemann bewertete die Einwohnerwehren, im Duktus der DDR-Historiografie, als Bestandteil „eines neuen imperialistischen Militärsystems", in dem sie die Aufgabe hatten, als „konterrevolutionäre Bürgerkriegstruppe" gegen das „revolutionäre Proletariat" eingesetzt zu werden.[6] Die entgegengesetzte Position Rüdiger Bergiens deutet die Einwohnerwehren als „Ausdruck einer republikanischen Wehrpolitik" zum Schutze der Weimarer Demokratie.[7] Beide Autoren nutzten vor allem Quellen aus dem politisch-administrativen Bereich, wie etwa Richtlinien, Erlasse, Satzungen und Denkschriften, um zu ihrer Einschätzung zu gelangen. Bergien stellt dabei Quellen in den Mittelpunkt, die die politischen Überlegungen der regierenden Sozialdemokratie spiegeln. Könnemann dagegen beschränkt sich auf Militärquellen und solche, die von besonders radikalen Einwohnerwehren, wie jenen der Organisation Escherisch (Orgesch) aus Bayern, stammen.

Eine Beschränkung auf diese Quellenarten führt leicht zur Verwechslung dessen, was eine Organisation aus Sicht der Regierung wünschenswerterweise sein sollte, welche Programmatik ihre Anführer mit ihr verbanden und nach welchen Prämissen sie im Einzelfall tatsächlich die einzelnen Mitglieder mobilisieren konnte. Zwischen staatlich-administrativer Regulierung, organisatorischem Eigenanspruch und sozialer Handlungspraxis der Mitglieder konnte es jedoch zu massiven Differenzen hinsichtlich der Vorstellungen von Zweck und Aufgabe der Einwohnerwehr kommen, wie im Folgenden am Beispiel der Einwohnerwehr Halle deutlich wird.

Die Einwohnerwehren und die staatlichen Organe

Beschäftigt man sich mit der Entstehung der Einwohnerwehren in der Weimarer Republik, dann kommt man nicht umhin, den historischen und gesetzli-

---

6 Vgl. Erwin Könnemann: Einwohnerwehren und Zeitfreiwilligenverbände. Ihre Funktion beim Aufbau eines neuen imperialistischen Militärsystems 1918–1920, Berlin 1971, S. 212–227.

7 Rüdiger Bergien: Die bellizistische Republik. Wehrkonsens und „Wehrhaftmachung" in Deutschland 1918–1933 (Ordnungssysteme 35), München 2012, S. 92.

chen Rahmen ihrer Gründung zu umreißen. Ursprünglich gegründet wurden die ersten Einwohnerwehren als gegenrevolutionäre Truppen, welche die Ausbreitung der Revolution auf das Land und die Kleinstädte verhindern sollten. Schon kurz nach der Revolution wurden sie legalisiert, indem ihnen vom Innenministerium die Aufgabe übertragen wurde, den „von der Front zurückkehrenden Soldaten möglichst bald nach Überschreiten der Landesgrenzen die Waffen abzunehmen".[8] Damit sollte der Privatbesitz von Waffen eingedämmt und das Gewaltmonopol zumindest auf von der Regierung anerkannte, wenn auch privat organisierte Truppen zentralisiert werden.[9]

Die Reichsregierung versuchte die Einwohnerwehren nicht nur als neutrale Ordnungstruppe vor Ort zu nutzen, sondern zu einer Institution zu machen, die die Republik stützen sollte. Nicht die Gegenrevolution, sondern die Treue zur Republik und die Aufrechterhaltung von „Ruhe und Ordnung" sollten fortan in den Vordergrund treten.

Am 15. April 1919 erließ die preußische Landesregierung „Bestimmungen zur Errichtung von Einwohnerwehren", um diese auf einen politisch neutralen Kurs zu verpflichten. Zwar sollten sich die Wehren den „örtlichen Verhältnissen und Bedürfnissen anpassen" dürfen – ein klares Zugeständnis in Richtung der bereits in und gegen die Revolution gebildeten Wehren –, jedoch sollten sie sich grundsätzlich „aus allen Schichten der Bevölkerung zusammensetzen und in ihren Reihen jede gegensätzliche Betätigung politischer Richtung oder wirtschaftlicher Interessen ausschließen".[10] „Jede politische Betätigung der Einwohnerwehr ist ausgeschlossen", hieß es auch in den „Richtlinien zur Aufstellung einer Einwohnerwehr", die der Zentralausschuss für Einwohnerwehren, welcher der Reichsregierung unterstand und zunächst beim Reichswehrministerium, später beim Innenministerium angesiedelt war, 1919 herausgab.[11]

Der Zentralausschuss für Einwohnerwehren sah in den Einwohnerwehren mehr als nur abrufbare Ordnungstruppen für Notfälle oder reine Selbstschutzorganisationen, denn er verband zusätzlich gesellschaftspolitische Vorstellun-

---

8   „Erlaß des Ministeriums des Innern an die Landräte und Oberbürgermeister der Stadtkreise Einwohnerwehren einzurichten vom 15. November 1918", in: KÖNNEMANN: Einwohnerwehren (wie Anm. 6), S. 351, Dokument 1.

9   In den meisten Fällen behielten rückkehrende Soldaten jedoch ihre Waffen, was die Voraussetzung zur spontanen Bildung irregulärer Truppen in den Anfangsjahren der Weimarer Republik war.

10   „Bestimmungen der preußischen Regierung über die Errichtung von Einwohnerwehren" vom 15. April 1919, in: KÖNNEMANN: Einwohnerwehren (wie Anm. 6), S. 358 f., Dokument 9.

11   ZENTRALSTELLE FÜR EINWOHNERWEHREN: Richtlinien für die Aufstellung einer Einwohnerwehr, Berlin 1919.

gen mit ihnen. Sie sollten nicht nur als Ordnungsmacht zur Absicherung gegen Plünderungen bei Aufständen dienen, sondern auch als Begegnungsraum von Bürgertum und Arbeiterschaft. Die Zentralstelle für Einwohnerwehren verband mit den Wehren die Hoffnung, dass diese als Institutionen auf ihre Mitglieder einwirken, sie schulen und charakterlich in ihrem Sinne formen würden. 1919 gab sie einen Vortrag Ferdinand Runkels als Broschüre heraus. Darin war die Hoffnung auf die Nivellierung politischer und sozialer Konflikte formuliert, die man vonseiten der Weimarer Koalition mit den Einwohnerwehren verband: „So treffen sich zwei extreme Weltanschauungen, Konservatismus und Sozialismus, in dem Grundgedanken der Staatserhaltung, des Zurücktretens der einzelnen Persönlichkeit im Interesse des Volksganzen, des Staates. Die große Bedeutung der Einwohnerwehren ist nun darin zu erblicken, daß die Männer dieser beiden Weltanschauungen, Konservatismus und Sozialismus, in dem einen Ziel der Erhaltung eines geordneten Staatswesens sich zusammenschließen, und so wächst die soziale Aufgabe der Einwohnerwehren in die soziale Aufgabe des Volksganzen überhaupt hinein."[12] Außerdem, so die Vorstellung Runkels, solle die gemeinsame klassenübergreifende Organisierung in der Einwohnerwehr die sozialen Auseinandersetzungen entschärfen: „Es wird sich ganz natürlich ergeben, daß die Männer aller Klassen in persönliche Beziehung zueinander treten, daß sie bekannt werden und einander schätzen lernen."[13]

Nach den Erfahrungen des Kapp-Putsches stieg auch gegenüber den Einwohnerwehren das Misstrauen. Die Gewerkschaften forderten nach dessen Beendigung die Auflösung der Einwohnerwehren. Ausschlaggebend für deren Rück- und Umbau war jedoch der Druck der Alliierten, die sie als Reservearmee eines möglichen neuen deutschen Heeres sahen. Die Zentrale für Einwohnerwehren wurde deshalb 1920 aufgelöst und das weitere Vorgehen bezüglich der Einwohnerwehren den Landesregierungen übertragen.[14] Diese wiederum hatten ebenso wie die Städte und Landkreise, denen die Wehren unterstanden, nur ein geringes Interesse an deren Fortbestand.

---

12 FERDINAND RUNKEL: Die sozialen Aufgaben der Einwohnerwehr. Vortrag gehalten in der Konferenz der Vertreter der deutschen Länder über die Frage der Einwohnerwehr am 23. August 1919 in Berlin, Berlin 1919, S. 5.

13 Ebd., S. 7. Zur Illiberalität der Idee von der Nivellierung jeglicher Interessengegensätze vgl. WIRSCHING: Vom Weltkrieg zum Bürgerkrieg? (wie Anm. 5), S. 301 f.

14 Protokoll der Besprechung mit Vertretern Preußens, Bayerns, Sachsens, Württembergs, Badens und Hessens über die Einwohnerwehren vom 15. April 1920, Bundesarchiv, Akten der Reichskanzlei, Kabinett Müller I, Dokument Nr. 41. URL: https://www.bundesarchiv.de/aktenreichs kanzlei/1919-1933/0000/mu1/mu11p/kap1_2/para2_41.html (25.02.2019).

Ein Grund dafür war, dass während des Kapp-Putsches deutlich wurde, wie einige Wehren, so z. B. vor allem in Bayern, in der Tat nur als legaler Organisationsrahmen für einen Staatsstreich der politischen Rechten fungierten. Doch für die Region um Halle, wie für die meisten Orte in Preußen, traf dies nicht zu, da sich die Einwohnerwehren bis auf wenige Ausnahmen nicht positiv auf den Kapp-Putsch bezogen. Vielmehr war auch den Landesregierungen nicht entgangen, dass die gegen und nach dem Putsch revoltierenden Arbeiter ihrerseits zuerst die Einwohnerwehren entwaffneten, um an Waffen zu kommen, mit denen sie dann gegen das reguläre Militär vorgehen konnten. In vielen Orten wurden die Wehren während des Kapp-Putsches vorsorglich von Arbeitern entwaffnet. Einerseits aus Sorge, dass sich die Wehren doch noch dem Putsch anschließen könnten, andererseits waren die Waffen der Einwohnerwehr leichte Beute. Die Waffen in den Kasernen standen unter starker Bewachung in der Obhut kasernierter Einheiten. Gaben die Militärangehörigen diese nicht freiwillig heraus, weil sie zum Beispiel mit der Arbeiterbewegung sympathisierten, so mussten die Kasernen erstürmt werden. Ein Unterfangen, das in jedem Falle blutig endete. Die Waffen der Einwohnerwehren waren dagegen oftmals in Lagern untergebracht, die meist nur von wenigen Sicherheitspolizisten bewacht wurden. Die Entwaffnung der Einwohnerwehren war so einfach, dass im Raum Halle nur einige wenige Lastwagen mit Arbeitern in die ländliche Umgebung geschickt werden mussten, um die Waffen der dortigen Einwohnerwehren einzusammeln.[15] In Halle wurden die Waffen erst ab Juli 1920 von der Sicherheitspolizei in den Franckeschen Stiftungen bewacht, während sie zuvor von der Wehr und zum Teil den Mitgliedern selbst verwahrt worden waren.[16] Die Einwohnerwehren waren in doppelter Hinsicht zum Risikofaktor geworden.

Ein weiterer Grund war die hohe finanzielle Belastung der Kommunen für die Unterhaltung der Einwohnerwehren. Der Magistrat der Stadt Halle stimmte der Finanzierung der Einwohnerwehr nur widerwillig zu. Schon im Juli 1919 musste die Zentralstelle für Einwohnerwehren beim Magistrat intervenieren, um die Stadt aufzufordern, die Erlasse des Reichswehrministers und des Reichsinnen-

---

15 Vgl. ERWIN KÖNNEMANN/HANS-JOACHIM KRUSCH: Aktionseinheit contra Kapp-Putsch. Der Kapp-Putsch im März 1920 und der Kampf der deutschen Arbeiterklasse sowie anderer Werktätiger gegen die Errichtung der Militärdiktatur und für demokratische Verhältnisse, Berlin (Ost) 1972, S. 116.

16 Vgl. Brief an Oberpräsident Hörsing vom 6. Juli 1920, Stadtarchiv Halle (im Folgenden: StAH), Kap VII, Abt. I, Nr. 23, Bd. 2, Bl. 77.

ministers umzusetzen und die Wehr zu finanzieren, da „der Magistrat Halle bei Bildung, Organisation, Bezahlung von Unkosten seit März d. Js. ausdrücklich jede Beteiligung abgelehnt" habe, obwohl die Kosten von der Gemeinde zu tragen seien, in der die Einwohnerwehr errichtet wird.[17]

Die politische Ausrichtung der Einwohnerwehren

Auf regionaler Ebene formulierten die Einwohnerwehren von Beginn an eigene inhaltliche Zweckbestimmungen, die von denen der Zentralstelle und der Weimarer Koalition abwichen. In Ostpreußen gab sich der „Zentralausschuß für Heimatdienst", ein Zusammenschluss verschiedener Einwohnerwehrverbände, am 18. März 1919 eigene Richtlinien.[18] Die „Bekämpfung des äußeren und inneren Bolschewismus mit geistigen Waffen" war so zentral, dass sie sich in den „Richtlinien für die Organisation des ostpreußischen Heimatdienstes und der Heimatwehren der Kreise im Bericht des I. Armeekorps Königsberg", herausgegeben vom Zentralausschuss für Heimatdienst, sogar unter dem Punkt „Zweckbestimmungen von Heimatdienst und Heimatwehren" findet. Der Zentralausschuss sollte dabei als Ansprechpartner der lokalen Einwohnerwehren fungieren, von dem diese Materialien und Redner anfordern konnten, um „durch Verbreitung von Aufklärungsschriften und Flugblättern, Veranstaltung von Aufklärungsvorträgen" zu wirken.[19]

Für die Stadt Halle lassen sich derartige Aufklärungs- und Propagandaarbeiten beziffern; sie hatten eine ausschließlich antispartakistische Stoßrichtung. Für den Zentralausschuss der Einwohnerwehr, das Leitungsgremium der hallischen Wehr, war die Bekämpfung des Bolschewismus ein zentraler Bestandteil ihrer Tätigkeit. Der Zentralausschuss gab von 4.100 Reichsmark seines monatlichen Budgets 2.500 Reichsmark für „Propagandakosten, Flugblattwesen, Bekämpfung des Bolschewismus, des Umsturzes und Sonstiges überhaupt" aus. Der Rest von 1.600 Reichsmark entfiel auf Gehälter, Büro und Versicherungen

---

17 Brief der Zentralstelle für Einwohnerwehren an den hallischen Magistrat vom 21. Juli 1919, StAH, Kap VII, Abt.I, Nr. 23, Bd. 2 (1920), Bl. 27.
18 Richtlinien für die Organisation des ostpreußischen Heimatdienstes und der Heimatwehren der Kreise im Bereich des I. Armeekorps Königsberg vom 18. März 1919, in: KÖNNEMANN: Einwohnerwehren (wie Anm. 6), S. 354 f., Dok. 6.
19 Ebd.

des Zentralausschusses. Da die Einwohnerwehr in Bezirke und Bereitschafts-
kompanien untergliedert war, die ebenfalls Ausgaben hatten, während für die
inhaltlichen Veranstaltungen nur der Zentralausschuss zuständig war, relati-
viert sich die Höhe der Summe für Propaganda etwas, beträgt aber dennoch
mehr als ein Zehntel der Gesamtausgaben. Zu den jährlichen Gesamtausgaben
von 30.000 Reichsmark für Propagandazwecke kamen noch 110.000 Reichsmark für Versicherungen und 67.500 Reichsmark für weitere Ausgaben hinzu.[20]

Die Mitglieder der Einwohnerwehren sollten demnach keineswegs unpolitisch
sein, sondern politisch geschult werden. Zudem sollten die lokalen Wehren
nicht nur das Eigentum sichern, sondern die „Bekämpfung des Bolschewismus
und gewalttätigen Spartakismus mit der Waffe" im Fall von Aufständen und
Unruhen übernehmen. An den Richtlinien wird deutlich, dass der Zusammenhalt der Wehren nicht über eine gemeinsame politische Verheißung, etwa die
Republik oder wie bei Runkel eine Nivellierung sozialer Interessengegensätze,
gestiftet werden sollte, sondern durch die Verortung des, in diesem Fall inneren, Feindes.

In den Unruhen während des Kapp-Putsches kamen auch in Halle mehrere
Mitglieder der Einwohnerwehr Halle zu Tode oder wurden verletzt. In einem
Schreiben an die Obleute der Bezirksgliederungen der Wehr stand ebenfalls deren Kampf gegen den Bolschewismus im Vordergrund. Die Toten, so der Zentralausschuss Halle, starben „in treuer Pflichterfüllung gegen Stadt und Staat"
und „setzten freudig ihr Leben ein für das Wohl ihrer Mitbürger im Kampf gegen den Bolschewismus".[21]

Die Anforderungen von sozialdemokratischer Seite, welche die Einwohnerwehren auf einen politisch neutralen Kurs bringen wollten, wurden auf regionaler
und lokaler Ebene stetig unterlaufen. Das Selbstverständnis der Leitungsgremi-
en der Einwohnerwehren wich erheblich von diesen ab und richtete sich eindeutig gegen das Lager der linken Arbeiterschaft. Inwiefern diese Werteorien-
tierung auch für die Einzelmitglieder der Einwohnerwehr verbindlich war, ist
dagegen anhand der bisher aufgeführten Dokumente nicht einschätzbar, aber
die soziale Praxis der Einwohnerwehr gibt Hinweise darauf, dass es nicht nur
Differenzen über die inhaltliche Ausrichtung zwischen der Regierungsseite in

---

20 Ausgaben-Etat d. Einwohnerwehr Halle/Saale, StAH, Kap VII, Abt.I, Nr. 23, Bd. 2 (1920), Bl. 30.
21 Brief des Zentralausschusses an die Obleute der Wehrgruppen der Einwohnerwehr Halle (vermutl. vom 22.03.1920), StAH, ZG (Zeitgeschichtliche Sammlung) 8/15.

Berlin und den Leitungsgremien der Wehren gab, sondern auch zwischen den Leitungsgremien und den Mitgliedern der Wehr.

Das Agieren der Mitglieder: Kapp-Putsch und Karteileichen

Während des Kapp-Putsches von 1920 wurde die Einwohnerwehr in Halle einberufen. Man könnte annehmen, dass die paramilitärischen Verbände, die in der Weimarer Republik entstanden, einen solchen Anlass als die ersehnte Bewährungsprobe ansahen, auf die sie warteten, um ihre regelmäßig betonte und inszenierte heroische Männlichkeit zu beweisen. Doch auch in dieser Hinsicht unterschieden sich die Einwohnerwehren von den Freikorps. Das sozialdemokratische *Volksblatt* berichtete: „Während am Sonnabendmittag mit Ausnahme von Menschenansammlungen vor den einzelnen Zeitungen das äußere Straßenbild unverändert war, sah man gegen Abend Trupps von Zeitfreiwilligen zur Reilkaserne ziehen, die dort eingekleidet wurden. Auch die Einwohnerwehr ist sofort alarmiert worden. Aber wie uns verschiedentlich mitgeteilt wurde, macht sich in der Einwohnerwehr eine starke Zersetzung bemerkbar. Viele folgten nicht den Alarmbefehlen, ja sogar Obmänner haben ihren Austritt erklärt."[22]

Während die Zeitfreiwilligen- und Freikorpsverbände tatsächlich die Unruhen des Kapp-Putsches nutzten, um gegen aufständische Arbeiter vorzugehen, hielt sich die Einwohnerwehr nach dem Bericht des *Volksblattes* zurück.[23] Dies kann jedoch nur auf einen Teil der Einwohnerwehr zugetroffen haben, denn ein anderer Teil scheint durchaus während des Kapp-Putsches aktiv in Kämpfe verwickelt gewesen zu sein. Die Verlustliste der Einwohnerwehr listet immerhin 18 Namen auf, davon vier Tote und zwölf Verwundete (zwei schwer verwundet)

---

22 Generalstreik in Halle, in: Volksblatt, 15.03.1920.
23 Hans-Walther Schmuhl macht sich diese Darstellung zu eigen, und auch Dirk Schumann schätzt den Bericht des *Volksblattes* als glaubhaft ein. Das *Volksblatt* habe in der Situation des Kapp-Putsches ein Interesse gehabt, die eigene Anhängerschaft zu mobilisieren, und deshalb keinerlei Grund, die Gefahr durch den Gegner herunterzuspielen, so Schumann. Demgegenüber kann diese Passage aber auch als Versuch gelesen werden, die Einwohnerwehr als positives Beispiel für ein Verhalten des Bürgertums zu beschreiben, um das der Zeitfreiwilligen und Freikorps umso negativer erscheinen zu lassen. Vgl. DIRK SCHUMANN: Politische Gewalt (wie Anm. 1), S. 89; HANS-WALTER SCHMUHL: Halle in der Weimarer Republik und im Nationalsozialismus (Studien zur Landesgeschichte 15), Halle 2007, S. 45.

sowie zwei Dienstunfähige.[24] Von diesen finden sich jedoch nur sechs auf der Matrikelliste der Einwohnerwehr. Es ist aber dennoch anzunehmen, dass sich nur ein kleiner Teil der hallischen Wehr an den Auseinandersetzungen beteiligte, da auch in anderen Orten zu beobachten war, dass die Einwohnerwehren während des Kapp-Putsches zumindest in der preußischen Provinz Sachsen passiv blieben.[25] Durch die Auflösung der Wehren 1920, lässt sich nicht feststellen, ob dies auch während der Märzkämpfe 1921 so geblieben wäre, als im Gegensatz zu 1920 ein Vorgehen gegen aufständische Arbeiter nicht als Zustimmung zu einem Militärputsch gewertet werden musste. Tatsächlich scheinen sich viele Mitglieder der Einwohnerwehr vor allem aus Gründen des Selbstschutzes vor Plünderungen und der eigenen Besitzstandswahrung der Wehr angeschlossen zu haben. Vor allem die Erfahrung mit den Unruhen Anfang des Jahres 1919 war dabei prägend, während die (gesellschafts-)politische Zielsetzung der Wehr nur bei einem Teil der Mitglieder Interesse weckte. Konnte der Verweis auf „Spartakus" und „die Unabhängigen" bis März 1919 noch Mitglieder mobilisieren, so verfing er bereits wenige Zeit später nicht mehr. Verzweifelt bemühte man sich bereits Ende des Jahres 1919, die Mitglieder auch in ruhigeren Zeiten zu Mitgliedertreffen und hilfspolizeilichen Rundgängen zu mobilisieren: „Sollten da die Recht behalten, die, wie wir lesen und hören mußten, behaupteten, das Interesse, die Disziplin und der Zusammenhalt der Einwohnerwehr habe in der langen Zeit der Ruhe und der Untätigkeit nachgelassen, die Einwohnerwehr werde also im Ernstfalle vielleicht versagen?! Das darf nicht sein! […] Wir appellieren an das Pflicht und Ehrgefühl eines jeden einzelnen Kameraden in unserer Wehr. Lockert nicht die Bande, die uns umschließen; nach Monaten der Ruhe seid bereit zu neuem Dienst und gefasst auf alles!"[26]

Der Wachtdienst Wittekind, Teil der Einwohnerwehr Halle, musste mit Bedauern das „fortgesetzte Fehlen von Mitgliedern beim Wachtdienst" feststellen.[27] Im Oktober 1919 rief der Wachtdienst zu einer Krisensitzung zusammen, da „viele meinen […] der Wachtdienst sei nicht mehr nötig". Weiter heißt es: „Wir führen heute noch 200 Mitglieder in der Liste des Wachtdienstes Wittekind, kaum die Hälfte erfüllt die übernommenen Pflichten. Das muß wieder anders

---

24 Verlustliste (Kapp-Putsch), StAH, Kap VII, Abt.I, Nr. 23, Bd. 2 (1920), Bl. 68.

25 Einen Überblick über das Verhalten der Einwohnerwehren bietet SCHUMANN: Politische Gewalt in der Weimarer Republik (wie Anm. 1), S. 84–95.

26 Brief des Vorstands der Einwohnerwehr Halle an die Mitglieder (vermutl. Ende 1919), StAH, ZG 8/15.

27 Diensteinteilungsschreiben des Wachtdienst Wittekind (Datum unbekannt), ebd.

werden."[28] Ob sich tatsächlich mehr als die Hälfte der Mitglieder in die Passivität zurückzog oder dies nur Rhetorik zur Dramatisierung der Lage war, ist fraglich, würde aber zu dem passen, was eine Überprüfung der Wehren durch die Kreisräte Ende 1919 ergab. Akten des Oberpräsidenten zufolge waren diese tatsächlich nach den Unruhen 1919 eingeschlafen, so dass „ein großer Teil nur auf dem Papier bestand".[29] Zumindest die Drohung, bei Nichterscheinen von der Wehr ausgeschlossen zu werden, und der Verweis auf die „Plündertage im letzten März" zeigen, dass die Aktivitäten an der Basis nicht den Vorstellungen der Wehrleitung Wittekind entsprachen. Auffällig ist auch, dass im Brief des Wachtdienstes Wittekind von Spartakisten oder Bolschewisten ebenso wenig die Rede ist wie vom Schutz der Republik, es dominieren vielmehr die Angst davor, „wie gegen Ruhe und Ordnung gewühlt wird", und der Wunsch, „unsere Frauen und Kinder, unser Eigentum" zu schützen.[30] Der erste Schock über die Plünderungen im März 1919 führte zu einer massiven Meldung zur Einwohnerwehr, so dass sich am Ende über 2.600 Hallenser in die Matrikel der Einwohnerwehr eintrugen. Schon wenige Monate später, als absehbar war, dass es nicht zu erneuten Unruhen kommen würde, waren die meisten davon nur noch Karteileichen.

Welches Sozialprofil hatte die Einwohnerwehr?

Die soziale Zusammensetzung der Wehren wurde von der bisherigen Forschung als eine eindeutig bürgerliche bestimmt. Allerdings gibt es unterschiedliche Auffassungen, welche Fraktionen des Bürgertums sich in den Wehren sammelten. Dabei ist es durchaus von Bedeutung, ob die sich Wehren vorwiegend aus radikalisierten Studenten, altgedienten Beamten oder Handwerkern zusammensetzten. Die Einwohnerwehren bestanden „vorwiegend" aus Angehörigen der „abhängigen Berufe", das seien „Beamte und Angestellte", so Erwin Könnemann.[31] Dirk Schumann dagegen sieht in den Einwohnerwehren vor allem „Or-

---

28 Brief des Wachtdienst Wittekind an die Mitglieder vom 6. Oktober 1919, StAH, ebd.
29 SCHUMANN: Politische Gewalt (wie Anm. 1), S. 79.
30 Alle Zitate aus: Brief des Wachtdienst Wittekind an die Mitglieder vom 16. Oktober 1919, StAH, ZG 8/15.
31 KÖNNEMANN: Einwohnerwehren (wie Anm. 6), S. 205.

ganisationen der Besitzenden in Land und Stadt".[32] Empirischer Beleg dafür ist bei Schumann die Betrachtung des Sozialprofils ihrer Anführer, die jedoch keineswegs repräsentativ für die gesamte Wehr waren. Für die Mitgliederstruktur dagegen hält er fest, dass die Wehren vorwiegend aus Selbstständigen, Beamten und Angestellten bestanden, wie es auch die bisherige Forschung ermittelt habe.[33] In einem neun Jahre später veröffentlichten Artikel bestimmt Schumann die Zusammensetzung der Einwohnerwehren wesentlich genauer. Vor allem in ländlich geprägten Regionen mit mittelgroßen Höfen seien diese besonders stark vertreten gewesen. Das Sozialprofil der Einwohnerwehren wird von ihm nun wesentlich erweitert: "[…] farmers, shopkeepers, white-collar workers, and civil servants, many of whom have served in the war […]."[34]

In der Tat macht die von Schumann 2001 beschriebene Gruppe (Selbstständige, Beamte, Angestellte) einen nicht unerheblichen Teil der Einwohnerwehren aus, jedoch ist ihre Zusammensetzung wesentlich differenzierter. Für die Städte Halle, Aurich, Celle, Dresden und Braunschweig können lediglich 31–57 Prozent bzw. 28–55 Prozent (wenn man den Anteil der Lehrer abzieht) der Mitglieder in die Gruppen der Angestellten, Beamten und Selbstständigen eingeordnet werden. In Halle waren es 30,9 Prozent (27,8 %), in Aurich 56,7 Prozent (48,9 %), in Celle 40,3 Prozent, in Dresden 44,7 Prozent (48,2 %) und in Braunschweig 55 Prozent.[35]

---

32 Schumann: Politische Gewalt in der Weimarer Republik (wie Anm. 1), S. 74.

33 Vgl. ebd., S. 82. Schumann berechnet dort, um einen Vergleich der Bevölkerungsbeteiligung verschiedener Wehren zu bewerkstelligen, einen Organisationsgrad der Wehren. Dazu stellt er die Gesamtzahl der Mitglieder der Wehr in ein Verhältnis zur Gesamtzahl der männlichen Selbstständigen, Beamten und Angestellten im jeweiligen Ort, da er davon ausgeht, dass die Wehren nur aus diesen bestünden. Zur Problematik seiner Berechnung: Anm. 39.

34 Dirk Schumann: Political Violence, Contested Public Space, and Reasserted Masculinity in Weimar Germany, in: Kathleen Canning/Kerstin Barndt/Kristin McGuire (Hg.), Weimar publics/Weimar subjects: rethinking the political culture of Germany in the 1920s, New York 2010, S. 236–253, hier S. 240.

35 In Klammern jeweils Angabe ohne den Anteil der Lehrerschaft, da nicht klar ist, ob Schumann diese zu den Beamten oder Angestellten zählt oder nicht. Brundiers dagegen, an dem sich meine Berufsgruppeneinteilung orientiert, führt die Lehrer als eigenständige Berufsgruppe auf. Angaben für Dresden und Braunschweig: Könnemann: Einwohnerwehren (wie Anm. 6), S. 209. Für Celle: Andreas Brundiers: Gegenrevolution in der Provinz. Die Haltung der SPD zu den Einwohnerwehren 1919/20 am Beispiel Celle (Hannoversche Schriften zur Regional- und Lokalgeschichte 7), Bielefeld 1994, S. 108. Für Halle und Aurich: Eigene statistische Auswertung und Berechnung. Der Berechnung für Aurich liegt die Mitgliederliste der Einwohnerwehrversicherung in Aurich zugrunde. Mitgliederverzeichnis der Einwohnerwehr Aurich, in: Rudolf Nassua: Die Einwohnerwehr Aurich 1919/1921 (Beiträge zur Geschichte Ostfrieslands im 20. Jahrhundert), Aurich 2001, S. 86–96. Den Angaben zu Halle liegt eine eigene Auswertung der Einwohnerwehrmatrikel zugrunde: „Matrikel der Einwohnerwehr Halle", StAH, HB, B 60.1 und B 60.2.

Während in der Stadt Braunschweig die Angestellten (34,2 %) die größte Gruppe in der Wehr stellten, waren es in Dresden (30,7 %) und Aurich (24,4 %) die Beamten und in Halle die Kaufleute (26,8 %). In Celle stellten die Beamten (25,5 %) mit den Handwerkern (24,9 %) zusammen die Hälfte der Wehr. In Dresden findet sich der mit Abstand höchste Arbeiteranteil in allen Wehren (13,8 %), was besonders auffällt, da er in allen anderen Wehren unter 5 Prozent liegt. Dresden bildet damit einen Sonderfall, da hier der Arbeiteranteil sogar über dem der Kaufleute und der Handwerker liegt. Der Befund, dass die Wehren zu großen Teilen aus Angestellten, Selbstständigen und Beamten bestünden, muss daher korrigiert werden. Mit Ausnahme von Dresden sind Beamte, Handwerker, Kaufleute und Angestellte in der Regel am stärksten vertreten. Gerade Handwerker und Kaufleute wurden in der bisherigen Forschung jedoch vernachlässigt. Die Selbstständigen und Akademiker sind dagegen die zahlenmäßig am marginalsten vertretenen Gruppen. Da die Mitgliedsmatrikel den Stand von 1920 wiedergeben, kann somit auch der zuweilen behauptete „vermehrte Eintritt von Sozialdemokraten" Ende 1919, nach einem Werbeartikel im sozialdemokratischen *Vorwärts* durch den Parteivorstand der SPD, nicht bestätigt werden.[36]

Tabelle 1: Sozialstruktur (Berufsgruppen) der Einwohnerwehren, in Prozent*

	Halle	Aurich	Celle	Dresden	Braunschweig
	N = 2.405	N = 90	N = 615	N = 5520	N = 2656**
Akademiker	2,04	0	0	0	1,32
Angestellte	12,18	18,89	8,62	14,02	34,19
Arbeiter	4,28	1,11	2,76	13,75	1,32
Beamte	11,02	24,44	25,53	30,69	17,39
Direktoren	2,83	1,11	4,39	0	0
Geistliche	0,42	0	0,16	0	0
Gestütswärter	2,83	0	0	0	0
Handwerker	10,06	18,89	24,88	10,22	9,64
Ingenieur	4,16	0	0	0	0
Kaufleute	26,82	15,56	22,44	10,76	16,57

---

36 Dies behauptet Rüdiger Bergien, vermutlich um nachzuweisen, dass die Einwohnerwehren nicht nur, seiner zentralen These folgend, Ausdruck einer „republikanischen Wehrpolitik" waren, sondern diese auch erfolgreich war. Vgl. BERGIEN: Die bellizistische Republik (wie Anm. 7), S. 100.

Künstler	0,25	0	0	0	0
Landwirt	1,16	0	0	0	0,41
Lehrer	3,16	7,78	0	3,53	0
Militärs (Ehemalige und Anwärter)	0,54	3,33	1,3	1,36	0,64
Schüler und Studenten	7,44	1,11	2,28	0	5,84
Selbstständige	1,87	1,11	1,14	0	0
selbstständige Akademiker	2,70	4,44	5,04	0	3,43
Sonstige	2,91	1,11	1,146	15,67	9,26
Unternehmer	3,33	1,11	0	0	0

* Vgl. die Titel in Anm. 35. In den Prozentangaben sind nur die Mitglieder berücksichtigt, für die Berufsbezeichnungen vorliegen. Jeweils angegeben ist die Zahl der Mitglieder, für die diese vorliegen (N); für Halle liegt bei 222 Mitgliedern keine Angabe vor.

** Könnemann gibt an, dass die Wehr in Braunschweig aus 2.156 Mitgliedern bestand, die Summe der von ihm aufgelisteten Mitglieder mit Berufsgruppen ergibt dagegen 2.656. Vgl. KÖNNEMANN: Einwohnerwehren (wie Anm. 6), S. 209.

Keineswegs ergibt sich daraus die Schlussfolgerung, dass Beamte, Handwerker, Kaufleute und Angestellte eine besondere Affinität für die Meldung zur Einwohnerwehr hatten. Um herauszufinden, welche sozialen Gruppen besonders stark den Einwohnerwehren zugeneigt waren, muss ihre Mitgliederzahl in der Einwohnerwehr mit ihrem Anteil an der Gesamtbevölkerung ins Verhältnis gesetzt werden.

Für die Stadt Halle errechnete Schumann eine Beteiligungsquote an der Einwohnerwehr von 8,4 Prozent, die zu hoch ausfällt, weil die Berechnung nicht berücksichtigt, dass die Einwohnerwehr nicht nur aus den von ihm als dominierend angesehenen Gruppen bestand.[37] Meiner Berechnung zufolge ergibt

---

37 Auch Schumann hat Beteiligungsquoten für Einwohnerwehren errechnet, um diese untereinander vergleichen zu können, d. h. die Frage zu beantworten, wie stark die Bevölkerung einer bestimmten Stadt/Region sich in der lokalen Einwohnerwehr beteiligte. Zu diesem Zweck hat er jedoch, unter der Maßgabe, dass sich vor allem Beamte, Angestellte und Selbstständige für die Einwohnerwehr meldeten, nicht die Zahl der eingeschriebenen Einwohnerwehrmitglieder mit der Gesamtbevölkerung des jeweiligen Ortes ins Verhältnis gesetzt, sondern die Gesamtmitgliederzahl der jeweiligen Wehr mit der Zahl der Beamten, Selbstständigen und Angestellten in diesem Ort. Da diese Gruppen aber, wie die Zusammensetzung der Einwohnerwehren zeigt, nur knappe 50–60 Prozent der Mitglieder einer Einwohnerwehr ausmachten, fällt Schumanns Beteiligungsquote viel zu hoch aus. Je höher der Anteil anderer Berufsgruppen an der Einwohnerwehr, desto höher die vermeintliche Beteiligungsquote in der Rechnung von Schu-

sich in Halle lediglich eine Beteiligungsquote von 3,8 Prozent an der Einwohnerwehr, gemessen an der männlichen Gesamtbevölkerung der über 16-Jährigen von 1919.[38]

Einige der von Schumann als Hauptträgergruppen der Einwohnerwehren identifizierten Bevölkerungsschichten beteiligten sich gemessen an ihrem Gesamtanteil an der Bevölkerung im Vergleich zu anderen Gruppen sogar unterdurchschnittlich an der Einwohnerwehr. Der Anteil von Beamten und Angestellten innerhalb der Einwohnerwehr lag bei 23,2 Prozent, während ihr Anteil an der Gesamtbevölkerung bei 38 Prozent (26.342 Berufsangehörige) lag.[39] Nur 2,12 Prozent der Beamten und Angestellten in Halle traten der Einwohnerwehr bei, ein unterdurchschnittlicher Wert. Dagegen waren es vor allem die Studenten, Lehrer und Kaufleute, die besonders häufig der Wehr beitraten. Die Studenten machten an der Einwohnerwehr einen Anteil von 5,24 Prozent aus, während sie in der Gesamtbevölkerung 4,54 Prozent (3.145 Besucher der Universität im WS 1920/21) ausmachten und ein weiterer Teil von ihnen in den Zeitfreiwilligenformationen diente.[40] Kaufleute, deren Anteil in der Wehr bei 26,82 Prozent lag, machten in der Gesamtbevölkerung nur einen Anteil von 19,4 Prozent (13.445 Berufsangehörige) aus, eine Beteiligung von 4,8 Prozent.[41] Am auffälligsten ist die starke Beteiligung der Lehrerschaft, die in der Wehr 3,16 Prozent bildeten, in der Bevölkerung dagegen nur 1,62 Prozent (1.121 in Erziehung/Bildung tätige Personen).[42] Das heißt, 6,78 Prozent der hallischen Lehrer waren Angehörige der Einwohnerwehr. Geht man davon aus, dass sich hinter der Berufsbezeichnung „Lehrer" nur Schullehrer versammeln, so beträgt der Anteil an der Gesamtbevölkerung nur 0,87 Prozent (601 Berufsangehörige) und die

---

mann. Dies dürfte vor allem in ländlichen Regionen mit wenigen Beamten, aber z. B. vielen Landwirten in der Wehr die Beteiligungsquoten in die Höhe treiben.

38 Der Rechnung liegt zugrunde: 50 Prozent der Zahl der mehr als 16 Jahre alten Hallenser, um nur die männliche Bevölkerung zu erfassen. STATISTISCHES AMT DER STADT HALLE: Statistisches Jahrbuch der Stadt Halle 1913–1928, Halle 1929. Tab. 6: Stand der Bevölkerung. Die Bevölkerung nach Alter, Geschlecht und Familienstand. Stand 08.10.1919.

39 Ebd., Tab. 13: Berufszählung vom 16.06.1925. Dirk Schumann gibt in seiner Berechnungsgrundlage die Gesamtzahl der Beamten und Angestellten in Halle mit 29.567 an. Vgl. SCHUMANN: Politische Gewalt in der Weimarer Republik (wie Anm. 1), S. 82.

40 STATISTISCHES AMT DER STADT HALLE: Statistisches Jahrbuch (wie Anm. 38), Tab. 183: Besuch der Universität Halle-Wittenberg, Wintersemester 1920/21. Zusätzlich ist anzunehmen, dass ein erheblicher Teil der Studenten eine eher geringere Bindung an den Ort aufweisen dürfte als die normalen Stadtbürger, die schon viel länger in der Stadt lebten.

41 STATISTISCHES AMT DER STADT HALLE: Statistisches Jahrbuch (wie Anm. 38), Tab. 14: Die Bevölkerung nach dem Hauptberuf nach Wirtschaftszweigen 1925 (hier: Handelsgewerbe. S. 23).

42 Ebd., Tab. 15: Die Bevölkerung nach dem Hauptberuf nach Wirtschaftszweigen (hier: Bildung, Erziehung, Unterricht, S. 28)

Beteiligung in der Wehr läge bei 12,65 Prozent.[43] Warum Lehrer derart überre-präsentativ vertreten waren, ist aus den Zahlen allein nicht zu erschließen. Den Gegenpol stellen die Arbeiter dar, die innerhalb der Wehr 4,28 Prozent aus-machten, während sie in der Gesamtbevölkerung mit 47,95 Prozent vertreten waren.[44] Nur 0,3 Prozent der hallischen Arbeiter waren somit Mitglieder der Einwohnerwehr.

Zu Altersstrukturen der Einwohnerwehren ist bisher nur wenig bekannt. Gene-ralisierend wird jedoch oft angenommen, dass bewaffnete Verbände in Weimar einen männlich-militärischen Charakter hatten und vor allem besonders jun-ge und abenteuerlustige Männer angezogen hätten. Diese seien oft, so der My-thos, den Peter Keller bereits für die Freikorpskämpfer zurückwies, „vor allem die Ausläufer der Jugendbewegung des Kaiserreichs, insbesondere die deutsche Studentenschaft gewesen".[45] Während sich im Gegensatz zu den Freikorps, de-ren Zusammensetzung noch stärker aus Gymnasiasten und Studenten bestand, in den Einwohnerwehren kleinerer Orte auch Handwerker und ältere Bürger fanden, gelte dies nicht für die Universitätsstädte, so Boris Barth. Er behauptet vielmehr, dass sich in der Einwohnerwehr vor allem eine Generation fand, die „die geballte wilhelminische Kriegspropaganda während des gesamten Krieges in der Schule oder in den Kadettenanstalten erlebte, ohne dass diese durch den Schock des Fronterlebnisses in Materialschlachten gebrochen worden wäre".[46] Bereits die Auswertung der Berufsgruppen lässt erahnen, dass dies nur bedingt stimmig ist. Zwar waren Studenten gemessen an der Größe ihrer sozialen Grup-pe in der Bevölkerung überdurchschnittlich häufig bereit, sich den Einwohner-wehren anzuschließen, doch machen sie in der Gesamtschau einer Einwohner-wehr nur einen geringen Anteil aus. Die Erfahrung der Einwohnerwehr prägte somit zweifellos die Studentenschaft, aber umgekehrt prägten diese nicht in do-minanter Weise die Wehren.

---

43 Ebd., Tab. 171: Die festangestellten Lehrkräfte (einschl. Schulleiter) an städtischen Schulen (hier: S. 178).

44 Ebd., Tab. 13: Berufszählung vom 16.06.1925.

45 PETER KELLER: „Die Wehrmacht der Deutschen Republik ist die Reichswehr". Die deutsche Armee 1918–1921 (Krieg in der Geschichte 82), Paderborn 2014, S. 119. Allerdings konnte Kel-ler diesen „Mythos" für die Freikorpskämpfer nicht zahlenmäßig widerlegen, sondern lediglich nachweisen, dass er eine besondere Rolle in den retrospektiven Erzählungen und Biografien von Freikorpsführern spielte und diese Quellen fragwürdig sind.

46 BORIS BARTH: Freiwilligenverbände in der Novemberrevolution, in: Rüdiger Bergien/Ralf Prö-ve (Hg.), Spießer, Patrioten, Revolutionäre. Militärische Mobilisierung und gesellschaftliche Ordnung in der Neuzeit, Göttingen 2010, S. 95–115, hier S. 101 f.

Dennoch wäre es möglich, dass sich bestimmte Altersgruppen, etwa die Kriegs-
generation des Ersten Weltkrieges, besonders für die Einwohnerwehr in Halle
erwärmen konnten. In Halle macht die Jugendkriegsgeneration allerdings nur
einen sehr geringen Anteil an der Einwohnerwehr aus. Den Großteil der Einwohnerwehr bildete dort die Gruppe der 30- bis 60-Jährigen. Die beschriebene
Zurückhaltung und Orientierung auf Eigentumssicherung der Mitglieder der
Einwohnerwehr Halle dürfte darin begründet sein, dass diese dominierende
Gruppe der 30- bis 60-Jährigen bereits Konflikterfahrung mit der sozialdemokratischen Arbeiterbewegung im Kaiserreich gesammelt hatte und so gemäßig-
ter agierte, da sie wusste, dass selbst gewalttätige Streiks nicht zwangsläufig im
Umsturz des Staatswesens enden würden.

Tabelle 2: Altersgruppen und Beteiligungsquoten der Einwohnerwehr (EW) gemessen an der männlichen Gesamtbevölkerung*

Alters-gruppe	Jahrgänge in der Gesamt-bevölkerung 1919	Prozentualer Anteil an der Bevölkerung	Jahrgänge in der Einwohnerwehr (weitere 797 Mit-glieder ohne Be-rufsangabe)	Prozentualer Anteil an der Einwohner-wehr	Beteiligungs-quote in Pro-zent (Wie viel Prozent einer Altersgrup-pe sind Mitglied der EW Halle?)
15–19	9.504	13,72	90	4,92	0,95
20–24	8.996	12,99	156	8,52	1,73
25–29	8.368	12,08	140	7,65	1,67
30–34	7.518	10,85	192	10,49	2,55
35–39	6.726	9,71	211	11,53	3,14
40–44	6.525	9,42	292	15,96	4,48
45–49	5.332	7,7	256	13,99	4,80
50–59	8.752	12,63	373	20,38	4,26
60–69	5.286	7,63	110	6,01	2,08
Ü70	2.271	3,28	10	0,55	0,44
Gesamt:	69.278	100	1830	100	

* Für 797 Personen der Einwohnerwehr Halle liegen keine Altersangaben vor.

Auch bei den Altersgruppen lohnt sich der Vergleich mit der Gesamtbevölkerung. Allerdings liegen in Halle für knapp 30 Prozent der Mitglieder keine Altersangaben vor, was die Statistik erheblich verfälschen kann (die Beteiligungsquoten könnten demnach in jeder Altersgruppe höher liegen, jedoch nicht

sinken). Die 40- bis 60-Jährigen sind, gemessen an ihrem Anteil an der Gesamtbevölkerung, in jedem Falle überdurchschnittlich in der Einwohnerwehr vertreten. Die Kriegsjugendgeneration dagegen, die in der Zusammensetzung der
Einwohnerwehr einen großen Anteil ausmacht, zeigt gemessen an ihrem Anteil
in der Gesamtbevölkerung eher wenig Interesse, der Einwohnerwehr beizutreten. Nur zwischen 0,9 und 1,7 Prozent der jeweiligen Altersgruppen meldeten
sich für die Einwohnerwehr. Möglicherweise bildeten die Zeitfreiwilligenverbände oder die Freikorps das politisch extremere und anschlussfähigere Angebot für diese Gruppe. Möglich ist aber auch, dass die Einwohnerwehren nur
deshalb als besonders jung und radikal erschienen, weil man oftmals Quellen
studentischer Provenienz nutzte, die zahlreiche Berichte und Biografien zu Papier brachten, die jedoch, wie gezeigt, nur von einem Teil dieser Alterskohorte
stammten. Der Grund für die starke Neigung unter Studenten, der Einwohnerwehr beizutreten, liegt somit vor allem in ihrer sozialen Position, ihrer Lebenswelt und den dort vertretenen Weltanschauungen als in ihrer Generations-
zugehörigkeit.

Der Ausschluss der Arbeiterschaft

Diese Befunde zeigen, dass die Versuche der Regierung in Berlin, die Einwohnerwehren als klassenübergreifende Organisationen aufzubauen und sogar die
sozialen Konflikte zwischen Bürgertum und Arbeiterschaft zu nivellieren, nicht
fruchteten. Wie konnte es dazu kommen, dass eine Organisation, deren Mitgliedschaft den gesetzlichen Bestimmungen nach allen offenstehen sollte, am
Ende doch ein einseitiges Sozialprofil aufwies? Die wenigen Studien, die es über
die Einwohnerwehren gibt, belegen ebenso wie die für Halle und Aurich erstell-
ten Statistiken eine überwiegend bürgerliche Zusammensetzung.[47] Die Gründe dürften in einer Mischung aus Selbstexklusion der Arbeiterschaft und aktiven Gegenmaßnahmen der Wehren liegen. Mithilfe verschiedener Maßnahmen
wurde eine zunehmende Exklusion der Arbeiter aus den Einwohnerwehren for-
ciert, insofern diese überhaupt ein Interesse für die Einwohnerwehren entwickelten.

---

47 Nassua: Die Einwohnerwehr Aurich 1919/1921 (wie Anm. 35), S. 37–40, sowie: Brundiers:
Gegenrevolution (wie Anm. 34), S. 107–112.

In fast ganz Ostpreußen wurden Arbeiter aktiv aus den Einwohnerwehren ausgeschlossen. Dazu wurde sowohl eine gesetzlich geforderte Verpflichtungserklärung genutzt, die einen Treueeid gegenüber der Regierung vorsah. In der Tat zielte diese Verpflichtungserklärung auf die Parteien links der Sozialdemokratie, jedoch wurden auch Sozialdemokraten mit Verweis auf die Verpflichtungserklärung als unzuverlässig bewertet und ihre Mitgliedschaft in den Wehren zurückgewiesen. Eine Forderung, die während des Generalstreiks 1920 gestellt wurde, war dementsprechend auch der freie Zugang, d.h. die Zulassung von USPD- und KPD-Mitgliedern, zu den Einwohnerwehren oder deren Auflösung.[48] In kleineren Orten wurden die Mitglieder der Einwohnerwehr sogar vom jeweiligen Anführer der Wehr handverlesen und Arbeitern der Waffengang generell verweigert.[49]

Abb. 1: Werbeplakat für die Einwohnerwehr Halle (Saale)

Abseits des gezielten Ausschlusses gab es durchaus subtilere Methoden, die Arbeiterschaft aus den Wehren herauszuhalten. Die auf bürgerliche Kreise ausgelegte Ansprache bei der Werbung für die Wehren trug ebenfalls dazu bei, dass sich für die Einwohnerwehren vor allem Bürger freiwillig meldeten (Abb. 1). So wurden von der Zentralstelle der Einwohnerwehren zuerst bürgerliche Sport- und Schützenvereine für die Werbung zu den Einwohnerwehren herangezogen.[50] Außerdem wurde in den meisten Einwohnerwehren gezielt an Gymna-

---

48 Neun Punkte Programm des ADGB, der AfA und des DBB vom 28. März 1920, in: ERWIN KÖNNEMANN/GERHARD SCHULZE (Hg.), Der Kapp-Lüttwitz-Ludendorff-Putsch. Dokumente, München 2002, S. 271.

49 Vgl. BRUNDIERS: Gegenrevolution (wie Anm. 34), S. 47.

50 Vgl. KÖNNEMANN: Einwohnerwehren (wie Anm. 6), S. 205. Könnemann behauptet auch, dass

sien und – in den größeren Städten – an den Universitäten geworben. Einige Universitäten, wie die Universität Tübingen, machten den Dienst in der Einwohnerwehr sogar zur Examensvoraussetzung.[51] Eine Entwicklung, zu der auch die Sozialdemokraten beitrugen. Der Minister für Wissenschaft, Kunst und Volksbildung in Preußen, Konrad Haenisch (SPD), forderte die Universität Halle im März 1919 auf, eine direkt an die akademische Jugend gerichtete Werbeschrift „nicht bloß durch Anschlag am schwarzen Brett, sondern auch durch Anschlag in den größeren Instituten und durch Verkündung in Vorlesungen" zu veröffentlichen. In diesem Aufruf heißt es sogar, „Schulter an Schulter mit euren Altersgenossen aus dem Arbeiterstande sollt ihr jungen Akademiker der Regierung helfen".[52] Auch die SPD-Führung warb für den Beitritt von Arbeitern in die Einwohnerwehren, doch hatte diese keineswegs denselben Umfang wie etwa die Werbung in den Universitäten und erreichte z. B. nicht die Industriebetriebe. Lediglich in der Parteizeitung *Vorwärts* warb der Parteivorstand Ende 1919 auf der Titelseite für einen Beitritt zu den Wehren. Zwar wurden darin die Wehren selbst als Problem bezeichnet, doch nicht ihre Entwaffnung war das strategische Ziel der SPD, sondern ihre Neutralisierung durch Beitritte: „Die Straßenkundgebungen in Berlin aus Anlaß der Anwesenheit Hindenburgs, das rege Treiben der vielen Einwohnerwehren, das Verteilen der Waffen an die Gutsbesitzer und viele andere Anzeichen mehr machen es uns zur Pflicht, die Arbeiterschaft in Stadt und Land zur Wachsamkeit und zur entschlossenen Sammlung der eigenen Kräfte aufzurufen. Parteigenossen! Tretet sofort überall in die Einwohnerwehr ein."[53]

Im Aufruf der Parteiführung war ebenfalls die Rede davon, dass eine Zurückweisung von Beitrittsgesuchen gemeldet werden sollte, doch fruchtete der Auf-

---

die Einwohnerwehren vorrangig aus Beamten und Angestellten bestünden, die Beamten sogar gezwungen gewesen wären, diesen beizutreten. Dagegen spricht sowohl die für Halle erstellte Statistik als auch seine eigene Quelle. Das von Könnemann als Beleg angeführte Dokument 5 (S. 353), ein Antwortbrief von Reichskanzler Scheidemann an die Garde-Kavallerie-Schützendivision, fordert weder zu Zwang auf, noch kann ein solcher unveröffentlichter amtlicher Schriftwechsel als Druck auf die Beamtenschaft interpretiert werden. Vielmehr ging es im Schriftwechsel darum, ob es Beamten überhaupt gestattet sein sollte, den Einwohnerwehren beizutreten, worauf Scheidemann antwortet: „[…] der Beitritt zur listenmäßigen Einwohnerwehr [wird] gestattet und empfohlen."

51 Zwangsdienst bei der Einwohnerwehr für Studenten, in: Hallische Nachrichten, 13.11.1919. Dem Rektor der Universität wurde dieser Zeitungsartikel zugesandt mit der Bitte, dies auch in Halle einzuführen. Die Universität Halle lehnte jedoch ab.

52 KONRAD HAENISCH: „An die akademische Jugend Preußen!" vom 13. März 1919, Universitätsarchiv der MLU Halle-Wittenberg, Rep 4 (Rektorat), Nr. 1989.

53 Hinein in die Einwohnerwehren!, in: Vorwärts, 30.11.1919.

ruf kaum. Neben der bewussten Herausdrängung von Arbeitern aus den Einwohnerwehren fand nämlich auch eine Selbstexklusion statt: Einerseits war das
Bedürfnis nach Eigentumssicherung im bürgerlichen Milieu ohnehin verbrei-
teter als unter der Arbeiterschaft, andererseits hatten die Einwohnerwehren im
Arbeitermilieu noch immer den Ruf gegenrevolutionärer Verbände. Ihre Gründung, ausgerechnet während der Revolution 1918, wurde von der organisierten
Arbeiterbewegung als letztes bewaffnetes Aufbäumen gegen die Revolution gewertet und führte zu einer negativen Grundeinstellung gegenüber den Wehren bis in die SPD-Basis hinein. In Halle kam zudem hinzu, dass die Einwohnerwehr eine direkte bürgerliche Reaktion auf die Sozialisierungsbewegung des
Jahres 1919 darstellte und eine Folge der Entmachtung des Arbeiter- und Soldatenrates sowie der ihm unterstellten Sicherheitswachen war.

Fazit

Der Versuch der SPD, die Einwohnerwehren zu republikanischen Truppen um-
zugestalten, ist insgesamt gescheitert. Weder gelang es, deren Sozialprofil nen-
nenswert zu beeinflussen und sie, so die Vorstellung, zu klassenübergreifenden
Organisationen zu machen, noch konnten sie zum Verzicht auf eine politische
Haltung verpflichtet werden. Solange sich die Propagandatätigkeit der Wehren nur gegen Parteien links der SPD richtete, wurde dies jedoch in Kauf genommen. Allerdings agierten die Einwohnerwehren während des Kapp-Putsches nur zum Teil republikfeindlich. Außerhalb Berlins und Bayerns blieben
sie meist eher passiv und waren als Akteure der Auseinandersetzungen keineswegs zentral.
Zwischen Regierungsseite, Selbstverwaltungsorganen der Wehren und ihrer
Mitgliedschaft kam es zu unterschiedlichen Erwartungen an die Wehr. So unterschieden sich die Aufgaben, welche die Zentralregierung und die Zentralstelle für Einwohnerwehren den Verbänden zugedacht hatten, stark vom Selbstverständnis der jeweiligen regionalen und lokalen Wehrorganisationen, und das
Handeln der Mitglieder spricht dafür, dass diese ihrerseits andere Erwartungen an die Wehren hatten. Das Scheitern der Bemühungen von Regierungsseite,
die Wehren zu gestalten, hatte vielfältige Gründe. Einerseits waren viele Wehren bereits gebildet und kaum bereit, ihre bisherige Tätigkeit oder Organisationsstruktur umzustellen, andererseits bewies ihre soziale Zusammensetzung,

schon durch die angewandten Werbestrategien, eine Beharrungskraft, der man mit ministeriellen Erlassen kaum beikommen konnte. Im Notfall griffen einige Wehren auch aktiv auf Ausschlüsse von Arbeitern zurück, im Regelfall war dies jedoch selten nötig, da diese ohnehin wenig Interesse an den Wehren zeigten. Dennoch, so lässt sich bilanzieren, waren die Einwohnerwehren im Hinblick auf ihre politisch-inhaltliche Ausrichtung keineswegs homogen. Weder können sie zweifelsfrei als konterrevolutionäre Truppen verstanden werden noch als republikanische Verbände.

Für den Großteil ihrer Mitglieder waren die Einwohnerwehren, gerade nach der von Plünderungen geprägten ersten Jahreshälfte 1919, schlicht ein Mittel, das eigene Eigentum in Krisenzeiten zu sichern. Ihnen schlossen sich vor allem Bevölkerungskreise an, die Vermögen oder Eigentum bei Plünderungen zu verlieren hatten. Aus diesem Grund waren in Halle die Kaufleute in der Wehr die anteilsmäßig am stärksten vertretene Gruppe, während Arbeiter kaum für die Wehren zu begeistern waren. Zugleich ebbte das Interesse an der Einwohnerwehr schon wenige Monate nach ihrer Gründung ab, je länger die befürchteten weiteren Unruhen ausblieben. Zum Beitritt in die Wehren wurden nur kleine Teile des Bürgertums durch deren inhaltliche Ausrichtung motiviert, vielmehr war ein lebensweltlicher Pragmatismus im Hinblick auf die eigene Besitzstandswahrung ausschlaggebend. Die Erosion der Beteiligung an den Aktivitäten der Wehren zeigt auch, dass die Wehren kaum zur „Konsolidierung der bürgerlichen Vereinswelt", durch „militante Abgrenzung vom Marxismus" nach außen und „integrative Geselligkeit" nach innen, beigetragen haben können.[54]

Ein kleinerer Teil der Mitglieder verband mit den Einwohnerwehren allerdings weitergehende politische Vorstellungen, die sich vor allem durch einen diffusen Antibolschewismus und den Wunsch nach einer Gesellschaft mit nivellierten Interessengegensätzen auszeichnete. Vor allem, wenn auch nicht ausschließlich, jene Gruppen, die sich nicht primär durch Besitz auszeichneten und dennoch eine überdurchschnittliche Beteiligungsquote aufwiesen (Lehrer und Studenten), dürften von diesem ideologischen Angebot motiviert gewesen sein, in die Wehren einzutreten. Die Annahme, dass die bewaffneten Gruppierungen in der Weimarer Republik vorwiegend aus jungen rückkehrenden Soldaten und radikalisierten Studenten bestanden haben, muss für die Einwohnerwehren re-

---

54 Vgl. FRANK BÖSCH: Militante Geselligkeit. Formierungsformen der bürgerlichen Vereinswelt zwischen Revolution und Nationalsozialismus, in: Wolfgang Hardtwig (Hg.), Politische Kulturgeschichte der Zwischenkriegszeit 1918–1939 (Geschichte und Gesellschaft, Sonderheft 21), Göttingen 2005, S. 151–182, hier S. 155.

lativiert werden, da es vor allem ältere Personen waren, die den Einwohnerwehren beitraten. Nicht nur formal unterschieden sich die Einwohnerwehren
damit von den Freikorps, sondern auch in der Praxis, der Zusammensetzung
und ihrer inhaltlichen Ausrichtung. Offen bleibt, welcher Befund sich für die
ländlichen Einwohnerwehren ergeben würde, da diese in der statistischen Auswertung nicht erfasst wurden und für deren Handlungspraxis sowie inhaltliche
Ausrichtung die Quellenlage wesentlich prekärer ist.

Die Hallische Künstlergruppe zwischen Gesellschaftsutopie und Parteipolitik

Isabell Schmock-Wieczorek

Bald nachdem die Nachricht von den aufständischen Kieler Matrosen am 6. November 1918 Halle erreichte, ergriff die Rätebewegung Mitteldeutschland und bestimmte für die kommenden Monate das politische Leben der Saalestadt. Durch den Anstoß der von Kiel ausgehenden Revolutionswelle entlud sich die Wut über die scharf zutage tretenden Klassengegensätze in groß angelegten Massenprotesten und Streiks.[1] Auf einen Teil der in der Stadt tätigen Künstlerschaft – im Jahrzehnt vor dem ersten Weltkrieg erfuhr das Kunstsystem Halles einen enormen Entwicklungs- und Differenzierungsschub, der eine neue Generation experimentierfreudiger Künstlerinnen[2] und Künstler formte – wirkte das hastige tagespolitische Geschehen infizierend. Die „Hallische Künstlergruppe", die sich zu Beginn des Jahres 1919 formierte, entwickelte ihre Ideen und Ausdrucksformen im Sog der revolutionären Ereignisse. Diese verliehen dem Zeit-

---

1 Die sich rasch gründenden Arbeiter- und Soldatenräte konnten im industriell geprägten Raum Mitteldeutschlands auf eine breite Schicht von Lohnarbeitern bauen, die es seit der verstärkten Industrialisierung am Ende des 19. Jahrhunderts vom Land in die Stadt zog. In der Schicht des Industrieproletariats, das fast die Hälfte der Bevölkerung Halles stellte, staute sich, angesichts der schwierigen Arbeits- und Lebensbedingungen und des Fehlens einer nennenswerten gewerkschaftlichen Vertretung, beträchtliches Protestpotenzial.
  Vgl. HANS-WALTER SCHMUHL: Halle in der Weimarer Republik und im Nationalsozialismus, in: Werner Freitag/Katrin Minner (Hg.), Geschichte der Stadt Halle, Bd. 2: Halle im 19. und 20. Jahrhundert, Halle 2006, S. 237–302, hier S. 238 f.; INGRID SCHULZE: Die proletarisch-revolutionäre „Hallische Künstlergruppe", Halle 1989, S. 5.
2 Obschon die Zahl der männlichen Künstler in der Weimarer Republik die der Künstlerinnen bei weitem überstieg, etablierte sich seit der Wende zum 20. Jahrhundert eine beträchtliche Zahl weiblicher Berufszugehöriger. Im Umkreis der Hallischen Künstlergruppe waren Frauen nur marginal vertreten. Der Katalog ihrer ersten Ausstellung im Winter 1919/20 nannte unter insgesamt 23 Ausstellenden nur zwei Künstlerinnen. Da beide dort und anderweitig genannte Künstlerinnen nur in der Peripherie der Gruppe auftauchten und weder im Zusammenhang mit deren Programm noch anderen Aktionen in der Revolutionszeit genannt werden, ist im Folgenden von den „Künstlern" der Hallischen Künstlergruppe die Rede. Vgl. Katalog der Hallischen Künstlergruppe. Hallesche Kunstausstellung Mitte November bis Mitte Dezember 1919, hg. von der Hallischen Künstlergruppe, Halle 1919.

geschehen eine ungeheure Dynamik und ermöglichten utopische Gesellschaftsentwürfe, in der auch manche Künstler eine Chance auf die Aufwertung ihres Schaffens erblickten.

Im Folgenden wird untersucht, wie sich die Hallische Künstlergruppe zwischen den Polen politischer und künstlerischer Aktion im Revolutionsgeschehen positionierte. Kommentierten und illustrierten die Künstler der Gruppe lediglich die Ereignisse oder gelang es ihnen, jenseits der Streiks, Massenproteste und parteipolitischen Operationen einen kunstbezogen eigenständigen Standpunkt einzunehmen? Die Perspektive auf den Zusammenhang zwischen gesellschaftlich-politischer Revolution und dem Bereich der bildenden Kunst kann dabei zeigen, dass das Klima der Veränderung nicht nur traditionell politiknahe Bereiche prägte.

Dass im politischen Vakuum der unmittelbaren Nachkriegszeit auch zahlreiche Künstler eine Gelegenheit zu umfassender gesellschaftlicher Veränderung zu erkennen glaubten, bekunden die zahlreichen Künstlergruppengründungen, die im Jahr 1919 die Jahresdurchschnittszahl (1900 bis ca. 1995) um das Fünffache überstiegen. Krieg und Revolution waren dabei Katalysatoren, die die vor 1914 von unangepassten Künstlern erlittenen und kritisierten Restriktionen zu politisch-utopischen Programmen bündelten.[3] Die von der umstürzlerischen Bewegung im eigenen Land begeisterten Künstler fanden sich in Gruppen zusammen, die ihrem Namen nach direkt an die Rätegründungen anschlossen: In der Hauptstadt gründeten sich noch in der ersten Dezemberhälfte die „Novembergruppe" und der wenig später an die Öffentlichkeit tretende „Arbeitsrat für Kunst".[4] Diese beiden Vereinigungen, die sich in ihren Programmen und ihrer Zusammensetzung zum Teil unterschieden,[5] wirkten auf die Künstler anderer Städte als Initialzündung und deren Ziel am „Neuaufbau des gesamten

---

3 Vgl. Rüdiger Graf: Die Zukunft der Weimarer Republik. Krisen und Zukunftsaneignungen in Deutschland 1918–1933, München 2008, S. 56–61; Christoph Wilhemi: Künstlergruppen in Deutschland, Österreich und der Schweiz seit 1900. Ein Handbuch, Stuttgart 1996, S. 32.

4 Vgl. Johanna Kutschera: Aufbruch und Engagement. Aspekte deutscher Kunst nach dem Ersten Weltkrieg 1918–1920, Frankfurt am Main 1994, S. 48 f.

5 Der Arbeitsrat für Kunst integrierte im Gegensatz zur Novembergruppe eine politisch und beruflich heterogenere Mitgliedergruppe (bald kam es auch zu Auseinandersetzungen zwischen einer sich politisch radikalisierenden Teilgruppe um Bruno Taut und dem konservativeren Mitgliederkreis). Die Novembergruppe unterschied sich in programmatischer Hinsicht vom Arbeitsrat für Kunst, indem sie anfangs vor allem Forderungen stellte, die die Neugestaltung des institutionellen Rahmens der Institution Kunst betrafen. Der Arbeitsrat stellte sich hingegen abstraktere und zugleich radikalere Ziele, wie die Egalisierung der Kunst und die Vereinigung von Kunst und Volk. Vgl. Joan Weinstein, The End of Expressionism. Art and the November Revolution in Germany 1918–19, Chicago/London 1990, S. 26 ff.

Kunstlebens entschlossen mitwirken [zu] wollen",[6] war für andere lokale Gruppen vorbildhaft. Vor allem die Gründung der Novembergruppe entfaltete eine sogartige Wirkung:

> „Aus dem Geist einer Schicksalsgemeinschaft der Künstler heraus wurde die Novembergruppe im Herbst 1918 in Berlin gegründet, und als ob man allerorts nur auf das Signal gewartet hätte, strömten von allen Seiten Zustimmungs- und Beitrittserklärungen herbei. Aus Dresden, Halle, Erfurt, Magdeburg, Hamburg, Bielefeld, Hannover, Stuttgart, München, Wien, Zürich; von Verbänden und einzelnen [...]."[7]

Dass sich die Gedanken und Hoffnungen dieser Künstlerinnen und Künstler nicht auf den Bereich der Ästhetik beschränkten, wird anhand ihrer Programme und Aktivitäten schnell deutlich. Auch die Hallische Künstlergruppe entwarf mit ihrem Manifest ein umfassendes Panorama gesellschaftlicher, kunstpolitischer und ästhetischer Hoffnungen und Wünsche.[8]
Die Künstlergruppe in Halle fand sich in der ersten Hälfte des Jahres 1919 zusammen, wobei die Quellen verschiedene Gründungsmonate nennen.[9] Obwohl kein datiertes Gründungsdokument bekannt ist, ist davon auszugehen, dass sich der Kern der Gruppe bereits vor März zusammenfand. Sicher überliefert ist, dass schon vor der Gründung der Hallischen Künstlergruppe im Jahr 1919 Kontakte der späteren Gründungsmitglieder untereinander bestanden.[10] Aus den Quel-

---

6 Vorwärts. Berliner Volksblatt, 11.12.1918, Nr. 340a.
7 So erinnerte sich Will Grohmann zehn Jahre nach der Gründung der Novembergruppe. Vgl. WILL GROHMANN (Hg.): 10 Jahre Novembergruppe (Kunst der Zeit, Sonderheft, Jg. 3, Nr. 1–3), Berlin 1928, S. 1–9, hier S. 1; dazu auch HELGA KLIEMANN: Die Novembergruppe, Berlin 1969, S. 9–11.
8 Das Manifest wurde mit den Zeugnissen der Berliner Novembergruppe überliefert. Mit der Übersendung ihres Programms nach Berlin solidarisierte sich die Hallische Künstlergruppe mit der Gruppe in Berlin. Vgl. Aus einem Manifest der „Hallischen Künstler-Gruppe", in: GROHMANN (Hg.), 10 Jahre Novembergruppe (wie Anm. 7), S. 22 f. Wieder abgedruckt bei DIETHER SCHMIDT (Hg.): Manifeste Manifeste 1905–1933, Dresden 1965, S. 179 f.
9 In der ausstellungsbegleitenden Zeitung, die anlässlich des ersten öffentlichen Auftritts der Künstlergruppe im Winter 1919 erschien, wird der Mai desselben Jahres als Gründungsmonat genannt. Richard Horn, selbst konstituierendes Mitglied, datierte die Gründung in seinen 1963 niedergeschriebenen Erinnerungen auf den Januar. Vgl. OTTO BRATTSKOVEN: Die Hallische Kunstausstellung 1919, in: Kunstausstellungszeitung, Halle 1919, S. 4 f.; Stadtarchiv Halle (im Folgenden StAH), FA 2686, Richard Horn, Gedenkworte zum Tode Karl Völkers, gehalten am 3.1.1963.
10 Gemeinsam präsentierten Karl Völker und Karl Österling ihre Werke im März/April im Hallischen Kunstverein. Dafür, dass auch Vater und Sohn Horn mit Karl Völker schon vor Mai 1919 miteinander bekannt waren, spricht ihre unmittelbare Nachbarschaft in der Belfortstra-

len ergibt sich, dass Karl Völker, Richard Horn und Martin Knauthe das eruptive Zentrum der Gruppe bildeten. Als weitere Gründungsmitglieder gelten Kurt Völker, Paul Horn, Werner Lude und Karl Schmidt, die jedoch nicht annähernd so häufig in den Quellen in Erscheinung treten wie die Erstgenannten.[11] Zeitgenössische Zeugnisse, wie Zeitungsartikel und ausstellungsbegleitende Kataloge, nennen im Zusammenhang mit der Hallischen Künstlergruppe ungefähr zwanzig weitere Namen. Von vielen, die unter dem Namen der Gruppe agierten, sind jedoch oft weder nähere biografische Informationen überliefert, noch können ihnen heute konkrete Kunstwerke zugeordnet werden. Die relativ formlose Organisationsstruktur ermöglicht Rückschlüsse auf das gruppeninterne Klima und unterstreicht die Ablehnung autoritärer und streng hierarchischer Strukturen, wie es letztlich auch ihr Gesellschaftsprogramm forderte.

Das Manifest, eine öffentliche Grundsatzerklärung der Gruppe, von dem weder ein Original überliefert noch dessen Verfasser und genauer Entstehungszeitpunkt bekannt sind, vermag die unsicheren Gründungsumstände nicht zu klären. Aufgrund des Sprachstils wurde der junge Richard Horn als Autor des Programms vermutet.[12] Außerdem ist anzunehmen, dass alle Mitglieder der Gruppe den Inhalt des nach Berlin zur Novembergruppe gesendeten Schriftstückes autorisierten. Zeitlich ist die Niederschrift des Manifestes in der frühen Phase des Bestehens der Gruppe einzuordnen. Dafür sprechen die Funktion des Manifestes als ein erstes Zeugnis, die Gründung und die Verfasstheit des Zusammenschlusses nach außen zu dokumentieren bzw. einen Konsens der Künstler untereinander festzuschreiben. Darüber hinaus identifizieren die ehrgeizigen Ziele und Forderungen an den „neuen Staate" das Manifest als ein Dokument der euphorischen Revolutionszeit.[13]

ße/Kröllwitz seit Dezember 1918. Auch die von seinen Freunden unterzeichnete Todesanzeige Karl Österlings in der *Saale-Zeitung* vom 17. März 1919 bestätigt, dass sich der Kern der Künstlergruppe schon Anfang des Jahres zusammengefunden hatte. Vgl. Sabine Meinel: Karl Völker – Leben und Werk, Diss. Halle 2008, URL: https://sundoc.bibliothek.uni-halle.de/diss-online/08/09H022/prom.pdf (09.07.2019), S. 26.

11 Die Quellen geben keinen Aufschluss über die an der Gründung der Gruppe beteiligten Mitglieder. Hier nach Schulze: „Hallische Künstlergruppe" (wie Anm. 1), S. 7. Christoph Wilhelmi, der in seinem umfassenden Verzeichnis der deutschen und österreichischen Künstlergruppen auch nach Gründungs- und später hinzugekommen Mitgliedern unterscheidet, findet eine etwas andere Gruppenzusammensetzung: Martin Knauthe wird von ihm als Initiator, Paul und Richard Horn, Karl Österling sowie Karl Völker werden als Gründungsmitglieder benannt. Vgl. Wilhelmi: Künstlergruppen (wie Anm. 3), S. 174 f.

12 Vgl. Schulze: „Hallische Künstlergruppe" (wie Anm. 1), S. 6.

13 Zwischen den Künstlergruppen, die ihre Gründungsgedanken allesamt in einem mehr oder weniger ausführlichen Manifest niederschreiben, bestand zwar ein grober Konsens bezüglich der dort formulierten Intentionen. Trotzdem kristallisieren sich im Vergleich ihrer Manifeste

Um die eingangs formulierte Frage nach dem eigenständigen Beitrag der Hallischen Künstlergruppe zum Revolutionsgeschehen in Halle beziehungsweise nach der Entwicklung eines kunstbezogenen neuartigen Standpunktes zu beantworten, bedarf es der näheren Betrachtung der ästhetischen Tradition der Moderne einerseits und des zeitgenössischen Verhältnisses von Kunst und Gesellschaft andererseits.

Die grundlegende ästhetische Revolution auf dem Gebiet der bildenden Kunst im Sinn einer „plötzliche[n] Erschütterung oder grundlegenden Umgestaltung eines bestehenden Zustands",[14] erfolgte im Zeitalter der künstlerischen Moderne seit dem 19. Jahrhundert. Weniger plötzlich als vielmehr kontinuierlich wurde die künstlerische Subjektivität zum zentralen Bezugspunkt vieler Künstler. Mit der Individualität des Künstlers als Maßstab seines Schaffens entfernte sich seine Sichtweise von der allgemeinen Wahrnehmung der Realität. Die Kunst verlor ihren affirmativen, nachahmenden Charakter und steigerte sich bereits vor dem Ersten Weltkrieg ins Abstrakte. In den Werken des deutschen Expressionismus, vor allem bei Wassily Kandinsky, fand diese formale Differenzierung am Vorabend des Kriegsbeginns einen Höhepunkt.[15] Avantgardistische Impulse erreichten die hallische Kunstlandschaft im ersten Jahrzehnt des neuen Jahrhunderts. Die späteren Protagonisten der Künstlergruppe erhielten durch das Engagement des Leiters des Städtischen Museums für Kunst und Kunstgewerbe in Halle Max Sauerlandt für das Werk Emil Noldes und den Ankauf des Abendmahles für das Kunstmuseum 1913 nachweislich starke künstlerische Impulse.[16] Auf eine 1913 im Kunstverein stattfindende Ausstellung der „Vereinigung Berliner Künstler" folgte im Herbst des gleichen Jahres eine Ausstellung der „Freien Künstlervereinigung Halle" im Kunstverein und differenzierte die bis dahin im „Künstlerverein auf dem Pflug" zusammengefasste Künstlerschaft. In der neuen hallischen Gruppe fanden sich vor allem junge künstlerische Kräfte zusammen. Einige von ihnen bildeten nach dem Krieg die Kernmitglieder der vor allem expressionistisch arbeitenden Hallischen Künstlergruppe.[17]

---

auch wesentliche Unterschiede heraus. Während viele der Grundsatzerklärungen durch ihren mystizistischen, verklärenden Hang und einen überschwänglichen Sprachstil auffallen, bleibt das Programm der Hallischen Künstlergruppe im Vergleich sachlich und bemüht sich um das Aufstellen relativ konkreter kunstpolitischer Forderungen. Ihr Manifest ähnelt darin dem der Novembergruppe. Vgl. KLIEMANN: Novembergruppe (wie Anm. 7), S. 15.

14 Art. Revolution, in: Brockhaus, Bd. 9, 16. Aufl., Wiesbaden 1956, S. 703.

15 Vgl. ARNOLD GEHLEN: Zeit-Bilder. Zur Soziologie und Ästhetik der modernen Malerei, Frankfurt am Main/Bonn 1960, S. 39 f., 53 ff.

16 StAH, FA 2686 (wie Anm. 9).

17 Saale-Zeitung, 03.09.1913, Nr. 412.

Die expressionistische Strömung der Vorkriegszeit galt den Künstlervereinigungen, die sich im Umfeld der Novemberrevolution gründeten, als wesentlicher Bezugspunkt. Die Hallische Künstlergruppe stellte sich in ihrer ersten Ausstellung selbst als deren Nachfolger vor. Es war vor allem der Bruch mit den gesellschaftlichen Konventionen, der die „zweite Generation" der Expressionisten, so wurden sie später in der Forschungsliteratur bezeichnet, faszinierte und dem sie auch in politisch-gesellschaftlicher Hinsicht nacheifern wollte.[18] So identifizierte sich die Hallische Künstlergruppe in den ersten beiden Jahren ihres Bestehens mit seinem ästhetischen Stil und seiner inhaltlichen Botschaft. Sowohl im Vorwort des Kataloges zur ersten „Halleschen Kunstausstellung" als auch vermittelt in einem öffentlichen Vortrag, zu dem die Künstlergruppe lud, wurde die metaphysische Qualität und sozial integrative Wirkung des Expressionismus beschworen.[19] Mit der Konsolidierung der Weimarer Republik hatte der Expressionismus seinen ursprünglichen Status als systemverändernde Bewegung eingebüßt. Nach den wenigen Jahren, in denen der Expressionismus nach dem Krieg stürmisch gewirkt hatte und seine politischen Gehversuche scheiterten, stellte sich in der avantgardistischen Kunstwelt eine Versachlichung der Denk- und Ausdrucksweise ein.[20] Auch bei der Hallischen Künstlergruppe folgte Ernüchterung auf die expressionistische Ekstase der Anfangsmonate. Obwohl die von Völker für *Das Wort* angefertigten Pressegrafiken um 1923/24 noch immer expressionistische Züge trugen, waren neusachliche, monumentalisierende Tendenzen schon am Anfang der zwanziger Jahre im Werk des Malers spürbar. Auch bei Richard Horn fand eine Annäherung an eine veristische Gestaltungsweise statt, die stärker als zuvor die Formen der Natur widerspiegelte.[21]

---

18 Vgl. STEPHANIE BARRON: Der Ruf nach einer neuen Gesellschaft, in: dies. (Hg.), Expressionismus. Die zweite Generation 1915–1925, München 1989, S. 11–39, hier S. 12 f.

19 Dass der Expressionismus nicht nur ein ästhetisch-künstlerisches Phänomen war, sondern seit seiner Entstehung vor dem Weltkrieg auch eine soziale Utopie mit sich trug bzw. wesentlich von dieser bestimmt war, beschrieb Eckart von Sydow unter dem Begriff der „expressionistischen Ethik". Auf Einladung der Künstlergruppe referierte der Leipziger Kunsthistoriker, der auch eine Monografie zum Thema verfasste, im Winter 1919 und Frühjahr 1920 insgesamt dreimal in Halle über den Expressionismus als künstlerische und kulturelle Erscheinung. Vgl. Volksblatt, 25.11.1919, Nr. 276. Sydow verfasste auch einen wohlwollenden Artikel über die im November 1919 eröffnete „Hallesche Kunstausstellung", die erstmals aus Halle stammende expressionistische Kunst präsentierte. Vgl. ECKART VON SYDOW: Ausstellungen – Halle a. S., in: Kunstchronik und Kunstmarkt, 1919, Heft 12, S. 251; Katalog der Hallischen Künstlergruppe (wie Anm. 5).

20 Vgl. WEINSTEIN: End of Expressionism (wie Anm. 5), S. 230 ff.; PETER GAY: Republik der Außenseiter. Geist und Kultur in der Weimarer Zeit 1918–1933. Aus dem Amerikanischen von Helmut Lindemann, Neuausgabe, Frankfurt am Main 2004 (dt. Erstveröffentlichung 1970, amerik. Originalausgabe: New York 1968), S. 158 ff.

21 Vgl. MEINEL: Karl Völker (wie Anm. 10), S. 63 ff.

Bezüglich der Bild- und Formensprache, mittels derer sich die Künstler der verschiedenen Disziplinen äußerten, ist zu konstatieren, dass sie sich zum Teil an der künstlerischen Avantgarde orientierten und die Errungenschaften der ästhetischen Moderne in einen regional eigenständigen Stil transformierten. Im Rahmen ihres Manifestes forderten die Autoren: „Bei öffentlichen Arbeiten, Wettbewerben, Submissionen müssen vor allen die fortschrittlichen Kunstrichtungen zu Worte kommen." Ganz allgemein stritten sie für „die Gleichberechtigung der modernen mit der sogenannten anerkannten Kunst".[22] Insofern forderte das Manifest, vor allem für die Region und die Stadt in neuartiger Weise, die öffentliche Anerkennung und Förderung der künstlerischen Moderne. Das künstlerische Schaffen der Mitglieder kann jedoch nicht als revolutionär im Sinn der ästhetischen Avantgarde gelten.

Der Rückblick auf die Jahre um die Jahrhundertwende ist nicht nur für die Frage nach der ästhetischen Qualität des Schaffens der Künstlergruppe von Bedeutung. Vielmehr sind auch die gesellschafts- und kunstpolitischen Ordnungskonzepte des Kaiserreichs für die in der Revolutionssituation formulierten Erwartungen als Erfahrungshintergrund zu bedenken. Sie entwickelten ihr Programm gerade in Abgrenzung zu den als restriktiv erfahrenen Strukturen der Vorkriegszeit. Darüber hinaus ist das Programm der Künstlergruppe unbedingt vor dem Hintergrund des sich sozial und wirtschaftlich katastrophal auswirkenden verlorenen Krieges zu interpretieren.

Der Krieg, der nicht nur für millionenfache menschliche Verluste und immense materielle Zerstörung sorgte, sondern der auch die innerstaatliche Ordnung des Kaiserreichs erodieren ließ, hinterließ ein innenpolitisch instabiles Deutschland. Die entstehende Konfusion wurde von zahlreichen Künstlern als sprichwörtliche Tabula rasa wahrgenommen, in der es möglich schien, einen gesellschaftlichen Neuanfang zu wagen.[23] Die Mobilisierung der vielen Künstler im Winter 1918/19 für künstlerische und gesellschaftspolitische Belange ist ohne die von den Soldaten und Arbeitern ausgehende revolutionäre Protestwelle nicht denkbar. Richard Horn notierte dazu in seinen Erinnerungen:

„Der erste Weltkrieg ging zuende, und mit ihm zerbrach eine Obrigkeitswelt, die allzu fest an erstarrter Tradition hing, und mit ihm zerbrach der

---

22 Aus einem Manifest der „Hallischen Künstlergruppe" (wie Anm. 8), S. 22.
23 Vgl. IDA KATHERINE RIGBY: Expressionism and Revolution 1918 to 1922, in: Orrel P. Reed Jr. (Hg.), German Expressionist Art. The Robert Gore Rifkin Collection, Prints, Drawings, Illustrated Books, Periodicals, Posters, Los Angeles 1977, S. 292–311, hier S. 293.

Militarismus, den (besonders) wir Jungen aus ganzem Herzen hassten. Die Oktoberrevolution warf zudem ihre Schatten nach Deutschland und beeinflusste die Jugend und die künstlerisch und geistig Schaffenden. Für uns ging es damals um die Befreiung der Menschheit von den Fesseln einer widernatürlichen Bevormundung auf geistigem und materiellem Gebiete, um die Erlösung der Persönlichkeit. Die Herstellung der menschlichen Würde und freien Entfaltung waren die Grundprinzipien dieser neuen Weltanschauung. ,Menschheitsdämmerung' war damals ein inhaltsvolles Wort, an das wir glaubten."[24]

Sie bezogen sich dabei in negativer Abgrenzung auf ihre Erfahrungen, die sie als Künstler im Kaiserreich selbst gemacht oder beobachtend registriert hatten. Im Manifest schrieb der Kern der Künstlergruppe darauf bezogene Grundsätze nieder: Zukünftig sollte es weder ideelle Repressionen im Namen eines öffentlichen ästhetischen Kunstideals geben noch die Kunst als Luxusgut weiterhin auf die wohlhabende Schicht des Bürgertums beschränkt sein. In sozialer Hinsicht wurde gefordert, der Entfremdung des Künstlers entgegenzuwirken. Indem Künstler sich mit unterdrückten Schichten des Proletariats vereinigten, sollte ihre Integration in die Gesellschaft gelingen. Ebenso wurde der Kunst in der Gesellschaft eine tragende, pädagogische Rolle zugesprochen mit dem Ziel, die ökonomisch prekäre Lage der Künstler unter den Bedingungen der kapitalistischen Wirtschaftsorganisation zu beenden. Die oft vagen Gesellschaftsansprüche präsentieren sich als Synthese zwischen sozialreformerischem Gedankengut und dezidiert kunstpolitischen Interessen.

Zwischen der Künstlergruppe und der politischen Linken, die sich beide im Verlauf der Revolutionsereignisse des Jahres 1919 radikalisierten, bestand von Beginn an über die Personalie Martin Knauthes eine enge Verbindung. Der Architekt saß seit 1919 als Vertreter der USPD bzw. seit 1920 der KPD in der Stadtverordnetenversammlung.[25] Als solcher war er maßgeblich verantwortlich

---

24 StAH, FA 2686 (wie Anm. 9).
25 Die diversen Künstlergruppen – innerhalb der Vereinigungen bestanden diesbezüglich ebenfalls oft verschiedene Haltungen – verhielten sich gegenüber den ideologischen Angeboten der politischen Parteien unterschiedlich. Zwar fühlten sich die progressiv auftretenden Künstler tendenziell zum linken Parteienspektrum hingezogen, tatsächlich waren in der revolutionären Anfangsphase jedoch kaum Künstler Mitglied einer politischen Organisation. Erst als auf höchster politischer Ebene die Gegensätze zwischen gemäßigten und unabhängigen Sozialdemokraten bis zur offenen Feindseligkeit wuchsen und die Gründung der Kommunistischen Partei Deutschlands zur erneuten politischen Radikalisierung führte, engagierten sich einige Künstler parteipolitisch. Die Hallische Künstlergruppe bildet hier insofern eine Ausnahme, als

für die Bewilligung von Künstlernotstandsarbeiten, die seine Partei zur Abstimmung brachte. „Zur sofortigen Linderung der verhängnisvollen Notstände [...] der gesamten halleschen Künstlerschaft (Maler, Bildhauer, Architekten, Schriftsteller u. a.)"[26] wurden im August 1919 100.000 Mark zur Verfügung gestellt. Wie die Hallische Künstlergruppe zuvor angeregt hatte, wurde zur Verteilung der Summe der „Hallische Künstlerrat" konstituiert. Trotz dieses Erfolges konnte auf lange Sicht die im Manifest an erster Stelle genannte Forderung nach der „gesicherte[n] materielle[n] Grundlage der freien Künstler"[27] nicht erfüllt werden. Auch die damit verbundene Integration des Berufskünstlers in die Mitte der Gesellschaft konnte kaum umgesetzt werden. Nachdem sich die Künstlergruppe in ihrem Gründungsdokument noch hoffnungsvoll an den „NEUEN STAATE"[28] gewandt und findungsreich Ideen zur Besserstellung des Künstlers in Zusammenarbeit mit öffentlichen Institutionen und der städtischen Künstler untereinander verfolgt hatte, näherte sie sich im Folgenden deutlich an radikal linke Positionen an. Im Übertritt Martin Knauthes mit weiteren USPD-Anhängern zur KPD im Dezember 1920 spiegelte sich diese Radikalisierung ebenfalls.

Er und andere Künstler der Gruppe wurden im Zuge der Aus- und Umbauarbeiten des „Glauchaer Schützenhauses", der neu bezogenen Parteizentrale, mit gestalterischen Arbeiten beauftragt. Martin Knauthe war zeichnerisch für die Tageszeitung *Klassenkampf* tätig und lieferte Plakatentwürfe. Auch die anderen Künstler der Gruppe, darunter Karl Völker, Richard Horn, Johannes Sack sowie Gerhard Merkel, belieferten die kommunistische Kulturzeitung *Das Wort* mit zahlreichen Grafiken und Texten, in denen auch die Schwierigkeiten der künstlerischen Existenz thematisiert wurden.[29] Der schon in der 1919 publizierten „Kunstausstellungszeitung" festgestellte Widerspruch zwischen Kapitalismus und Künstlertum wurde hier nochmals postuliert – diesmal mit dem Zusatz, dass nur ein Wandel des politischen Systems (hin zum Sozialismus) auch die wirtschaftliche Besserstellung des Künstlers bringen kann:

---

ein Mitglied schon frühzeitig (1919) Vertreter der USPD wurde und die Gruppe insgesamt als parteipolitisch intensiv engagiert zu bezeichnen ist.

26 StAH, Kap. VII, Abt. IV, Nr. 3, Band VI, Stadtverordneten-Versammlung Halle, Sitzungsniederschriften 1919.

27 Aus einem Manifest der „Hallischen Künstlergruppe" (wie Anm. 8), S. 22.

28 Typografisch so im Manifest hervorgehoben, ebd.

29 Vgl. Fritz Kroh: Karl Völker und die Produktiv-Genossenschaft Halle-Merseburg, in: Karl Völker. Leben und Werk, hg. von der Staatlichen Galerie Moritzburg Halle, Halle 1976, S. 31; StAH, Abt. Stadtmuseum, S III 4531; Schulze: „Hallische Künstlergruppe" (wie Anm. 1), S. 6; Erhardt Mauersberger: Das Wort (Halle 1923–1925). Bibliographie einer Zeitung, Halle 1979.

„Die Künstler, alle ‚freien Berufe‘, die nicht mit einem freien Einkommen zu rechnen haben, sind der allgemeinen [wirtschaftlichen] Katastrophe mehr als alle anderen Berufe ausgeliefert. Was ist zu tun? Es muß allen Betreffenden immer mehr zur Klarheit werden, daß durch Hilfsaktionen von privater und staatlicher Seite keine Rettung oder auch nur Unterstützung zu erwarten ist. Heute kann nur Kampf gegen das System, Klassenkampf, die breiten Massen retten. Den kämpfenden Arbeitermassen müssen auch die Künstler und Intellektuellen sich anschließen. [...] Nur die breite Front aller Verelendeten kann sich dem Aufmarsch des Kapitals entgegenwerfen und Befreiung erringen!“[30]

Hier wurde nicht nur das Versagen des Staates bei der wirtschaftlichen Sicherung der freien Berufe angeprangert, sondern zum Kampf gegen die bestehende, kapitalistisch organisierte Staatsform aufgerufen. Das Ziel der ökonomischen Existenzsicherung der Künstler wurde von der Entstehung eines neuen politischen Systems abhängig gemacht. Es müsse daher ihr übergeordnetes Interesse sein, sich für den politischen Kampf zu engagieren und sich mit dem „Proletariat“ zu solidarisieren. Die Nähe der Künstler zu den Arbeitern wurde dabei mit ihrer beiderseits prekären ökonomischen Lage begründet, die in ihrer Abhängigkeit von anderen Gruppen der Gesellschaft bestehe.

Viele Künstler konnten sich mit der neuen liberalen Kulturpolitik der Weimarer Republik arrangieren. Andere, auf ihren radikalen Forderungen beharrende Künstler kritisierten die gemäßigte kulturpolitische Linie der sozialdemokratischen Regierung als ungenügend und wandten sich an politisch weiter links stehende Parteien und deren Gedankengut. Trotz der gegenüber dem Kaiserreich gemachten kulturpolitischen Fortschritte und den gewonnenen Partizipationsmöglichkeiten war der Kern der Hallischen Künstlergruppe mit dem Erreichten nicht zufrieden. Er störte sich vor allem an der, aus seiner Sicht, weiterhin mehrheitlich geteilten und staatlich unterstützten Wahrnehmung von Kunst als Luxusgut.[31] Die unveränderte Stellung der Kunst in der Gesellschaft – die nicht, wie die Künstler es forderten, verbindlicher Bestandteil der Erziehung sei – wurde hauptsächlich der politischen Führung der Republik angelastet. Innerhalb des sozialistischen Zukunftsmodells der KPD hofften sie hingegen ihren Kunstbegriff verwirklichen zu können.

---

30 Das Wort, 03.11.1923, Nr. 47.
31 Hallische Nachrichten, 10.03.1920; Das Wort, 01.01.1923, Nr. 46.

Die ursprünglich anvisierte pädagogische Funktion der Kunst war auch weiterhin im Kunstverständnis der Gruppe primär. Der im Manifest formulierte Anspruch, mit Hilfe der flächendeckend als moralische Lehrmeisterin eingesetzten Kunst einen besseren Menschen und ein „geistig vollwertiges Volk"[32] zu erziehen, trat in der Folge jedoch hinter konkreteren Zielen zurück. Weiterhin verortete Richard Horn die Aufgabe der Kunst und der Intellektuellen insgesamt darin, dem wiedererstarkenden Militarismus und der alltäglich ausgeübten Gewalt entgegenzutreten. Als Bewahrer einer „würdigen Menschenkultur" und Vertreter geistig-ideeller, statt materieller Werte rief er zum Widerstand „gegen das geisteszerstörerische Moment; gegen Gewalt und Unterdrückung"[33] auf. Das anfängliche Motiv der umfassenden theoretischen und praktischen künstlerischen Bildung tauchte in den Äußerungen der Gruppenmitglieder in den zwanziger Jahren nicht mehr auf. Stattdessen rückte die Kunst in aufklärend-enthüllender Funktion in den Vordergrund. Obwohl Richard Horn beteuerte, dass das Anliegen der Künstler beim Aufzeigen gesellschaftlicher Ungerechtigkeiten nicht politischer, sondern vielmehr „allgemein-kultureller" Natur sei, rücken ihn seine Ansichten doch in parteipolitische Nähe: Der Künstler, der sich in seinen Lebensbedingungen denen der Arbeiter angenähert habe, verpflichte sich, auf der Seite des „Proletariats" gegen die „Bourgeoisie" Stellung zu beziehen: „Unsere Kunst, die nicht wie jene [d. h. die idealisierende Kunst, I. S.-W.] lügt, sondern der Welt zeigt, wie sie ist",[34] solle den Klassenkampf verbildlichen. Für diese Intention stehen die zahlreichen Grafiken Völkers, die häufig auf den Titelseiten der *Wort*-Ausgaben erschienen. Auch das konkrete Engagement für die Belange des „Proletariats", wie der Aufruf zur Solidarisierung mit den für einen Achtstundentag streitenden Arbeitern, der im Juni 1924 im *Wort* abgedruckt wurde und den neben Karl Völker auch George Grosz und Otto Dix unterzeichneten, wurde zur Künstleraufgabe erklärt.[35]

Die Künstler, die in der euphorisch-revolutionären Atmosphäre des Jahres 1919 einen umfassenden Geltungsanspruch der Künstler als Volkserzieher gefordert hatten, konzentrierten sich in der ernüchterten Folgezeit der ersten Hälfte der zwanziger Jahre auf konkretere Aufgaben. Angesichts der enttäuschten Hoffnungen auf eine neue, egalitäre Gesellschaft schlugen sich die Künstler auf die Seite der Arbeiter, die sie als die Verlierer der unvollendeten gesellschaftlichen Revolution betrachteten. Dabei näherten sie sich dem Gedankengut der KPD

---

32 Aus einem Manifest der „Hallischen Künstlergruppe" (wie Anm. 8), S. 22 f.
33 Das Wort, 24.01.1924, Nr. 11.
34 Das Wort, 29.03.1924, Nr. 39.
35 Das Wort, 21.06.1924, Nr. 71.

an. Genauso wie sie für die Lösung ihrer materiellen Schwierigkeiten eine sozialistische Wirtschaftsordnung anstrebten, hofften sie auch auf eine Verwirklichung ihrer ideell-funktionalen Vorstellungen von der Kunst im Rahmen einer sozialistischen Gesellschaft. Für dieses Ziel sei es gar legitim, wenn die Kunst gänzlich in den Dienst parteilicher Propaganda gestellt und an ihrer politischen Aussage gemessen würde.[36]

Die Programmatik und die Aktivitäten der Hallischen Künstlergruppe zeigen, dass die Künstler vor allem zu Beginn ihrer Tätigkeit einen eigenständigen gesellschafts- und kunstpolitischen Standpunkt ausbildeten. Im Gegensatz zu späteren Äußerungen der Mitglieder und Auftragsarbeiten, die sie für die KPD ausführten, standen vor allem die Jahre 1919 und 1920 im Zeichen künstlerischer Interessenarbeit. Das Wohl und die Vernetzung der hallischen Künstler untereinander waren jenseits parteiideologischer Vorstellungen das vornehmliche Ziel ihres Tuns. Mit der einsetzenden politischen Ernüchterung traten die kunstbezogenen Forderungen hinter der sozialistischen Ideologie zurück.

Obwohl die gedankliche Eigenständigkeit der Hallischen Künstlergruppe gegen Mitte der zwanziger Jahre verwässerte, war sie in mehrfacher Hinsicht für die hallische Künstlergeschichte von großer Bedeutung. Zum einen vermittelte sie die avantgardistische Formensprache des Expressionismus dem hallischen Publikum, dem damit Gelegenheit gegeben wurde, sich jenseits des nationalen Kanons mit einer neuen künstlerischen Formensprache und Weltsicht auseinanderzusetzen und möglicherweise zu identifizieren.[37] Zum anderen thematisierten sie als hallische Künstler die Frage nach der Rolle des Künstlers in der Gesellschaft. Indem sie gegenüber der Kommunalpolitik als Interessengemeinschaft auftraten und Unterstützung einforderten, wurde der Gedanke einer öffentlichen Kunst- und Kulturförderung popularisiert. Nicht zuletzt ist es das Verdienst der Künstlergruppe und des umtriebigen Martin Knauthe, die hallische Künstlerschaft als Interessengemeinschaft zusammengebracht zu haben. Jenseits stilistischer und politischer Differenzen erfuhren die Künstler die Vorteile einer gemeinsamen Organisation. Mit dem „Wirtschaftsverband bildender Künstler Halles", der den erfolglosen Künstlerrat schließlich beerbte, brachte

---

36 Das Wort, 17.06.1924, Nr. 69. Das Dilemma der Unvereinbarkeit parteipolitischer Ansprüche an die Kunst (Transportieren politischen Botschaft, Propaganda) und das Drängen nach ungegenständlicher Gestaltung wurde auch zeitgenössisch beobachtet. Siehe dazu WEINSTEIN: End of Expressionism (wie Anm. 5), S. 28.

37 Zum Verhältnis von regionalem Kunstschaffen und regionaler Identität siehe GERD SIMONS: Kunst, Region und Regionalität. Eine wissenschaftstheoretische und exemplarische Studie zum Ertrag regionaler Perspektiven in der Kunstgeschichte, Aachen 2001, S. 81–120.

die Künstlergruppe eine Institution auf den Weg, die als wichtigstes Organ der lokalen Künstlerschaft in den zwanziger Jahren gelten kann. Insofern gab die Künstlergruppe jenseits ihrer letztlich erfolglos verfolgten Utopien der Kunstpolitik und dem Selbstbild der Künstler starke Impulse.

Das revolutionäre Nachkriegsklima provozierte den Gestaltungswillen gesellschaftlicher Teilgruppen jenseits parteipolitischer Ambitionen. Wenigstens ein Teil der (bildenden) Künstler applizierte die gesellschaftliche Dynamik auf den Bereich künstlerischer Kultur. Wandlungsprozesse, die in den Jahrzehnten der Vorkriegszeit wurzelten, wurden mittels personaler Verflechtungen und katalysiert durch verschobene politische Machtverhältnisse vorangetrieben. Die Situation des Umbruchs 1918/19 wurde deutschlandweit von Künstlern in Großstädten wahrgenommen und mittels gemeinsamer Organisation für eigene Belange fruchtbar gemacht. Sowohl in Halle als auch in Magdeburg – beide Städte gehörten damals zur preußischen Provinz Sachsen[38] – gründeten sich mit der Hallischen Künstlergruppe und der Magdeburger Gruppe „Die Kugel" künstlerische Vereinigungen, die im Kontext der Novemberrevolution entstanden.[39] Jenseits der überregionalen Gemeinsamkeiten waren das Vorgehen und die Wirksamkeit der Gruppen stark von innerstädtischen Bedingungen und personalen Konstellationen abhängig. Insofern kann keine pauschalisierende Zusammenfassung zur Entwicklung und den Erfolgen der Künstlerzusammenschlüsse in den verschiedenen Städten auf dem Gebiet des heutigen Sachsen-Anhalts erfolgen. Ein Vergleich der Struktur und Arbeitsweise der Magdeburger Kugel mit der Hallischen Künstlergruppe – im Unterschied zur hallischen Vereinigung löste sich die Magdeburger bereits 1921 aufgrund gruppeninterner Streitigkeiten auf[40] – wäre jedoch sinnvoll und würde vermutlich auch parallele Entwicklungen aufzeigen.

---

38 Vgl. Carl Hugo vom Hagen: Die Stadt Halle nach amtlichen Quellen historisch-topographisch-statistisch dargestellt, Bd. 1, Halle 1867, S. 301 f.

39 Als gleichzeitiges Mitglied der Berliner Novembergruppe und der Magdeburger Künstlervereinigung „Die Kugel" und mit Verbindungen zur fortschrittlichen Kunstszene Düsseldorfs beförderte Gellhorn die überregionale Verknüpfung der Gruppe aus Halle. Vgl. Wilhemi: Künstlergruppen (wie Anm. 3), S. 174.

40 An der Frage nach dem politischen Engagement und der Erweiterung der Programmatik über die Probleme der Kunst hinaus zerbrach oft die Einheit der Gruppen, und es gründeten sich aus der Abspaltung von gemäßigten Künstlerzusammenschlüssen heraus neue Vereinigungen. Bei der in Magdeburg ansässigen Gruppe, die etwa 25 Mitglieder verzeichnete, führten politisch-ideologische Auseinandersetzungen zum Zerfall. Die sich abspaltende Sezession kritisierte dabei öffentlich die Praxis und Wirkungslosigkeit der „Kugel". Vgl. Kliemann: Novembergruppe (wie Anm. 7), S. 16; Wilhelmi: Künstlergruppen (wie Anm. 3), S. 124 f.; Matthias Puhle (Hg.): „Die Kugel" – eine Künstlervereinigung der 20er Jahre. Spätexpressionistische Kunst in Magdeburg, Ausst.-Kat., Magdeburg 1993, S. 7 ff.

Anfangsgewalten. Gewalterfahrungen und ihre Nachwirkungen in der Weimarer Republik

Dirk Schumann

„Am Anfang war Gewalt". Diesen provokanten Titel trägt die deutsche Fassung der kürzlich erschienenen Darstellung der Revolution 1918/19 des irischen Historikers Mark Jones.[1] Darin stellt er die These auf, es lasse sich eine direkte Linie ziehen von der Gewaltanwendung der Freikorps, und besonders von Noskes berüchtigtem Schießbefehl im März 1919, hin zu den Verbrechen unter der NS-Herrschaft. Diese Kontinuitätsthese erscheint wenig stichhaltig – grundsätzlich produktiv ist dagegen Jones' methodisches Vorgehen, das sich durch die „dichte Beschreibung" des situativen Kontextes auszeichnet, in dem die von ihm analysierte Gewalt ausgeübt worden ist.

Kein Zweifel besteht darüber, dass die seit der Jahreswende 1918/19 ausgeübte Waffengewalt einen wesentlichen Aspekt des Revolutionsverlaufs darstellt. Ihre Ursachen wie ihre Eskalation sind umstritten und werden es vermutlich auch bleiben. Denn ungeachtet aller wissenschaftlichen Sorgfalt ist jede Darstellung des Revolutionsverlaufs immer auch beeinflusst vom eigenen politischen Standpunkt und der aus ihm hervorgehenden Bewertung der Wünschbarkeiten und Möglichkeiten politischer Maßnahmen in einer solchen vergleichsweise offenen historischen Situation, sozusagen im Traum- oder Schreckensland der Revolution. Und welche Konsequenzen andere als die tatsächlich getroffenen Entscheidungen gehabt hätten, lässt sich niemals mit Sicherheit bestimmen.

Dem damit bezeichneten Dilemma wird man nicht entkommen, aber man kann es vielleicht etwas entschärfen, wenn man, wie dies mittlerweile zuneh-

---

1 MARK JONES: Am Anfang war Gewalt. Die deutsche Revolution 1918/19 und der Beginn der Weimarer Republik. Aus dem Englischen von Karl Heinz Siber, Berlin 2017. Angemerkt sei, dass es sich bei der deutschen Fassung von Jones' Studie nicht um eine bloße Übersetzung des englischen Originals handelt, sondern sie weitaus stärker zugespitzte Thesen formuliert.

mend geschieht, die Geschichte der Revolution – wie überhaupt die der Weimarer Republik – weniger als *Vor*geschichte der NS-Herrschaft versteht, sondern vornehmlich als *Nach*geschichte, zunächst vor allem als Nachgeschichte des Krieges. Dann muss man sich auf die spezifischen Merkmale der historischen Situation 1918/19 konzentrieren sowie auf die Erfahrungen und Erwartungen der Zeitgenossen. Das ist dann nicht als historistische Engführung misszuverstehen, sondern als Abkehr von einer allzu abstrakten politikgeschichtlichen Perspektive.

Gegen Jones wird hier die Bedeutsamkeit von drei unterschiedlichen, aber miteinander verbundenen Gewalten betont, die am Anfang der Weimarer Republik wirksam waren und ihre Entwicklung beeinflussten – deshalb stehen die „Anfangsgewalten" im Plural. Auf Basis ihrer Analyse wird die These vertreten, dass für die weitere Entwicklung der Weimarer Republik nicht so sehr die in der Revolutionszeit konkret angewandte Gewalt wirkungsmächtig gewesen ist, sondern vielmehr das grundsätzlich lagerübergreifende Leitbild wehrhafter Männlichkeit, mit dem sich von der Rechten bis hin zu den Sozialdemokraten das – jeweils unterschiedlich bestimmte – Ziel der Wiederherstellung militärischer Schlagkraft verband und bei der radikalen Linken die entschlossen durchzuführende Vollendung der Revolution.

Im Folgenden ist zunächst der Begriff „Anfangsgewalten" genauer zu definieren. Danach werden diese drei verschiedenen Gewalten in der Revolution und den ersten Jahren der Republik eingehender erörtert, gefolgt von knapperen Überlegungen zu ihrer Verarbeitung. Am Ende steht ein kurzes Fazit.

Drei Anfangsgewalten

Mit dem Begriff „Anfangsgewalten" gemeint ist erstens die von Regierungsseite – das ist bewusst etwas vage formuliert – sowie von revolutionären Akteuren konkret angewandte physische und Waffengewalt, politisch motivierte Gewalt also. Welche Motive sie antrieben und welche Handlungsspielräume hier bestanden, inwieweit also die opferreiche Gewalteskalation seit der Jahreswende 1918/19 vermeidbar war, ist weiterhin sehr umstritten.[2] Einzubeziehen sind dann

---

2 Dies zeigt jüngst einmal mehr die Sammelrezension von Klaus Gietinger (von Wolfgang Niess: Die Revolution von 1918/19. Der wahre Beginn unserer Demokratie, Berlin 2017 und

aber auch zweitens die verschiedenen Formen der der Kriminalität zuzurech-
nenden Gewalt, die jedenfalls in den ersten Nachkriegsjahren einen nicht un-
wichtigen Teil des zeitgenössischen Erfahrungshorizonts bildete und auf ihre
realen wie diskursiven Bezüge zu der im engeren Sinn politischen Gewalt zu
untersuchen ist. Darüber hinaus zielt der Begriff der „Anfangsgewalten" drittens auf die institutionellen Akteure und personalen Akteursgruppen, die über
Gewaltmittel verfügten und deren Verhältnis zueinander sich im Lauf der Revolutionsmonate veränderte. Hier besteht mittlerweile der grundsätzliche Konsens, dass der nur halbherzig verfolgte und schließlich aufgegebene Versuch,
ein prorepublikanisches „Volksheer" aufzubauen, eine verpasste Chance darstellt.[3] In jüngerer Zeit wird die Frage diskutiert, ob die nach Jahresbeginn 1919
in den Vordergrund tretenden, pauschal als „Freikorps" bezeichneten Einheiten
durchgängig als tendenziell gegenrevolutionäre Formationen anzusehen sind
oder doch ein weniger eindeutiges politisches Profil aufwiesen und somit die
weitere Entwicklung des Militärs der Weimarer Republik gleichfalls weniger de-
terminiert erscheint.[4] Wie die gesellschaftliche Einbettung und Wahrnehmung
der bewaffneten Regierungsformationen in den Revolutionsmonaten und danach einzuschätzen ist, bleibt deshalb ein wichtiger Diskussionsgegenstand.

Die Gewalt der Revolution und ihre Eskalation in der Entscheidungssituation

Die vertraute Chronologie der Revolution unterscheidet zwischen einer weitgehend gewaltfreien ersten Phase von Anfang November bis Mitte Dezember
1918 und einer zweiten Phase, die von eskalierender Gewalt gekennzeichnet war,
angestoßen nach dem gescheiterten Spiro-Putsch am 6. Dezember in Berlin vor
allem von den Weihnachtskämpfen um den Marstall und dem sogenannten

---

JOACHIM KÄPPNER: 1918 – Aufstand für die Freiheit. Die Revolution der Besonnenen, München
2017) in H-Soz-Kult vom 24.08.2018 und sein Streitgespräch mit dem Ebert-Biografen Walter
Mühlhausen, URL: https://www.ndr.de/ndrkultur/sendungen/sonntagsstudio/Revolution-im-
Wartesaal-Deutschland-vor-100-Jahren,sendung839146.html (11.03.2019).

3 Den Stand fasst zusammen URSULA BÜTTNER: Die überforderte Republik 1918–1933. Leistung
und Versagen in Staat, Gesellschaft, Wirtschaft und Kultur, Stuttgart 2008, S. 45–47.

4 PETER KELLER: „Die Wehrmacht der deutschen Republik ist die Reichswehr". Die deutsche Armee 1918–1921 (Krieg in der Geschichte 82), Paderborn 2014; RÜDIGER BERGIEN: Die bellizistische Republik. Wehrkonsens und „Wehrhaftmachung" in Deutschland 1918–1933 (Ordnungssysteme 35), München 2012, S. 78–91.

„Spartakus"-Aufstand, weiter eskalierend in den Märzkämpfen in Berlin und anderswo und ihren Höhe- und vorläufigen Schlusspunkt findend in der brutalen Niederschlagung der zweiten Münchener Räterepublik im Mai 1919. Eine Art Wiederholung und weitere Steigerung fand diese Gewalt dieses punktuellen Bürgerkriegs in den bewaffneten Auseinandersetzungen im Gefolge des Kapp-Putsches, in erster Linie im Ruhrgebiet, und eine weitere Fortsetzung, in etwas anderer Form, in der Provinz Sachsen im März 1921. Die Gewalt wird dabei generell erklärt aus einer Kombination von Faktoren: dem zögerlichen, tiefgreifende Veränderungen in Wirtschaft, Verwaltung und Militär scheuenden Verhalten der in der Regierung dominierenden Mehrheitssozialdemokraten, einer über das Ausbleiben dieser Veränderungen enttäuschten, sich verengenden und zugleich radikalisierenden Massenbewegung, den dilettantischen Versuchen der radikalen Linken zum Weitertreiben der Revolution sowie den allmählich erstarkenden konterrevolutionären Kräften. Im Vordergrund stehen politische Konstellationen (mit einer im Lauf der Zeit zunehmenden Relativierung der Rolle der Räte), Zeitfenster und – nicht genutzte – Handlungsspielräume sowie mentale Befindlichkeiten insbesondere der führenden MSPD-Politiker, darunter auch der Anti-Chaos-Reflex, die Furcht vor „russischen Zuständen".[5]

Mark Jones hat in seiner Arbeit gerade hier angeknüpft, aber zunächst einen deutlich breiteren Zugriff als bisherige Studien gewählt, in Form einer, wie eingangs angedeutet, „dichten Beschreibung" zentraler Ereignisverläufe und der sie bestimmenden Wahrnehmungs- und Gefühlslagen. Dieses Abgehen von einer Fixierung auf größere Strukturen und politische Positionen zugunsten einer Fokussierung auf die konkrete Handlungssituation verleiht seinem Ansatz eine wichtige, für die künftige Forschung zu berücksichtigende Dimension. So kann er herausarbeiten, welch große Rolle schon in der relativ gewaltfreien ersten Phase der Revolution der Angst zukam – und zwar auf allen Seiten. Die revolutionären Soldaten hatten Angst vor einer Offiziersverschwörung, die beunruhigten bürgerlichen Beobachter vor dem Bolschewismus, dessen mögliche Machtübernahme in Deutschland unter Führung Karl Liebknechts ins Werk gesetzt werden könnte. Doch ungeachtet solcher von einer Vielzahl von Ge-

---

5 So etwa die Darstellung von Büttner: Republik (wie Anm. 3), S. 33–64; Niess: Revolution (wie Anm. 2); Käppner: Aufstand (wie Anm. 2); die Nachwirkungen des Krieges betont dabei besonders Robert Gerwarth: Die größte aller Revolutionen. November 1918 und der Aufbruch in eine neue Zeit. Aus dem Englischen von Alexander Weber, Berlin 2018; detailliert behandelt das Verhalten aller Strömungen der Arbeiterbewegung Heinrich August Winkler: Von der Revolution zur Stabilisierung. Arbeiter und Arbeiterbewegung in der Weimarer Republik 1918 bis 1924, Berlin 1984.

rüchten genährten Ängste blieben größere gewaltsame Auseinandersetzungen in den ersten Revolutionswochen noch aus.[6] In der preußischen Provinz Sachsen kam es bis zum Jahresende 1918 noch nicht zu gewaltsamen Konflikten, ungeachtet hochemotionaler Artikulationen von Chaosangst in der bürgerlichen wie der mehrheitssozialdemokratischen Presse sowie scharfer Bekundungen zur Verteidigung der Revolution (aber nicht zur gewaltsamen Weiterführung) seitens der Unabhängigen Sozialdemokraten.[7]

Die Eskalation hin zur massiven Gewalt ab Mitte Dezember erklärt Jones dann auf der einen Seite sehr plausibel mit einem Prozess des wechselseitigen Sich-Aufschaukelns, bei dem wiederum Gerüchte, Autosuggestionen und Gewaltrhetorik, aber auch reale Erfahrungen der Bedrohung, wie sie Ebert persönlich erlebte,[8] eine wichtige Rolle spielten, neben dem Fehlschlag des militärischen Vorgehens bei den Weihnachtskämpfen, der die Verantwortlichen zu einer rücksichtsloseren Kampfesweise wie im Krieg bewog, unter Zustimmung Eberts. Auf der anderen Seite glaubt Jones, in der schließlich weit überschießenden Gewalt, die nicht zuletzt in „abgrundtiefe[m] Hass" der sozialdemokratischen Führung auf die Kommunisten wurzelte und mit ihrem Ausmaß auch demonstrativen Charakter tragen sollte, den Versuch der Sozialdemokraten zu erkennen, „ihre Herrschaft mit blutiger Gewalt zu verteidigen", was, vor allem dann in der von Noske betriebenen Zuspitzung, als „Grundpfeiler" der Republik zu betrachten sei und als – hier meint er Noskes berüchtigten Schießbefehl bei den Märzkämpfen – „entscheidender Schritt auf dem Weg zu den Schrecken des Dritten Reiches und des Zweiten Weltkriegs".[9] Das scheint mir nun allerdings weniger plausibel und bei aller berechtigten und ja auch schon früher formulierten Kritik an Noske weit überzogen zu sein. „Herrschte" die SPD wirklich? Am Ende steht bei Jones eben doch eine schwache These, die nicht belegte Kontinuitätslinien von 1919 nach 1939 und darüber hinaus zieht.

Gleichwohl führt Jones, wie angedeutet, die Forschung weiter, wenn er zunächst die situativen Bedingungen der Gewalteskalation Ende 1918 und Anfang 1919 in den Vordergrund rückt. Damit tritt die Nachgeschichte erst einmal in den Hintergrund, gewinnen die Unsicherheiten des Moments, widerstreitende Informa-

---

6 JONES: Anfang (wie Anm. 1), S. 46–73.
7 DIRK SCHUMANN: Politische Gewalt in der Weimarer Republik 1918–1933. Kampf um die Straße und Furcht vor dem Bürgerkrieg (Veröffentlichungen des Instituts für soziale Bewegungen, Darstellungen 17), Essen 2001, S. 45–49.
8 WALTER MÜHLHAUSEN: Friedrich Ebert 1871–1925. Reichspräsident der Weimarer Republik, Bonn 2006, S. 160 ff.
9 JONES: Anfang (wie Anm. 1), S. 95 ff., die Zitate S. 185, 189, 235, 254.

tionen und Emotionen Konturen und erhält auch das den Zeitgenossen verfügbare Wissen über das Geschehen auf anderen Schauplätzen ihr Gewicht, sei es die ihnen medial kommunizierte Entwicklung in Russland oder gespeichertes Wissen des kulturellen Gedächtnisses etwa zur Französischen Revolution. Somit erscheint – und das ist hier der zentrale Punkt – die Lage in Berlin zur Jahreswende 1918/19 als Entscheidungssituation, deren Ausgang keineswegs gewiss war und die den Einsatz von Gewalt nahelegte. Das ist, wie betont werden muss, ein anderes Argument als das Karl Dietrich Erdmanns von 1955, der hier die reale Alternative zwischen einer Rätediktatur und einer auf die alten militärischen Kräfte gestützten parlamentarischen Republik sah und sich eben nicht primär auf die jeweiligen Wahrnehmungen bezog.[10]

Für Berliner Beobachter der politischen Entwicklung bildete sich diese Entscheidungssituation, auf die sich die folgenden Ausführungen dieses Abschnitts konzentrieren werden, mit den Weihnachtskämpfen um den Marstall heraus. So hoffte Harry Graf Kessler, erst wenige Tage zuvor von einer diplomatischen Mission aus Polen zurückgekehrt, nach dem Einzug der Potsdamer Truppen am 23. Dezember zunächst auf die „große Entscheidung" und einen Sieg über die aufständischen Matrosen; der erzwungene Rückzug der Truppen stimmte ihn ebenso wie Georg Bernhard dann aber äußerst pessimistisch und ließ beide befürchten, „in spätestens 14 Tagen den Bolschewismus zu haben". Mit dem Austritt der USPD-Mitglieder aus dem Rat der Volksbeauftragten verschärfte sich die Konfrontation „zwischen Straße und Regierung" weiter, doch Hoffnung schien die Aufnahme Noskes in die neue Regierung zu bieten, der als „energisch und klug" galt.[11] Auch die *Vossische Zeitung* forderte nach dem Truppeneinzug ein energisches Handeln der Regierung, denn sie sah mit der Gefangennahme des Stadtkommandanten Otto Wels den Höhepunkt einer seit Wochen währenden „Anarchie" erreicht und den „drohenden Kampf aller gegen alle" heraufziehen, wenn die Regierung jetzt nicht „staatliche Autorität" unter Beweis stelle.[12] Sie machte dann eine „wankende Regierung" aus, fürchtete um die Einheit des Reichs und verlangte – in einem Leitartikel ihres Chefredakteurs Georg Bernhard – angesichts der innenpolitischen Lage und Bedrängnis an den Landesgrenzen, wie sie gerade ein von Polen geschürter Aufstand in Posen vor Augen

---

10 KARL DIETRICH ERDMANN: Die Geschichte der Weimarer Republik als Problem der Wissenschaft, in: Vierteljahrshefte für Zeitgeschichte 3 (1955), S. 1–19.

11 HARRY GRAF KESSLER: Das Tagebuch 1880–1937, Bd. 6: 1916–1918, hg. von Günter Riederer, Stuttgart 2006, S. 704–714, die Zitate S. 704, 708, 713, 714.

12 Vossische Zeitung, 24.12.1918, Nr. 656, S. 1.

führte, den Aufbau eines „Volksheeres": Dessen Aufgabe müsse es sein, „den Willen der Mehrheit denen aufzuzwingen, die diesen Willen durch Taten verachten", sonst drohe der „Zusammenbruch".[13]

Wenige Tage später hatte sich die Lage weiter zugespitzt: Kessler, in den Straßen Berlins unterwegs, notierte am 6. Januar, dem Tag nach der Besetzung des *Vorwärts*-Gebäudes, es handele sich jetzt „um die Entscheidung zwischen West und Ost, zwischen Krieg und Frieden"; niemals seit der Französischen Revolution habe „soviel bei den Straßenkämpfen in Einer [sic] Stadt für die Menschheit auf dem Spiel gestanden".[14] Artikuliert wurde von diesen linksliberalen Beobachtern nicht so sehr eine hysterische Bolschewismusfurcht als vielmehr die Angst vor einem gänzlichen Zerfall der staatlichen und gesellschaftlichen Ordnung, zugleich aber auch die Hoffnung, dass bei energischem Handeln der neuen republikanischen Regierung eben dies vermieden und die Republik auch gegen ihre Feinde von rechts gefestigt werden könne.

Das Motiv der Entscheidungssituation prägte dann auch die Positionierung aufseiten der radikalen Linken. Rosa Luxemburg gab ihre anfängliche Skepsis nach der Besetzung des *Vorwärts* und anderer Zeitungsredaktionen und angesichts der auf den Straßen Berlins gegen die Regierung demonstrierenden Massen auf, konstatierte in der *Roten Fahne* ein rasches Lernen der „Masse" in Gestalt der „Arbeiterschaft Berlins" seit dem 9. November und verlangte nun aber auch „sofort durchgreifende Maßnahmen" und „entschlossenes, klares Handeln" ihrer Führer: „Die Gegenrevolution entwaffnen, die Massen bewaffnen, alle Machtpositionen besetzen", sei das Gebot der Stunde. Verhandlungen mit der Regierung Ebert, den „Todfeinden" der Revolution, wies sie strikt zurück.[15] Die Zögerlichkeit der revolutionären Obleute und der USPD-Linken kritisierte sie erneut heftig am folgenden Tag und warnte gleichfalls wiederum vor Verhandlungen mit dem „Todfeind", um am 11. Januar, als sich die Niederlage der Aufständischen mit der Rückeroberung der Verlagshäuser abzeichnete, das „Versagen der Führer" anzuprangern.[16] Auch Richard Müller, führender Kopf

---

13 Vossische Zeitung, 27.12.1918, Nr. 660, S. 1 (Zitat); 29.12.1918, Nr. 663, S. 1; 30.12.1918, Nr. 664, S. 1 (Zitat). Zum Aufstand in Posen s. u. die Ausführungen.

14 HARRY GRAF KESSLER: Das Tagebuch 1880–1937, Bd. 7: 1919–1923, hg. von Angela Reinthal, Stuttgart 2007, S. 80.

15 ROSA LUXEMBURG: Was machen die Führer? (Die Rote Fahne, 07.01.1919, Nr. 7), in: dies., Gesammelte Werke, Bd. 4: August 1914 bis Januar 1919, Berlin (Ost) 1974, S. 518 ff., die Zitate S. 519 f.

16 ROSA LUXEMBURG: Versäumte Pflichten (Die Rote Fahne, 08.01.1919, Nr. 8), in: ebd., S. 521–524; Das Versagen der Führer (Die Rote Fahne, 11.01.1919, Nr. 11), in: ebd., S. 698–702. Die Positionierung Luxemburgs behandelt genauer OTTOKAR LUBAN: Demokratische Sozialistin

---

der Revolutionären Obleute, der sich am 5. Januar gegen den Versuch eines Regierungssturzes ausgesprochen hatte, weil er ihn für verfrüht hielt, betonte im Rückblick die Relevanz von konkreten Entscheidungen im Januaraufstand. Grundsätzlich konnten seiner Ansicht nach die im Gefolge der Weihnachtskämpfe gegen die Regierung demonstrierenden Massen angesichts ihrer großen Zahl dieselbe Legitimität für ihre Position in Anspruch nehmen wie die Regierung selbst. Die vergleichsweise geringe Beteiligung an den Besetzungen der Zeitungshäuser habe dann zwar ihre insgesamt mangelnde politische Reife gezeigt, doch hätte die militärische Schwäche der Regierung am 6. Januar bei klarer Führung ihren Sturz „ohne große Mühe" möglich gemacht.[17]

Müller verweist dabei explizit auch auf eine entsprechende Äußerung Gustav Noskes aus seiner 1920 publizierten Erinnerungsschrift *Von Kiel bis Kapp*, in der er seinen Eindruck vom Gang durch Berlin am Morgen des 6. Januar wiedergab. Den auf den Straßen in großer Zahl anzutreffenden, teils bewaffneten Anhängern Liebknechts, die ihn, wenn er höflich bat, den Zug zu durchschreiten, ihn immer wieder durchließen, hätten, so Noske, „zielklare Führer" gefehlt „an Stelle von Schwadroneuren", sonst „hätten sie am Mittag dieses Tages Berlin in der Hand gehabt".[18] Auch für Noske waren somit der Umfang, die Zusammensetzung und die vermeintliche politische Reife der „Massen" weniger entscheidend als ihre Führung. Umso mehr kam es für die von der SPD geführte Regierung darauf an, ihre Autorität unter Beweis zu stellen und zu gewährleisten, dass die vom Reichsrätekongress beschlossene Wahl zur Nationalversammlung tatsächlich stattfinden konnte; also musste sie jetzt gegen die radikale Linken entschieden vorgehen.[19]

Vor dem Hintergrund solcher aus dem unmittelbaren zeitlichen Kontext stammender sowie wenige Jahre nach den Ereignissen gemachter Aussagen treffen retrospektive Argumente zu den tatsächlichen Kräfteverhältnissen allenfalls ei-

---

oder „blutige Rosa"? Rosa Luxemburg und die Berliner KPD-Führung im Januaraufstand 1919, in: Internationale Wissenschaftliche Korrespondenz zur Geschichte der Arbeiterbewegung 35 (1999), H. 2, S. 176–207.

17 RICHARD MÜLLER: Geschichte der deutschen Revolution, Bd. 3: Der Bürgerkrieg in Deutschland, Berlin 1979 (ND der Originalausgabe 1925), S. 22–40, das Zitat S. 40. Die Kritik Müllers und die Konzeption seines Werks erörtert RALF HOFFROGGE: Richard Müller: Der Mann hinter der Novemberrevolution, Berlin 2008, S. 180 f.

18 GUSTAV NOSKE: Von Kiel bis Kapp. Zur Geschichte der deutschen Revolution, Berlin 1920, S. 69.

19 Diese Selbstwahrnehmung betont ANTHONY MCELLIGOTT: Rethinking the Weimar Republic. Authority and Authoritarianism, 1916–1936, London 2014, S. 28–33. Die Position der Regierung Ebert und die Stimmung in Berlin zur Jahreswende 1918/19 behandelt jüngst GERWARTH: Revolutionen (wie Anm. 5), S. 206–209.

nen Teil der unmittelbaren zeitgenössischen Wahrnehmung der Ereignisse in Berlin. Offenbar war diese Wahrnehmung stark von situativen Elementen bestimmt und erkannte vor einem diffusen Erwartungshorizont einen nicht klar definierbaren, aber tendenziell großen Handlungsspielraum, der freilich nicht durch Kompromisse, sondern Eindeutigkeit zu füllen war und somit die Anwendung von Gewalt nahelegte.

Diese Wahrnehmung genauer zu fassen, um Entscheidungen, wie sie Noske mit Billigung der SPD-Führung traf, besser zu verstehen, ist geboten, was nicht bedeutet, über Handlungsspielräume und deren Ausgestaltung hinwegzusehen. Damit bleibt etwa die Frage, warum die von der USPD unternommenen Versuche, einen Kompromiss zwischen den *Vorwärts*-Besetzern und dem angreifenden Militär zu finden, erfolglos blieben, ebenso legitim wie die Kritik an Noskes auch in seiner Erinnerungsschrift betonter Kompromisslosigkeit,[20] aber die Argumentation muss dann den größeren Kontext zeitgenössischer Perzeptionen und Gefühlslagen angemessen einbeziehen.

Die Ereignisse in Berlin bestimmten die Wahrnehmung der politischen Lage auch in ruhigeren Teilen Deutschlands. So konstatierte etwa die *Frankfurter Zeitung* am 29. Dezember 1918, dass in der Hauptstadt jetzt über die „reale Macht [...] auf der Straße entschieden" werde, hielt zwei Tage später die Gefahr eines Putschversuchs für groß, wogegen die Regierung ihre Macht auch tatsächlich gebrauchen müsse, und verlangte zum Jahresende den Einsatz aller Kraft für eine „soziale und demokratische deutsche Republik", die angesichts äußerer und innerer Bedrohungen freilich scheitern könne, was dann „im ernsten Bewußtsein männlicher erfüllter Pflicht" hinzunehmen sei.[21] Im vergleichsweise beschaulichen Göttingen notierte der angehende Historiker Georg Schnath kurz darauf am 7. Januar 1919 in seinem Tagebuch, die neue Republik erlebe gerade „die furchtbarste Krise in der *Ultrarevolution*, die jetzt da ist", angesichts eines sich verschärfenden Gegensatzes zwischen Regierung und linksradikaler Opposition.[22]

---

20 NOSKE: Kiel (wie Anm. 18), S. 73; eine differenziert kritische Einschätzung von Noskes Vorgehen formuliert WOLFRAM WETTE: Gustav Noske. Eine politische Biographie, Düsseldorf 1987, S. 289–321, der sich aber mit der Frage des zeitgenössischen Wahrnehmungshorizonts nur begrenzt auseinandersetzt.

21 Frankfurter Zeitung, 29.12.1918, Nr. 360, Zweites Morgenblatt, S. 1 (Zitate); 31.12.1918, Nr. 362, Zweites Morgenblatt, S. 1; 31.12.1918, Nr. 362, Abendblatt, S. 1 (Zitat).

22 GEORG SCHNATH: Göttinger Tagebuch Oktober 1918 bis März 1919, in: Göttinger Jahrbuch 1976, S. 171–203, hier S. 188 (Hervorhebung im Original).

Auch in der Provinz Sachsen blickte man aufmerksam nach Berlin. Für die *Magdeburgische Zeitung*, welche die Revolution schon nach dem Spiro-Putsch als „Machtkampf" charakterisiert hatte, eröffneten sich nach den Weihnachtskämpfen durch den „Verlust an Ansehen und Autorität", den die Regierung erlitten hatte, „Aussichten von furchtbarer Tragweite" für ganz Deutschland, denen mit „weiteren militärischen Maßnahmen" entgegenzuwirken sei.[23] Im Januaraufstand schien dies besser zu gelingen, aber die Gefahr, dass Deutschland „sich ganz und gar zugrunde richtet", war keineswegs gebannt.[24] Auch die *Saale-Zeitung* erwartete in den Januartagen ein hartes Vorgehen der Regierung angesichts einer Lage, die sie an die innenpolitische Zuspitzung vor der Wahl zur ersten französischen Legislative 1791 und dann die Pariser Kommune erinnerte.[25] Die *Volksstimme* warf, höchst besorgt, nach den Weihnachtskämpfen der radikalen Linken vor, sie strebe „Vernichtung, Anarchie, Terror" an und konstatierte, es gebe „keine Regierung ohne Macht"; dazu müsse man ihr jetzt verhelfen und „[j]eder Mann ein Kämpfer" dafür werden.[26]

Damit waren Wahrnehmungs- und Deutungsmuster etabliert, die sich in den folgenden Monaten als handlungsleitend erwiesen. Die Eskalation in Berlin führte zur Eskalation auch anderswo, hier in der Provinz Sachsen zur Bewaffnung der auf ein Weiterführen der Revolution zielenden Teile der Linken, zur Gegenmobilisierung des Bürgertums, zu vereinzelter Gewalt und dann zum Einmarsch von Regierungstruppen, die jegliche Aufstandsversuche, wie wahrscheinlich auch immer sie tatsächlich waren, im Keim ersticken sollten.[27] Entschlossenes Handeln bedeutete im Kern den Einsatz bewaffneter Kräfte und damit die Anwendung von Gewalt. Welches Ausmaß diese annahm, hing freilich von jeweils spezifischen situativen Faktoren ab, insbesondere dem Charakter der auf Regierungsseite verwendeten Militärformationen und der auch verbalen Eskalationsbereitschaft der radikalen Linken. In beiderlei Hinsicht blieb die

---

23 Magdeburgische Zeitung, 07.12.1918, Nr. 913, S. 1; 29.12.1918, Nr. 966, S. 1 f. (Zitate); vgl. 30.12. 1918, Nr. 967.

24 Magdeburgische Zeitung, 10.01.1919, Nr. 926, S. 1.

25 Saale-Zeitung, 11.01.1919, Nr. 18, 14.01.1919, Nr. 21.

26 Volksstimme, 28.12.1918, Nr. 303, S. 1. Zur Bereitschaft des führenden SPD-Politikers und Mitglieds im Magdeburger Arbeiter- und Soldatenrat Hermann Beims, bewaffnete Matrosen auf dem Weg nach Berlin in der Nacht zum 29. Dezember notfalls mit Gewalt zu entwaffnen, und zu Unterstützungsbekundungen für die Berliner Regierung in Magdeburg vgl. MARTIN GOHLKE: Die Räte in der Revolution von 1918/19 in Magdeburg, Diss. Phil. Oldenburg 1999, S. 88–92.

27 SCHUMANN: Politische Gewalt (wie Anm. 7), S. 49–63, und die Beiträge von Bose und Wagner in diesem Band.

Provinz Sachsen hinter anderen Brennpunkten des punktuellen Bürgerkriegs 1919 zurück.[28]

Die Gewalt der Kriminalität und ihre Angst verstärkende Wahrnehmung

Wenn Noske und andere das Handeln der radikalen Linken kritisierten, sprachen sie auch von „Banden", die hier agierten.[29] Diese semantische Figur verdient eine genauere Erörterung, und damit ist die zweite „Anfangsgewalt" angesprochen. Die Gleichsetzung radikaler politischer Akteure mit Verbrechern entfernte sie aus dem Raum der politischen Auseinandersetzung und überantwortete sie dem dann nicht mehr näher zu rechtfertigenden Zugriff der Staatsmacht. Eine solche semantische Strategie bezog ihre vermeintliche Triftigkeit und öffentliche Wirkung freilich aus dem größeren situativen Kontext, in dem sie verwendet wurde. Nach Kriegsende verzeichnete die Kriminalitätsstatistik einen starken Anstieg bei einer Reihe von Delikten. Das waren vor allem Eigentumsdelikte, was angesichts einer wegen der fortdauernden alliierten Blockade prekären Versorgungssituation zunächst nicht überrascht. So hatte sich die Zahl dieser Delikte in Magdeburg innerhalb eines Jahres bis Ende Juni 1919 mehr als verdoppelt und in Halberstadt vervierfacht.[30] In Deutschland insgesamt waren die Diebstahlsziffern schon während des Krieges deutlich gestiegen und hatten sich dann gegenüber 1913 bis zum Hyperinflationsjahr 1923 mehr als verdoppelt; anschließend fielen sie wieder auf das Vorkriegsniveau.[31]

Besondere Brisanz gewann diese Kriminalität dann, wenn sie mit Gewalt verbunden war. Dafür lassen sich Belege auch aus der Provinz Sachsen finden, etwa Anfang Februar 1919 ein nächtlicher Überfall von 50 bis 60 Männern, vornehmlich Soldaten, auf ein Uhren- und ein Bekleidungsgeschäft in Magdeburg, dem der Überfall auf eine Wache und die dortige Entwendung von Waffen vorausge-

---

28 Schumann: Politische Gewalt (wie Anm. 7), S. 63.
29 So etwa Noske: Kiel (wie Anm. 18), S. 73; Carl Severing: Im Wetter- und Watterwinkel, Bielefeld 1927, S. 13. In der *Volksstimme*, 29.12.1918, Nr. 304, S. 1, wurde die Gefahr einer „ungezügelten Bandenherrschaft" in Berlin beschworen; vgl. Magdeburgische Zeitung, 29.12.1918, Nr. 966, S. 1: „spartakistische [...] Banden".
30 Landesarchiv Sachsen-Anhalt (im Folgenden: LASA), C 20 Ib Nr. 1996/I, Bl. 331, 340.
31 Moritz Liepmann: Krieg und Kriminalität in Deutschland, Stuttgart 1930, S. 57, 72.

gangen war.[32] Die *Magdeburgische Zeitung*, die ausführlich berichtete, fand, dass dieser „räuberische Handstreich" belege, „in welchen trostlosen Umständen wir uns befinden", und beklagte das völlige Versagen nicht nur der Polizei, sondern auch der Bürgerwehr und des Wachregiments in der Stadt, die somit „die Bürgerschaft schutzlos dem Gesindel preisge[ge]ben" hätten.[33]

In Deutschland insgesamt war die Zahl der Raubüberfälle nach Moritz Liepmanns Auswertung der Kriminalstatistik 1919 um ein Drittel gegenüber dem Niveau von 1913 gestiegen und erhöhte sich dann noch einmal auf fast das Doppelte bis 1921; danach ging sie zurück und lag 1925 nicht mehr sehr weit über dem Niveau von 1913/14.[34] Dass aus dieser Steigerung in der unmittelbaren Nachkriegszeit Ängste erwachsen und politisch instrumentalisiert werden konnten, ist nachvollziehbar. Ähnliches galt für Mord und Totschlag: Hier lagen die Ziffern im Gebiet des Deutschen Reiches 1921 um 70 Prozent über denen von 1913; danach waren sie insgesamt rückläufig, zeigten 1926 aber immer noch eine Steigerung um mehr als die Hälfte gegenüber dem Vorkriegsniveau. Anders als vor 1914 waren weitaus die meisten Täter nicht vorbestraft.[35]

Eindeutig zu interpretieren sind diese Zahlen hinsichtlich der Gewaltursachen nicht. Liepmann sieht keinen klaren Zusammenhang mit Fronterlebnissen, eher eine allgemeine Zermürbung der Menschen auch an der Heimatfront durch den Krieg, die dann bei scharfen persönlichen Konflikten Hemmschwellen senkte. Allerdings steht dem der deutliche Rückgang der Körperverletzungen, auch der schweren, im Verhältnis zur Vorkriegszeit gegenüber, in der ihre Zahl mehr als doppelt so hoch lag wie zum Höhepunkt der Nachkriegszeit 1921. Liepmann erklärt diese deutliche Abnahme mit dem starken Rückgang des Alkoholkonsums. Was die Tötungsziffern angeht, hebt er einen bedingenden Faktor hervor, der sich auch in der Erinnerungsliteratur findet, nämlich die großen Mengen an Waffen und Munition, die beim Rückzug der deutschen Truppen und ihrer vielfach ungeordneten Auflösung unkontrolliert in die Hände der Bevölkerung gerieten, darunter fast zwei Millionen Gewehre.[36]

---

32 LASA, C 20 Ib Nr. 1996/I, Bl. 69–74, 334f. Zu weiteren Fällen vgl. SCHUMANN: Politische Gewalt (wie Anm. 7), S. 67.

33 Magdeburgische Zeitung, 04.02.1919, Nr. 93, S. 3. Gemutmaßt wurde hier auch über eine Verbindung zum Spartakusbund.

34 LIEPMANN: Krieg (wie Anm. 31), S. 77.

35 Ebd., S. 35.

36 Ebd., S. 35–40. Vgl. FRANZ EXNER: Krieg und Kriminalität in Österreich, Wien 1927, bes. S. 90–101 und 197 zu den im Kern gleichen und auch gleich interpretierten statistischen Befunden für Österreich.

Diese Zahlen und Befunde werden im Kontext der Diskussion über eine „Brutalisierung" im Gefolge des Krieges als Beleg dafür angeführt, dass zumindest von einer umfassenden und anhaltenden Brutalisierung nicht die Rede sein kann.[37] Davon zu unterscheiden ist allerdings die kurz- und mittelfristige Wirkung, die von der Gewalt- und Eigentumskriminalität ausging. Ihre Zunahme verstärkte den Eindruck eines drohenden oder partiell schon eingetretenen Ordnungsverlustes, zumal – so die generelle öffentliche Wahrnehmung – der Anteil Jugendlicher daran höher war als zuvor, statistisch fassbar jedenfalls bei der Eigentumskriminalität und hier mit einer massiven Erhöhung bereits in der Kriegszeit.[38] Wenn die drei Regierungspräsidenten der Provinz Sachsen in der Rückschau auf 1919 die „Verwilderung", „Verwahrlosung" und „Verrohung" der Jugend beklagten und, so der Magdeburger Amtsinhaber, den „moralischen Tiefstand des Volkes" überhaupt,[39] drückten diese noch aus wilhelminischer Zeit stammenden Beamten gewiss das aus, was viele Angehörige der bürgerlichen Schichten dachten und wohl auch mancher Sozialdemokrat.

Ohne Berücksichtigung der Kriminalitätsentwicklung und ihrer Gewalt lassen sich demnach die Ängste vieler Zeitgenossen und ihre Wahrnehmung der Gewalt der Revolutionsmonate und unmittelbaren Nachkriegsjahre nur unzureichend verstehen. Gleiches gilt somit auch für die Kriminalisierung der radikalen Linken, wie sie dann in der Provinz Sachsen noch einmal in der Wahrnehmung der „Märzaktion" und von Max Hölz 1921 zu finden ist. Wenn dieser in einem Flugblatt verkündete: „Wir schlachten die Bourgeoisie ab [...], wir sprengen ihre Schlösser und Paläste [...], wir nehmen ihnen das geraubte Gut [...] was sie den Arbeitern zuerst geraubt haben", dann lag es für die bürgerliche, aber auch die sozialdemokratische Presse erneut nicht fern, die Kommunisten insgesamt als „Verbrecher" zu verurteilen.[40]

---

37 Benjamin Ziemann: Gewalt im Ersten Weltkrieg. Töten – Überleben – Verweigern, Essen 2013, S. 156–172; Dirk Schumann: Gewalterfahrungen und ihre nicht zwangsläufigen Folgen. Der Erste Weltkrieg in der Gewaltgeschichte des 20. Jahrhunderts, in: Zeitgeschichte-online, Thema: Fronterlebnis und Nachkriegsordnung. Wirkung und Wahrnehmung des Ersten Weltkriegs, Mai 2004, URL: https://www.zeitgeschichte-online.de/thema/gewalterfahrungen-und-ihre-nicht-zwangslaeufigen-folgen (09.03.2019).
38 Liepmann: Krieg (wie Anm. 31), S. 35, 98 ff. Die weitverbreiteten Ängste wegen der gestiegenen Kriminalität, insbesondere bei gerade zurückgekehrten Soldaten und bei Jüngeren, betont Richard Bessel: Germany after the First World War, Oxford 1993, S. 79 ff., 241–244.
39 LASA, C 20 Ib Nr. 1996/I, Bl. 323, 332, 341.
40 LASA, C 20 Ib Nr. 4797/VI, Bl. 33; Schumann: Politische Gewalt (wie Anm. 7), S. 129–132.

Die militärische Organisation der Gewalt und der Wehrkonsens in der Gesellschaft

Als dritte Anfangsgewalt neben der im engeren Sinn politischen und der kriminellen ist jetzt die des Militärs zu erörtern, genauer gesagt die gesellschaftliche Einbettung und Wahrnehmung militärischer Formationen in den Revolutionsmonaten und danach. Lange Zeit herrschte hier die Sicht vor, das deutsche Militär habe sich nach dem Waffenstillstand im Prinzip aufgelöst und sei dann zunächst in Form vornehmlich antirepublikanisch orientierter, von ihren Führern eigenständig aufgestellter Freikorps wiedererstanden, bevor sich die neue Reichswehr als „Staat im Staate" mit mindestens distanzierter Ausrichtung zur Republik etablierte.[41]

Diese Sichtweise ist mittlerweile jedoch zu modifizieren. Dabei ist zunächst zu beachten, dass zur Jahreswende 1918/19 nicht nur die Weihnachtskämpfe in Berlin große öffentliche Aufmerksamkeit fanden, sondern der bereits erwähnte, am 26. Dezember 1918 beginnende polnische Aufstand in Posen mit ähnlicher Sorge wahrgenommen wurde. So prangerte die *Vossische Zeitung* am 30. Dezember die sich gerade etablierende „[p]olnische Gewaltherrschaft in Posen" an und beklagte eine „Politik des Zuwartens", die die Bildung von bewaffneten Heimatschutzverbänden verhindert habe. Zwei Tage später waren immerhin „Artillerie und Panzerzüge zur Stelle, um […] den Widerstand zu leisten, der vorher schon notwendig gewesen wäre". Am Folgetag wiederholte Chefredakteur Georg Bernhard seinen Aufruf zur Bildung einer nach außen wie innen Sicherheit verbürgenden „nationale[n] Armee", die freilich nicht mehr dem Militarismus des zusammengebrochenen alten Heeres verpflichtet, sondern ein „Volksheer" sein müsse, ausgehend von den schon bestehenden „Rätetruppen".[42] In der Reichsregierung herrschte nach dem Ausscheiden der USPD Konsens darüber, dass der Grenzschutz in Posen gestärkt und die Provinz nicht kampflos aufgege-

---

41 HAROLD J. GORDON: Die Reichswehr und die Weimarer Republik 1919–1926, Frankfurt 1959, bes. S. 26–35; FRANCIS L. CARSTEN: Reichswehr und Politik 1918–1933, Köln 1964, bes. S. 25–32; HAGEN SCHULZE: Freikorps und Republik 1918–1920, Boppard 1969; RAINER WOHLFEIL: Heer und Republik (1918–1933), in: Handbuch zur deutschen Militärgeschichte 1648–1939, 4. Lieferung, VI, Frankfurt 1970, S. 11–304, hier S. 54–73.

42 Vossische Zeitung, 30.12.1918, Nr. 665, S. 1; 01.01.1919, Nr. 1; 02.01.1919, Nr. 3, S. 1 f. Das *Berliner Tageblatt* beklagte am 31. Dezember 1918, Nr. 667, S. 1, gleichfalls die „polnische Gewaltherrschaft" und die äußere und innere Schutzlosigkeit angesichts der „Auflösung der Armee". Ähnlich im Tenor auch die *Magdeburgische Zeitung* am 3. Januar 1919, Nr. 7, S. 1, die den Verlust der „Wehrhaftigkeit" konstatierte.

ben werden dürfe.[43] Der von allen Volksbeauftragten unterzeichnete Aufruf zur Bildung von Freikorps, der am 9. Januar veröffentlicht wurde, betonte in diesem Sinn, es gehe nicht um die Führung eines neuen Krieges, sondern darum, „das Überrumpeln wehrloser Städte und Dörfer [zu] verhindern".[44] Hier war also ein breiter „Wehrkonsens der Republik" erkennbar, der von der politischen Rechten bis zu den Mehrheitssozialdemokraten reichte und eine Stoßrichtung nach innen wie nach außen aufwies.[45]

Dessen Umsetzung lag, wie neuere Arbeiten zeigen, in den Händen von Kommandostellen des alten Militärs unterhalb der Ebene der Obersten Heeresleitung, die schon seit dem November 1918 in dieser Hinsicht aktiv waren. Bei der Aufstellung von Einheiten für den Grenzschutz im Osten konnten sie vor Ort auch auf die Unterstützung dortiger Arbeiterräte bauen. Als Hauptmotiv für den Beitritt zu solchen Freiwilligenformationen Anfang 1919 erwies sich, hier wie anderswo in Deutschland, allerdings die anderweitig fehlende materielle Absicherung, nicht eine spezifische Bindung an die Region, was im konkreten militärischen Vorgehen dann zu Übergriffen und Konflikten mit der einheimischen Bevölkerung führen konnte.[46] In der Folgezeit und den Folgejahren konsolidierten sich dann Selbstschutzformationen in den Ostprovinzen unter Mitwirkung auch eindeutig republikanischer Beamter, die sich bemühten, rechtsradikalen Tendenzen entgegenzuwirken, dies aber angesichts des auch von ihnen akzeptierten Primats der Landesverteidigung nur mit begrenztem Erfolg vermochten.[47]

Einfach interpretieren lassen sich diese Befunde nicht. Sie zeigen jedenfalls, dass der Wehrkonsens in seiner Implementierung zumindest nicht von vorneherein ein als politisch definitiv rechts einzuordnendes Projekt anzusehen war und die paramilitärischen Formationen im Osten nach ihren Anfängen mit Bevölkerung und Verwaltung verbunden waren – in ländlichen Regionen, die im Übrigen auch zuvor nicht als linksliberal oder sozialdemokratisch geprägtes Terrain aufgefallen waren. Nicht vergessen werden sollte auch der größere Kontext der Unsicherheit der deutschen Grenzen in Ost und West. Besonders spannungsreich war die Situation in Oberschlesien, wo der militärische Konflikt in unmit-

---

43 KELLER: Wehrmacht (wie Anm. 4), S. 76.
44 Armeeverordnungsblatt, 1919, S. 17, zitiert nach: SCHULZE: Freikorps (wie Anm. 41), S. 31.
45 Damit folge ich der Grundthese von BERGIEN: Republik (wie Anm. 4), das Zitat S. 76.
46 KELLER: Wehrmacht (wie Anm. 4), S. 137–142, 122 ff.; BERGIEN: Republik (wie Anm. 4), S. 84–87.
47 Ebd., S. 253–274.

telbarer Verbindung mit der vom Versailler Vertrag vorgesehenen Abstimmung über die Zugehörigkeit der Region stand. Auch die SPD-geführte preußische Landesregierung bezog hier im Abstimmungskampf 1921 eine harte antipolnische Position. Selbst der sonst prononciertem Nationalismus gegenüber kritische Kurt Tucholsky engagierte sich (was er später bedauerte) in diesem Konflikt für die deutsche Seite und bediente sich in seinen satirischen Angriffen auf den Führer der polnischen Korfanty hässlicher Polemik.[48]

Gleichfalls heftig und rassistisch aufgeladen war die Kritik, die von der bürgerliche wie sozialdemokratische Verbände umfassenden Rheinischen Frauenliga an der französischen Besatzung des Rheinlandes und den hier eingesetzten schwarzafrikanischen Soldaten in den frühen 1920er Jahren artikuliert wurde. Der im Herbst 1923 in Gewaltaktionen kumulierende rheinische Separatismus führte die Grenzen und die Notwendigkeit der eigenen Machtmittel zusätzlich vor Augen.[49] Offenbar war die Frage nationaler Wehrhaftigkeit ein für ein breites politisches Spektrum hochemotional besetztes Thema, das auch auf infrage gestelltes Geschlechterverhältnis und wieder unter Beweis zu stellende (deutsche) männliche Wehrhaftigkeit verwies.

Keine eindeutige Deutung legt auch die Entwicklung der Einwohnerwehren nahe, die nach den Januarkämpfen, verstärkt dann seit März/April 1919 und nach der Entwaffnung von als linksradikal angesehenen Arbeiterwehren durch Truppenverbände wie das maerckersche Landesjägerkorps als lokale Formationen aufgestellt wurden und am Vorabend des Kapp-Putsches reichsweit 940.000 Mann umfassten.[50] Sie lassen sich als weitere Ausprägung des die SPD einschließenden Wehrkonsenses verstehen, zumal nachdem der sozialdemokratische preußische Innenminister Hirsch Mitte April 1919 verfügte, sie seien aus allen Schichten der Bevölkerung zu bilden und auf die republikanische Staatsform zu verpflichten. Ihr Aufbau verlief zunächst im Ganzen schleppend, konzentrierte sich auf das flache Land und stieß vielfach auf Widerstand sozialdemokratischer Arbeiter, die sie verdächtigten, als Sammelbecken rechtsgerich-

---

48 T. Hunt Tooley: National Identity and Weimar Germany. Upper Silesia and the Eastern Border, 1918–1922, Lincoln 1997, passim, zu Tucholsky S. 226 f. Zu dessen Engagement und späterem Bedauern auch Rolf Hosfeld: Tucholsky. Ein deutsches Leben, Berlin 2012, S. 107 f.

49 Iris Wigger: „Die Schwarze Schmach am Rhein". Rassistische Diskriminierung zwischen Geschlecht, Klasse, Nation und Rasse, Münster 2007; Sandra Mass: Weiße Helden, schwarze Krieger. Zur Geschichte kolonialer Männlichkeit in Deutschland 1918–1964, Köln 2006, S. 89–100; die Bedeutung der Grenzunsicherheit in Ost und West betont jetzt Jörn Leonhard: Der überforderte Frieden. Versailles und die Welt 1918–1923, München 2018, S. 891–897.

50 Peter Bucher: Zur Geschichte der Einwohnerwehren in Preußen, in: Militärgeschichtliche Mitteilungen 9 (1971), S. 15–59, hier S. 49. Vgl. den Beitrag von Böckelmann in diesem Band.

teter Republikgegner zu fungieren. Zudem weckte die zunächst enge Anbindung an das Militär den Verdacht, dass hier eine neue militärische Dienstpflicht eingeführt werden sollte.[51] Die formelle Anbindung wurde im Sommer 1919 gelockert; zugleich aber wurden den Einwohnerwehren deutlich mehr Waffen als zuvor zur Verfügung gestellt, was offenbar zur Erhöhung ihrer Attraktivität beitrug.[52] Ihr weiteres Wachstum erhielt einen neuen Schub, als die SPD-Führung im November 1919 ausdrücklich zum Beitritt aufrief und zahlreiche Sozialdemokraten diesem Appell folgten, auch in der Provinz Sachsen.[53] Ihre weitgehende Passivität während des Kapp-Putsches und die grundsätzliche Ablehnung, jenseits des jeweiligen Ortes tätig zu werden, zeigen dann, dass die Einwohnerwehren nicht als klar gegenrevolutionäre Formation verstanden werden können.[54] Als militärische Hilfstruppe sahen sie sich offenbar nicht, aber ihre Aufstellung belegt doch, dass die Bereitschaft weitverbreitet war, die Gewährleistung lokaler Sicherheit nicht Polizei und Militär zu überlassen, sondern in die eigenen Hände zu nehmen, sozusagen Wehrhaftigkeit im Kleinen auszubilden.

Insgesamt lässt sich beim Blick auf die Grenzschutzformationen und die Einwohnerwehren konstatieren, dass die Annahme eines eindeutigen, politisch aufgeladenen Gegensatzes zwischen dem Militär und großen Teilen der Bevölkerung, vor allem aus der Arbeiterschaft, die sich angesichts der bewaffneten Auseinandersetzungen seit Ende 1918 zunächst einmal aufdrängt, zu modifizieren und regional zu differenzieren ist. Dies gilt nicht zuletzt auch, wenn man berücksichtigt, dass in Sachsen, in Baden und vor allem in Württemberg schon seit dem November 1918 dezidiert prorepublikanische Militärverbände aufgestellt wurden und in Berlin nach dem Beginn der Januarkämpfe rasch zwei die Republik verteidigende, mehrheitssozialdemokratisch geführte Einheiten mit mehreren tausend Mann gebildet wurden, die Regimenter „Liebe" und „Reichstag".[55] Auch wenn dabei, wie bei den Grenzschutzformationen, die

51 Bergien: Republik (wie Anm. 4), S. 91–98; Schumann: Politische Gewalt (wie Anm. 7), S. 70–73, 79; Benjamin Ziemann: Front und Heimat. Ländliche Kriegserfahrungen im südlichen Bayern 1914–1923, Essen 1997, S. 394–413.
52 Bergien: Republik (wie Anm. 4), S. 102–104.
53 Ebd., S. 100 f.; Schumann: Politische Gewalt (wie Anm. 7), S. 77, 80.
54 Bergien: Republik (wie Anm. 4), S. 105–107; Schumann: Politische Gewalt (wie Anm. 7), S. 84–93. Die bayerischen Einwohnerwehren bilden hier die Ausnahme. Vgl. David Clay Large: The Politics of Law and Order: A History of the Bavarian Einwohnerwehr, 1918–1921, Philadelphia 1980.
55 Wette: Noske (wie Anm. 20), S. 325–328, 388–398; Ulrich Kluge: Soldatenräte und Revolution. Studien zur Militärpolitik in Deutschland 1918/19 (Kritische Studien zur Geschichtswissenschaft 14), Göttingen 1975, S. 325–351; Keller: Wehrmacht (wie Anm. 4), S. 68 f.

materielle Absicherung als Beitrittsmotiv eine wesentliche Rolle spielte, gab es hier doch eine Grundlage dafür, die neue deutsche Armee wenigstens in Teilen eindeutig auf den Boden der Republik zu stellen und den mit den „Hamburger Punkten" gegebenen Impuls des Reichsrätekongresses weiterzuverfolgen. Ein konkretes Konzept dafür war am weitesten in Württemberg entwickelt worden, wo den Soldatenräten ein Mitbestimmungsrecht unter anderem bei der Führerauswahl eingeräumt wurde.[56] Der preußische Kriegsminister Reinhardt zeigte im Umgang mit den Hamburger Punkten durchaus eine gewisse Flexibilität, stieß allerdings auf deutliche Ablehnung im Offizierskorps und bei General Groener.[57] Bekanntlich hat der Rat der Volksbeauftragten den Plan zum Aufbau einer „Volkswehr" nur halbherzig verfolgt und Gustav Noske ihn dann ganz aufgegeben, aus übergroßem Respekt vor den hergebrachten militärischen Autoritäten und militärischer Effizienz unbedingten Vorrang vor republikanischer Zuverlässigkeit gebend.[58] Ein Faktor dabei war die Notwendigkeit rascher Einsatzfähigkeit. Auch die österreichische Volkswehr, die grundsätzlich als dezidiert der neuen Demokratie verpflichtete Armee aufgebaut wurde und zu deren Festigung maßgeblich beitrug, konnte dort, wo sie Grenzkämpfe führte, ihren Bedarf an Offizieren nur ohne Rücksicht auf deren politische Einstellung decken, was ihr insgesamt dann eine problematische Heterogenität verlieh.[59]

Insofern bleibt es eine offene Frage, wie groß die Chancen zum Aufbau einer republikanischen Armee in Deutschland unter den gegebenen Einsatzzwängen im Inneren und an den Grenzen auch bei einer anderen Militärpolitik als der Noskes tatsächlich waren. Hier kommt es aber auf etwas anderes an: Ein nicht zuletzt aus dem Gegensatz von Offizieren und Mannschaften herrührende Antimilitarismus ist sicher ein wesentlicher Teil der Massenstimmung in den letzten Kriegsmonaten gewesen und hat die revolutionäre Bewegung als „Antikriegsbewegung" vorangetrieben, wie dies Michael Geyer angemerkt hat.[60] Die Kriegsniederlage und das Ende der kaiserlichen Armee brachten aber keineswegs nur die Abwendung von allem Militärischen auf der einen und eine ge-

---

56 KLUGE: Soldatenräte (wie Anm. 55), S. 343; zu den „Hamburger Punkten", die unter anderem eine Führerwahl vorsahen, ebd., S. 250–260.

57 WILLIAM MULLIGAN: The Creation of the Modern German Army. General Walther Reinhardt and the Weimar Republic, 1914–1930, New York/Oxford 2005, S. 46 f.

58 WETTE: Noske (wie Anm. 20), S. 333 ff.

59 KARL GLAUBAUF: Die Volkswehr und die Gründung der Republik, Wien 1993.

60 MICHAEL GEYER: Zwischen Krieg und Nachkrieg – die deutsche Revolution 1918/19 im Zeichen blockierter Transnationalität, in: Alexander Gallus (Hg.), Die vergessene Revolution von 1918/19, Göttingen 2010, S. 187–222, das Zitat S. 207.

genrevolutionäre Mobilisierung militärischen Charakters auf der anderen Seite hervor. Die Grenzverteidigung und die Verteidigung der neuen Republik sowie die Sicherung lokaler Räume erwiesen sich als Triebkräfte zur Formierung neuer, keineswegs marginaler (para-)militärischer Verbände, mit freilich diffusem politischem Profil und heterogenen Beitrittsmotiven. Somit blieb das hergebrachte Leitbild wehrhafter Männlichkeit in der Bevölkerung verankert, ungeachtet aller Relativierungen durch die Kriegserfahrung und verfestigt auch ohne explizite semantische Überformung durch die Körperpraxis des Marschierens und Waffentragens und auch des Waffengebrauchs.

Nachwirkungen der Anfangsgewalten

Für die Ausprägung der Anfangsgewalten spielten situative Faktoren eine große Rolle: ausgeprägte Ängste vor „Chaos" und Gegnern, eine unübersichtliche Entscheidungs- und potenzielle Bürgerkriegssituation, die schubartige Zunahme der Kriminalität und anfänglich auch der Arbeitslosigkeit. Damit sanken die Hemmschwellen für die Anwendung von Waffen- und damit auch tödlicher Gewalt. Jedoch erwies sich dieses Faktorenbündel als auf die Anfangszeit der Weimarer Republik begrenzt.

Die weitere Verarbeitung dieser Gewalterfahrungen fand unter anderen Rahmenbedingungen statt, auch im Gefolge der Weltwirtschaftskrise. An die Stelle offener, drängender Entscheidungssituationen trat jetzt der längerfristig angelegte Kampf um den öffentlichen Raum in der Verbindung von physischer Präsenz und der Markierung politischer Positionen. Die Provinz Sachsen spielt dabei keine unbedeutende Rolle, denn sowohl der „Stahlhelm. Bund der Frontsoldaten" als auch das „Reichsbanner Schwarz-Rot-Gold. Bund der republikanischen Kriegsteilnehmer" wurden hier gegründet (im Prinzip in Magdeburg, auch wenn der rechte Flügel des Stahlhelms seinen Sitz in Halle hatte), und auch die Gründung des „Roten Frontkämpferbundes" der KPD wies einen lokalen Bezug auf insofern, als sie nach den Zusammenstößen des sogenannten „Blutsonntags" in Halle vom 11. Mai 1924 stattfand. Es handelt sich bei allen drei Verbänden um solche von ehemaligen Kriegsteilnehmern, jedenfalls ursprünglich, die sich aber nicht als unpolitische Interessenorganisationen verstanden, sondern auf der Basis ihrer jeweiligen Interpretation der Kriegserfahrungen politisch wirken wollten. Ein weiterer ähnlicher Verband war der 1920 gegründete und politisch weniger klar einzuordnende „Jungdeutsche Orden". Seit 1924 war das Spektrum dieser politischen Veteranenverbände voll ausgebildet.

Ihr wesentlicher Beitrag zur politischen Kultur der Zeit bestand nicht so sehr in spezifischen Forderungen als vielmehr in dem neuen Stil, den sie in die Öffentlichkeit, insbesondere in den öffentlichen Raum, brachten. Sie präsentierten sich als Männerbünde, die uniformiert, in geschlossener Formation und mit Fahnen den öffentlichen Raum gleichsam besetzten und den damit ausgedrückten Machtanspruch gegen Gegner auch mit physischer Gewalt zur Geltung brachten, mit deutlich weniger offensiver Note beim prorepublikanischen Reichsbanner. Wichtig ist es dabei festzuhalten, dass, ungeachtet des ihr innewohnenden Eskalationspotenzials, die hier ausgeübte Gewalt begrenzt war, nicht einer militärischen Vernichtungsabsicht folgte, sondern primär die eigene – körperliche – Stärke vorführen wollte. Damit war sie keine direkte Fortsetzung der Bürgerkriegsgewalt der ersten Weimarer Jahre und mit polizeilichen Mitteln, nicht erst militärischen, kontrollierbar.[61]

Dennoch lassen sich Kontinuitätslinien zu den „Anfangsgewalten" identifizieren. Zum einen festigte die Diskussion über die fortdauernde, wenngleich jetzt „kleine" politisch motivierte Gewalt das Feindbild des gefährlichen, politischen Kampf und Verbrechertum verschmelzenden Kommunisten, das sich in der Frühphase der Republik herausgebildet hatte. Nach dem Polizeieinsatz bei einer KPD-Kundgebung im März 1925 im hallischen Volkspark, bei dem nach dem missglückten Versuch einer Saalräumung die Polizisten acht Menschen erschossen hatten, sprach die *Saale-Zeitung* von den Kommunisten als „roten Horden, die nur den Augenblick erwarten, wo sie dem friedlichen Bürger ungestraft den Schädel einschlagen und ihn ausrauben"[62] könnten. Und nach dem Altonaer „Blutsonntag" im Juli 1932, der bekanntlich zur Absetzung der preußischen Regierung durch Reichskanzler Papen im Verein mit Hindenburg führte, bezeichnete die sonst vergleichsweise gemäßigte *Magdeburgische Zeitung* die vermeintlich an den Zusammenstößen schuldigen Kommunisten als „Untermenschen im wahrsten Sinn des Wortes".[63] Mit der Verschärfung der politischen Auseinandersetzungen im Gefolge der Weltwirtschaftskrise, in der mit der nationalsozialistischen SA ein neuer und besonders gewaltbereiter Akteur auf den Plan trat, verschmolz überdies aufseiten der politischen Rechten das neuere Feind-

---

61 Zu den Wehrverbänden und ihrem Beitrag zur politischen Kultur SCHUMANN: Politische Gewalt (wie Anm. 7), S. 203 ff.

62 Saale-Zeitung, 18.03.1925, Nr. 65, S. 2.

63 Magdeburgische Zeitung, 20.07.1932, Nr. 393, S. 1.

bild der Kommunisten mit dem älteren der sozialistischen Arbeiterbewegung, also auch der SPD, überhaupt.

Die zweite Kontinuitätslinie, die sich von den „Anfangsgewalten" bis in die späten Jahre der Weimarer Republik ziehen lässt, ist die der militärischen Männlichkeit. Zweifellos gab der Stahlhelm hier den Ton an, wenn etwa Dompre-diger Martin beim Frontsoldatentag 1924 in Magdeburg nur „Männer vom [sic] Stahl" wie die vor ihm versammelten Weltkriegskämpfer in der Lage sah, Deutschland wieder einer hellen Zukunft entgegenzuführen, und Bundesführer Seldte beim selben Anlass ein Jahr später bekundete, sein Verband wirke darauf hin, einen „deutschen Männertyp zu schaffen".[64] Dabei ist zu bedenken, dass der Stahlhelm und die anderen hier diskutierten „Wehrverbände" eine doppel-te Funktion besaßen, wie Benjamin Ziemann unterstrichen hat, nämlich zum einen Veteranen den Austausch über ihre Kriegserfahrungen zu ermöglichen, zum anderen auf die Politik einzuwirken. Ziemann hebt dann für das von ihm genauer untersuchte Reichsbanner hervor, dass dort die Schrecken des Krie-ges und die Leiden der Soldaten in den Vordergrund gerückt wurden. Daraus schließt er für das öffentliche Auftreten des Verbandes, dass dessen zur Schau gestellte militärische Praktiken einen primär taktischen Charakter besaßen.[65] Arndt Weinrich hat demgegenüber die überzeugendere These vertreten, dass die Kriegserinnerung im Reichsbanner vielschichtig war und neben Schrecken und Leiden doch auch die eigenen militärischen Leistungen einschloss. Jüngeren, die den Krieg nur als Schüler oder junge Arbeiter an der „Heimatfront" er-lebt hatten, fiel es leichter, hier anzuknüpfen und sich die ehemaligen Soldaten zuallererst als aktiv Handelnde, nicht als passiv Leidende vorzustellen, zumal angesichts der Betonung dieses aktiven Handelns im Ideal militärischer Männlichkeit, wie es der Stahlhelm propagierte.[66] Das arbeitete den politischen Kräf-ten auf der Rechten in die Hände, insbesondere vor dem Hintergrund der Be-mühungen der Reichswehr um eine verstärkte Ausschöpfung des militärischen Potenzials in der Gesellschaft.

---

64 LASA, C 20 Ib, Nr. 4665/III, Bl. 33; Magdeburgische Zeitung, 18.01.1925, Nr. 32, Beilage, S. 5.
65 Benjamin Ziemann: Veteranen der Republik. Kriegserinnerung und demokratische Politik 1918–1933, Bonn 2014.
66 Arndt Weinrich: Der Weltkrieg als Erzieher. Jugend zwischen Weimarer Republik und NS (Schriften der Bibliothek für Zeitgeschichte, N. F. 27), Essen 2013, S. 105–124.

Fazit: Wehrhaftigkeit als Signum der „Nachkriegsgesellschaft"

Wer die „Anfangsgewalten" der Revolution 1918/19 und ihre Auswirkungen in der damaligen Provinz Sachsen wie darüber hinaus verstehen will, muss zunächst die Spezifik der Zeitumstände herausarbeiten. In den Ängsten, die sich aus der für die Zeitgenossen offenen Revolutionssituation ergaben, und in der Gemengelage von Demobilmachungsproblemen, gestiegener Kriminalität und bedrohten Grenzen im Osten schien hartes Durchgreifen angemessen. Militärische Männlichkeit erwies sich weiterhin als Orientierung gebender Wert. Befestigt durch die Kriegserinnerung und die gewaltaffine Präsenzmarkierung der Wehrverbände im sich ausweitenden Terrainkampf zeigte sie sich dann, neben der schon älteren und jetzt neu aufgeladenen Ausgrenzung der radikalen Linken auf bürgerlicher Seite, als das eigentliche, lagerübergreifende Erbe der Anfangsgewalten. Denn ungeachtet der Schrecken des Ersten Weltkriegs war die deutsche Gesellschaft der 1920er Jahre eben noch keine „post-heroische",[67] zu der die west- und auch die ostdeutsche im Gefolge des nächsten Krieges mit seinen deutschen Verbrechen und der totalen Niederlage tatsächlich mutieren sollten, sondern blieb eine den Erfahrungen der Jahre 1914–1918 vielfach verhaftete „Nachkriegsgesellschaft", wie dies Richard Bessel zu Recht unterstrichen hat.[68]

---

67 HERFRIED MÜNKLER: Kriegssplitter. Die Evolution der Gewalt im 19. und 20. Jahrhundert, Berlin 2015, S. 142 ff.
68 BESSEL, Germany (wie Anm. 38), S. 283.

Autoren und Herausgeber

Kai Böckelmann, Master-Student, Martin-Luther-Universität Halle-Wittenberg, Institut für Geschichte

Christine von Bose M. A., wissenschaftliche Volontärin, Gedenkstätte Berlin-Hohenschönhausen

Dr. Sebastian Elsbach, Postdoktorandenstipendiat, Friedrich-Schiller-Universität Jena, Institut für Politikwissenschaft

Susanne Feldmann M. A., Kuratorin, Stadtmuseum Halle

Prof. Dr. Manfred Hettling, Professor für Neuere und Neueste Geschichte an der Martin-Luther-Universität Halle-Wittenberg

Ralf Regener M. A., Leiter der Abteilung Medienbearbeitung, Universitätsbibliothek der Otto-von-Guericke-Universität Magdeburg

Prof. Dr. Dirk Schumann, Professor für Neuere und Neueste Geschichte an der Georg-August-Universität Göttingen

Isabell Schmock-Wieczorek M. A., Doktorandin, Martin-Luther-Universität Halle-Wittenberg, Institut für Geschichte

Vincent Streichhahn M. A., Doktorand, Martin-Luther-Universität Halle-Wittenberg, Institut für Politikwissenschaften und Japanologie

Prof. Dr. Patrick Wagner, Professor für Zeitgeschichte an der Martin-Luther-Universität Halle-Wittenberg

Dr. Daniel Watermann, wissenschaftlicher Mitarbeiter an der Martin-Luther-Universität Halle-Wittenberg, Institut für Geschichte

Dipl.-Hist. Brigitta Weber, Museumsleiterin, Heimatmuseum Zörbig

Abbildungsnachweis

Historisches Stadtarchiv Zörbig: S. 71, 73, 76, 78

Sammlung Rodewald: S. 163 o./u. (Hersteller: Photographie Leiter, Halle)

Stadtarchiv Halle (Saale): S. 158 (Hersteller: Photographie Leiter, Halle; StadtAH,
S 9.2.BILC AB 1852), 165 (Hersteller: Photographie Leiter; StadtAH,
S 9.2.BILC AB 1864), 167 (Hersteller: vermutlich Photographie Lei-
ter; StadtAH, S 9.2.BILC AB 1854), 168 (Hersteller: Photographie Lei-
ter; StadtAH, S 9.2.BILC AB 1861), 169 (Hersteller: Photographie Leiter;
StadtAH, S 9.2.BILC AB 1857), 170 (Hersteller: vermutlich Photographie Lei-
ter; StadtAH, S 9.2.BILC AB 1851), 171 (Hersteller: vermutlich Photographie
Leiter; StadtAH, S 9.2.BILC AB 1849), 172 (Hersteller: vermutlich Photo-
graphie Leiter; StadtAH, S 19 PK 5649), 177 (Hersteller: Neuheiten-Vertrieb
Electra Paul Hoffmann & Co., Berlin; StadtAH, S 9.2.BILC AB 1034), 199
(S 17 Plakatsammlung; PB LXIII S. 28)